宁夏文化和旅游厅资助项目
北方民族大学校级科研平台非遗创新团队项目

项目主持人：武宇林

宁夏非物质文化遗产保护与研究系列丛书
宁夏文化和旅游厅资助项目

宁夏非物质文化遗产代表性传承人
口述实录

吴忠卷

吴 昕 马家媛 吴亚娟 张欣蕊 著

黄河出版传媒集团
宁夏人民出版社

图书在版编目（CIP）数据

宁夏非物质文化遗产代表性传承人口述实录. 吴忠卷 / 吴昕等著. -- 银川：宁夏人民出版社，2023.11
ISBN 978-7-227-07869-2

Ⅰ. ①宁… Ⅱ. ①吴… Ⅲ. ①非物质文化遗产—介绍—吴忠 Ⅳ. ①G127.43

中国国家版本CIP数据核字（2023）第230436号

宁夏非物质文化遗产代表性传承人口述实录
吴忠卷 吴 昕 马家媛 吴亚娟 张欣蕊 著

责任编辑 闫金萍
责任校对 赵 亮
封面设计 石 磊
责任印制 侯 俊

黄河出版传媒集团
宁夏人民出版社 出版发行

出 版 人 薛文斌
地 址 宁夏银川市北京东路139号出版大厦（750001）
网 址 http://www.yrpubm.com
网上书店 http://www.hh-book.com
电子信箱 nxrmcbs@126.com
邮购电话 0951-5052104 5052106
经 销 全国新华书店
印刷装订 宁夏银报智能印刷科技有限公司
印刷委托书号 （宁）0028488

开本 787 mm × 1092 mm 1/16
印张 27.5
字数 329 千字
版次 2023 年 11 月第 1 版
印次 2023 年 11 月第 1 次印刷
书号 ISBN 978-7-227-07869-2
定价 98.00 元

前 言

2006年以来，在全国范围内启动了轰轰烈烈的非物质文化遗产保护工程，开始国家级、省级非物质文化遗产项目及传承人的评定工作。2006年至2022年，宁夏评定六批自治区级非物质文化遗产项目，共计224项，列入国家级非物质文化遗产项目22项；评定六批自治区级非物质文化遗产代表性传承人，共计376名，列入国家级非物质文化遗产代表性传承人22人。这些非物质文化遗产传承人是宁夏宝贵的民俗文化财富，很多是宁夏各地民间艺人中的佼佼者。该群体的人生经历反映着近百年来宁夏地区民俗文化的发展脉络和历史，他们各自掌握的非物质文化遗产技艺及其传承现状十分值得记录、研究。故此，对宁夏代表性非物质文化遗产传承人进行人类学、社会学、民俗学等意义上的真实记录和梳理，不仅能够填补宁夏民俗历史研究领域的空白，丰富宁夏非物质文化遗产研究内容，也有助于联合国人类非物质文化遗产代表作“花儿”等世界级、国家级和省级非物质文化遗产项目的保护与传承。这也是我们宁夏非物质文化遗产工作者义不容辞的历史使命。

宁夏的国家级、自治区级非物质文化遗产代表性传承人是中华民族民间文化的宝贵财富，其中年事已高者为数不少，其独门绝技面临失传危机，已有十多人离世，这无疑是极大的遗憾。据统计（2018年），宁夏非物质文化遗产代表性传承人之中，60岁以上的有90多人，约占总数的1/3。可以说，首先对宁夏前四批176名非物质文化遗产代表性传承人展开调查研究，进行访谈、文字记录、图像拍摄等抢救性系统性保护，建立永久性历史资料档案，迫在眉睫、势在必行。为此，北方民族大学非物质文化遗产研究所与宁夏文化馆整合资源，共同成立课题组，于2018年合作展开对自治区级（前四批）176名非物质文化遗产代表性传承人的系统研究。该研究计划得到宁夏文化和旅游厅的大力支持，认为这是促进宁夏非物质文化遗产事业发展、保护宁夏非物质文化遗产代表性传承人的一项重要工程，也是首次对宁夏国家级及自治区级非物质文化遗产代表性传承人的系统性、抢救性记录，利在当代，功在千秋。经自治区文化和旅游厅党组研究，决定支持该课题立项，并给予科研经费资助。

该项目主持人为北方民族大学民族学学院非物质文化遗产研究所负责人武宇林。她曾在日本留学10年，获日本广岛大学文学博士学位，二级教授，国家一级美术师，长期从事中国花儿民歌、民间剪纸、民间刺绣、民间习俗、民间美术等非物质文化遗产领域的研究，发表60多篇学术论文，出版20多部著作，如《丝绸之路口传民歌“花儿”研究》（日文版）、《中国花儿通论》、《中国节日志·春节（宁夏卷）》、《中国花儿传承人口述实录》、《宁夏回族剪纸》、《宁夏回族刺绣》等。其学术论著获得国家级“山花奖”、宁夏社科评奖一等奖等多项奖励。以武宇林教授为首的科研团队由北方民族大学非遗研究所和宁夏文化馆及各市县文化馆多名科研人员组成，共分为五个子课题组，分别承担对宁夏五个地级市非物质文化遗产代表性传承人的实地调研、文本撰写等工作。该课题研究成果为《宁夏非物质文化遗产代表性传承人口述实录》系列丛书五卷：银川卷、吴忠卷、中卫卷、石嘴山卷、固原卷。银川卷负责人为武宇林、张洁、马慧铃，吴忠卷负责人为吴昕，中卫卷负责人为李勇，石嘴山卷和固原卷负责人为武宇林。本研究团队的子课题组负责人及其成员，大多具有正高级或副高级职称，均为长期从事非物质文化遗产保护和研究的文化及科研工作者，他们有着多年的基层文化工作经验，熟悉宁夏各地各类非物质文化遗产传承人的基本情况，并热爱非物质文化遗产的抢救与保护工作。

2018年9月，北方民族大学与宁夏文化馆正式签订了项目合同。同年10月，该项目正式启动。各课题组成员以饱满的工作热情和保护抢救非物质文化遗产的责任担当，几年来不辞劳苦，奔赴全区五市山川各地，深入开展非物质文化遗产代表性传承人的实地调研。各县区文化馆工作人员也给予大力协助，共同走村入户，同心协力，对各级各类非物质文化遗产代表性传承人逐一进行认真访谈、图像记录等。每位传承人的文本均以综述、访谈实录及若干幅彩色图片组成，图文并茂，生动鲜活。研究成果以口述实录的形式，真实而生动地反映了宁夏各级各类非物质文化遗产代表性传承人的成长经历、艺术成就、艺术特色和传承方式，以及丰富多彩的非物质文化遗产的艺术形态，具有真实性、可靠性、科学性和鲜活性，并具有永久保存的史料价值。有些传承人访谈实录的内容，追溯清代、民国以来祖传民间技艺世代传承的轨迹与脉络，反映了宁夏地区几个世纪的民间文化的发展历程，具有珍贵的学术价值。

该项目研究成果《宁夏非物质文化遗产代表性传承人口述实录》系列丛书陆续出版问世之际，课题组衷心期待这套丛书能够留住宁夏各位非物质文化遗产代表性传承人熠熠生辉的艺术成就，让他们不凡的民间艺术经历及独特技艺在中华文明的历史长河中留下些许印记。期望这套丛书成为宁夏非物质文化遗产代表性传承人及民间文化研究的典籍，无愧于我们的时代，无愧于我们非物质文化遗产工作者的历史使命。

课题组

2022年10月

目录

莲花山青苗水会代表性传承人

张庆明

张庆明，1949年出生，高中文化程度，宁夏吴忠市同心县人，2010年被认定为第二批自治区级非物质文化遗产项目（莲花山青苗水会）代表性传承人，2018年被认定为第五批国家级非物质文化遗产项目（莲花山青苗水会）代表性传承人。

综 述

张庆明的祖籍在山东省梁山县，父亲因为当兵留到了宁夏。张庆明的父亲喜欢唱京剧，他们家姊妹八人个个热爱艺术，能唱能跳。生活在艺术气息浓厚的家庭，张庆明从小就热爱音乐艺术。

张庆明说没有老师真正教过他乐器，他是自学成才。小的时候，有一次他的大哥拿回家一个笛子，他觉得好听，就跟着学会了吹笛子。到了初中一年级的时候，张庆明已经精通了乐理知识，他见到同学的二胡后也特别想拥有一把属于自己的二胡，于是就自己想办法用罐头瓶、木杆、马尾等制作了一把二胡，他说：“（二胡做好）那一夜我拉了十四个歌子，把人高兴得一夜没睡。”后来他又学会了扬琴，自己攒钱买了小提琴，也学会了拉小提琴。从初中开始，张庆明就在县上的文艺活动中上台演奏。

莲花山地处同心县东南部张家塬乡折腰沟村，距离县城九十公里，海拔约一千八百米。莲花山青苗水会是一项祈福求雨、祛病消灾的民俗活动，主要程序分为取水、过关、献水三大步骤。群众以赶庙会的形式，烧香敬神，表达祈福求雨、祈求平安吉祥的美好心愿和对幸福生活的追求。

张庆明是1994年正式进入莲花山青苗水会的，1996年起担任莲花山青苗水会会长，专管水会乐队。为了解决水会队伍乐器不足、服装不统一的问题，张庆明逐年添置乐器，统一服装，完善了全套执事（古兵器）。张庆明跟随师父赵世平学会了念偈子，并完全掌握取水、献水、念神、赞圣等莲花山青苗水会的仪规、议程。2004年，张庆明在原道教乐器基础上又新增了二胡、扬琴、唢呐等乐器，增加了《喜洋洋》《流水莲花》等曲子，丰富了水会音乐内容。

到采访时，张庆明已经培养了七名徒弟，其中诵偈语两人、乐队五人。下一步，张庆明准备继续培养年轻人，他已经物色好了家族里的两位大学生。

近年来，由于移民搬迁、外出打工等原因，当地参加水会的人越来越少，张庆明只能到外地请人才能把水会队伍组织起来。未来，张庆明希望莲花山能够成为旅游景区，他想将乐队组织起来给游客演示青苗水会的全过程，这样一方面能够让更多的人了解青苗水会，另一方面乐队成员有了报酬，才会有更多的人参与进来，解决表演人员匮乏的问题。

张庆明表演二胡
（吴亚娟摄于2021年3月）

访　谈

被访谈者：张庆明（国家级非物质文化遗产代表性传承人）

访 谈 者：吴亚娟

访谈时间：2021年3月11日

访谈地点：同心县非遗展览馆

吴：张老师您好，我是自治区非遗中心的吴亚娟。今天过来是做自治区级以上非遗传承人的口述史访谈，首先请您介绍一下出生年月、出生地、文化程度等个人情况。

张：我是1949年4月16日出生的，1966年同心中学毕业。

吴：您是初中还是高中毕业？

张：我1966年初中毕业就上山下乡，以后又在预旺高中上了一年红医班，红医班是培训乡村赤脚医生的。1968年上山下乡回到老家预旺之后，因为乡里没有保健员，我就被聘为保健员，到1971年我上了红医班，就相当于在红医班高中毕业的。

吴：是先当的保健员再上的红医班，是吗？

张：是的。（那时候）预旺中学（同心三中）到高三的时候分成红医班、机械班。当时的政策是让这些高中生出来以后直接入乡，然后搞了这么两个班。红医班专门培养乡村赤脚医生；机械班，那个时候是使用拖拉机嘛，就是培训机械维修、开拖拉机的。文化程度方面我是正儿八经的高中生。

吴：您这个年龄高中生已经是高学历了。您是哪一年被评为传承人的？

张：我是2018年被评为国家级传承人的，2010年评的是自治区级传承人，2008年评的是吴忠市市级传承人。

吴：您是在哪儿出生的？是在预旺出生的吗？

张：我是在吴忠市利通区金积镇出生的，我的舅舅是预旺的，我母亲跟着去预旺。当时金积那个地方生活比较困难，吃都吃不饱，预旺山里边能吃饱，我舅舅就把我们留到预旺那儿。我们是1953年又过来（吴忠）的，当时过来的时候我四岁。

吴：您是在金积生的，那个时候父母都做什么工作？当时家里是什么情况？

张：我的祖籍在山东省梁山县，就是水泊梁山。我的父亲在梁山的时候，国民党部队就在我们那个地区驻扎，我父亲在外面打工回来，那时还没结婚，就是回家探亲的时候被国民党直接抓了兵了，后来才来到了宁夏。

吴：您当时为啥在金积出生？

张：我母亲的父亲，也就是我外爷在民国十八年逃荒的时候，逃到我母亲的舅舅家，当年我外爷还没有到吴忠市，在惠安堡就饿死了，我外婆就逃到吴忠投靠娘家，投靠娘家一年（后）就得了肺结核去世了。我母亲当时年龄比较小，也就是五岁，当时我大舅舅带着七八个兄弟姐妹，养活不住就把我母亲送给我舅爷爷家里，我舅爷爷把我母亲收养了，所以我母亲就在金积长大。以后我父亲的那个连队正好就在这个舅爷爷家的寨子里驻扎，我舅爷，也就是我母亲的养父看上我父亲了，就把我母亲许给了我父亲，之后两个人就结婚了。1942年结婚，解放之后我父亲就回家了，回到金积一年多，我父亲想回老家山东，那时候又没车，就步行着，我姨父就把我们往固原送，因为到固原之后才能坐上车，当时车是通到固原的，通不到吴忠。到同心五里墩的时候，我母亲的亲哥哥拦住不让妹妹走山东，最后就没走成，落脚到了预旺五里墩。一年后搬到了油坊塘我二舅和三舅住的地方。

吴：您兄弟姐妹有几个人？

张：我兄弟姐妹八个，四个女的、四个男的，我是男女里面老三。

吴：您母亲有没有上过学？

张：我母亲没上过学，是农民。

吴：你们就在预旺扎根下来了，您第一次接触这个青苗水会大概是什么时候？多大年纪？

张：我第一次接触青苗水会是在1983年莲花山开始有了水会的时候，那个时候我大概三十四岁。莲花山的庙在“文化大革命”的时候被拆完了，1983年莲花山盖庙的时候（我）干了六天。

吴：三十岁之前有没有接触过莲花山青苗水会？

张：接触过，是在八九岁的时候，那时候莲花山青苗水会也还有，那是五几年了，我那时候回去的时候上山见过。还有就是预旺当时有个黄庙，黄庙在三月二十有青苗水会，在预旺的青苗水会我见过一次。

吴：关于青苗水会您还有哪些难忘的事？

张：我的音乐才艺在同心县里还是比较有名的，又能唱又能跳，还会乐器。当时文化馆和文化局分开之后，就把我调到预旺文化站了。

吴：呀，从赤脚医生直接到文化站了啊？

张：嗯。虽然在文化站工作，但庙上有会事我就上去。1996年我从文化站出来了，当时政府有个政策就是买断工龄，买断以后我就回去干我的乡村医生了，也是为了上莲花山参加青苗水会。我是1993年正式进入水会队伍的。

吴：参加青苗水会之后您是否直接主持？

张：上去之后就是我主持。主要是音乐，念偈子。

吴：主持水会您是跟着师父还是？

张：我也没有跟师父，1993年刚去的时候就有水会队伍，1983年水会队伍重新组织，开始我上去的时候就见过水会队伍，但是没有参加这个队伍。当时水会里面乐器方面就是两把笛子，其他的乐器没有的，原来的庙拆了之后，锣鼓这些乐器都被藏起来了，不然都就被毁掉了，水会开始的时候又被拿出来了。那时候人都穷得很，也没有钱买乐器，就把之前藏的鼓乐拿出来用。当时参加水会的人上山穿的那个黑袍子、戴的帽子都是自己做的，山上根本没有钱做这些东西，都是参与者自己做的。到1994年的时候山上的钱多了，我们就去青海塔尔寺买乐器，从那一年之后水会的服装就开始统一了，戴的帽子上面“朝山供水”那几个字，全部是我写的。我们过会的时候，取水、献水的时候要念那个偈子，都是传下来的原本子，年久磨损得厉害，当时本子都烂了，现在留下来的基本都是我手抄的。

吴：您进水会队伍是从什么角色开始的呢？

张：我刚开始进去以后啥都干过，吹号、撑旗，就是没担过水，因为那时候我已经过了四十岁了，除了没担过水再啥都干过。那时候我是没有打算长期参加水会，许了愿准备用六年时间参加水会，六年过了我就走，（因为）我那时候在文化站，工作有时候也不方便。

吴：您的师父是谁呢？

张：我正儿八经的师父是赵世平，他是山上的老人，那时候山上主要靠这些人念偈子。当时赵世平看上我嗓门大，让我跟着他念偈子。赵世平给我传授了诵偈、取水、献水的颂词。

吴：偈子是什么？

张：就是赞美水会的话，我们要念出来，实际是唱出来。

吴：您加入水会队伍家里人支持吗？

张：家里人也支持，我一辈子不受人约束，家里人也不约束我。

吴：当时赵师父对您的帮助大吗？

张：赵师父对我帮助很大，他一句一句教我念的偈子。第二年的时候赵师父就再没有去山上，只剩下我一个人会念偈子。有个侯满谦老人也会念偈子，我就去请这个老人家，因为念偈子不是一个人能念的，需要三四个人念。除了侯满谦，我还找了水会队的张正男跟着我一起念偈子。从第二年开始，我就早早开始物色念偈子的人，重点培养年轻人。当年念偈子的就我们几个人，水会主要就是念偈子和音乐，队形都不太重要。

吴：水会乐队是什么情况？

张：水会管弦乐队直接是我指挥，舞乐队由刘汉贤指挥，有二十来人。我想着把徒弟培养出来，于是就物色念偈子和会乐器的人，找年轻的。后来我们移民搬迁搬到韦州了，我找了五六个会乐器的，学笙的、学笛子的、学箫的，外头请的吹唢呐的。基本上是从1996年正式开始有笙、管、笛、箫，还有二胡，献水的时候还需要扬琴，我会扬琴。1998年国家寻找民间艺人，当时我是农民，同心县报民间艺人，就把我报上了。报上以后给我们每人一套乐器，直接给了我们扬琴、板胡、笛子、二胡。当时我的几个娃在同心县城工作，我就在县城待着，也就是说我没在农村。（所以）当时就不给我（乐器），哎呀呀把我气得，我就去找当时文化局的局长，我们莲花山上乐队也需要这个东西，你给我们莲花山一套嘛。局长很痛快地答应了，最后局长亲自把这些东西送上（莲花山）去，所以扬琴也有了，二胡也有了，笛子、笙、箫都是山上买的，我们的人员基本上就配备齐了。

吴：哦，乐队建立的过程是这样啊。张老师，您的音乐是从哪儿学的？这些乐器都是从哪儿学的？

张：我十三岁的时候就学会吹笛子了。

吴：家里人教的还是学校学的？

张：我自己听的。

吴：哈哈，自己听的啊。自己从哪儿听的？

张：当时是竖笛，我们这一家姊妹八个没有一个不爱好音乐的。

吴：肯定是有熏陶嘛，那个时候的人有的很少能接触到音乐。

张：我父亲爱唱啊，我父亲唱京剧，唱得可好了。我父亲以前去天津找活干，就是现在的打工。那是在他当兵之前，在天津的时候我父亲听人家唱，他就跟着唱，我父亲的京剧唱得还可以。

吴：乐器呢?

张：乐器都是我自学的。

吴：您的第一个乐器是啥?

张：第一个乐器是我大哥不知道在哪弄了个竖笛，拿回家里吹，我一听好听，我就跟着学了。到我上了中学后学校不是就有了乐器了嘛，有二胡、扬琴、笛子。

吴：学校有了乐器，也有老师教了吧?

张：没有人教。学校就一把二胡、一架扬琴，笛子可能有两把吧，学校就是演节目的时候用的，平时不让学生用。那时候学校教课用的是风琴，脚踏的那种风琴，就跟钢琴的样子一样。因为我特别爱学音乐，所以到初一音乐课的时候基本的乐理常识我就都懂了。我初一的时候，初二的一个学生叫任国华他会拉二胡，我就偷听（他拉二胡）。一天下午，教室里没人，门还开着，桌子上放着二胡，我就跑进去看，碰响了二胡，任国华回来了，说："谁让你进来的？"我说："我听二胡的声音好听，也想拉。"他说："你也想办法弄一个嘛。"我说："再没有的嘛。"他说："自己做嘛。"人家就给我提了个醒。当时我们的语文老师叫希玉，有心脏病，是上海人，经常从上海邮（寄）罐头，肉罐头、水果罐头，（罐头）是铁盒子嘛，我一看这个盒子能做，就给老师说把你吃完罐头的圆盒子给我一个，他说："能行，你干啥呢？"我说想做一把二胡。他就给了我一个，我就把（罐头盒子）一头钻了些洞，一头直接去掉了。当时我学校是集体灶，那时候我们上中学就转成居民粮了，是国家供应粮，整个生活全部国家负担，我们不出钱。

吴：嗯，那当时二胡做成功了吗？用了罐头盒子还用了什么？弦呢?

张：我自己削了个杆子，用的我们邱老师给的一个纸弦。为做二胡我把这个大拇指都给削掉了，做完了我不是抽着取那个盖子去了吗，一取盖子就直接压到骨头上了，哎呀，那血淌了将近十分钟时间才按着止住。做成以后邱老师也不会拉，但是邱老师会钉弦，他就给我定的"5、2"弦，1、2、3、4、5、

6、7的5、2弦。那时候也不知道啥调，邱老师也没给我说。定好以后我就拿回来了，那时候学校里有拉大车的马，我让拉大车的杨师傅把马尾巴给我拔了一股子，我就自己做了个弦。那天是个礼拜六，那时候就礼拜天休息一天，礼拜六下午我吃完饭就开始拉，拉着拉着就摸（索）出来了。拉了一句"八月桂花"。（唱）"八月桂花遍地开"就是这么一句，拉着拉着最后就拉熟了。

吴：张老师是有天赋的人啊。

张：就拉了这么一句，可是这个歌子我会唱，乐谱我也知道。我对这个乐理知识掌握得比较好，也爱这个（音乐）。拉得比较好以后又跑到任国华那儿，我说："你这上啥弦？"他说："5、2弦。"我一听这和邱老师给我上的弦一样，我就拉了一句，他说："哎，你咋会呢？"我说："才摸（索）来的。"他说："你还拉的对着呢。"表扬了我几句。后来我慢慢慢慢把二胡上的1、2、3、4的位置知道了。知道位置以后有曲谱我就能拉了。那一夜我拉了十四个歌子，把人高兴得一夜没睡觉嘛。

吴：哈哈哈，张老师现在说起来都神采飞扬的，可见当时有多开心啊！

张：嗯，哈哈哈。那时我上初一，然后到初一的第二学期"五一""五四"的时候学校放假了，县上搞文艺活动，我就开始上台伴奏了。从那开始就是吹笛子，横笛、竖笛都能吹，二胡最难学我也会了。"文化大革命"的时候，学校的扬琴没人管，在我们班主任崔振增的房子放着，崔老师对音乐也懂一点，他就给我教了，扬琴就是那个时候学的。以后我又学会拉小提琴。初二的时候供销社进了几把小提琴，那时候同心没人要嘛，就减价便宜卖了，十三块钱。我就问同学借钱买了一把小提琴。

吴：那个时候的十三块钱相当于现在的多少钱啊？那个时候您生活费是多少？

张：相当于现在的一千块钱。那个时候一斤羊肉三毛钱，一斤白面八分钱。

吴：哇，那十三块钱在当时真是不少呢！

张：嗯，我当时手里有六块钱，那时候我上学家里集中力量供我着呢。那时候到学校吃饭，学校有助学金，然后粮我们不掏钱，就是菜票钱，所以说助学金就够我吃了，家里给的钱，我就买个零食。

吴：那您童年也很幸福，那个时候父母在干啥？

张：就是个农村劳动力。我虽然家里穷，可是家里人知道我上学，基本上不让我吃苦。当时我有六块钱，就问同学你五毛、他一块就这么借着凑了十三块钱。我小提琴当时拉得可以呢。结果我回去到农业社生产队以后有人借走了我的小提琴，就再没给我还。现在我的几个孩子啊，大儿子歌子唱得好，小儿子吴忠师范毕业，小儿子那时候舞蹈跳得特别好，在同心当老师以后，区上不是组织了几次舞蹈比赛嘛，教师舞蹈比赛在全区拿了三次一等奖。

吴：小儿子是舞蹈专业的吗？

张：嗯，他是在吴忠师范学舞蹈的，他们乐理知识那是必修课，他学的乐器是小号。

吴：那其他孩子呢？

张：我的四个孩子都能唱能跳，我们姊妹八个也都能跳能唱。

吴：张老师也会跳啊，您跳的啥类型的舞蹈？

张：就是原来的那个忠字舞，还有新疆舞。我的三丫头彝族舞跳得好。孙女儿是银川的幼儿教师，也能跳。我外孙女儿，我四丫头的大丫头考到西安音乐学院，那在学校里钢琴可以说是第一。我的孙子辈现在全是学音乐的。

吴：我就说您咋会那么多乐器，原来是家族基因啊！您父亲会乐器吗？

张：父亲不会。我父亲唱京剧但乐器不会。我父亲没上过学是文盲，可是我父亲自学成才，《水浒传》《红楼梦》《西游记》全部能看下去，半文言文的都能看下去。

吴：那很厉害了呀！从小到大对您影响最大的人是谁？

张：我的启蒙老师叫王佩链，原来的小学老师，因为文采比较好，在国民党时期被提拔为隆德县的县委秘书，解放以后因为他的成分是地主，所以到山区汪家塬小学当老师了。他在汪家塬光大学生就培养了三十二个。还有一个对我影响大的是我父亲，我对我父亲是很尊重的。

吴：您能讲一讲为什么觉得他们对你的影响最大吗？

张：王佩链老师最主要的是对学生严格，心态好。他严格要求学生学文化，可是对学生没有偏向的心理，只要你会。我那时候在学校学习还可以，可是我有一次跟我同学打了架，那同学是残疾，腿是瘸的。老师对我平时很好，跟我父亲关系也好，可是（因为我打了架）王老师（对我）照打不误，那时候教育主要是体罚。佩服我父亲的就是他没有上过学却能把四大名著读下来，还能给你讲解，我就佩服这一点。再一个我父亲的武功好，身体好。他有高血压，八十六岁去世了。

吴：您学父亲的武功了吗？

张：我想学我父亲不叫学，那时候政策比较紧张。

吴：给别的子女教了没？

张：没有，他说给你教了，你学坏了怎么办。没给我教，我就学了点基本功，我的体育老师周敬良给我教的。

吴：啥时候的体育老师？

张：中学的。他给我教了一套拳、一套剑法。

吴：现在还会吗？

张：现在都忘了。我小儿子给我买了一把剑，没有工夫练。

吴：您后来进入了青苗水会这个队伍之后，有没有遇到过酸甜苦辣难忘的事情？

张：唉，这个事情不能说。因为我这个人比较直爽，不喜欢争权夺利，比如说山上有时候因为一点小事，我看不惯，我不参与他们的事情，我就光干我的水会，每年只要水会过好，山上的事我一概不问。

吴：遇到过什么事吗？

张：有。我是会长，可是我又不和他们接触。我光干我的水会，山上庙管会的那些会长五年在水会会长的名单里没有我，其他人全部都写了就没写我。哎，我觉得不写就不写，（虽然）我心里有一点不舒服啊，（但）只要我把我的事情干好就行了。

吴：那您进入青苗水会以后做了哪些改进、发展或革新？

张：把器乐全部更新了，除了笛子其他全部都是新加的。

吴：之前只有笛子，后来您把那些乐器都加进去了是吧？那偈子上您有改进吗？

张：偈子是固定的，不能变。偈子都不知道传了多少年了，是一代一代传下来的。

吴：您现在有多少徒弟？

张：念偈子的两个，音乐的五个。

吴：已经全都掌握了吗？

张：基本上都掌握了，可以说如果上台演出就可以直接上台。

吴：徒弟里面没有自己的孩子或者子孙？

张：没有了，就是我一个侄儿。我侄儿管理（水平）好，已经被评为2010年吴忠市非遗传承人。

吴：他会偈子吗？会乐器吗？

张：他不会，他主要是（指）管理。

吴：那您得教一教啊。你技艺的核心就是偈子和音乐，他已经是市级传承人了，他不掌握的话很难被评为自治区级传承人。

张：现在他在外地忙着呢，等他5月份回来我给他教。我孙子辈里有两个大学生，都是音乐学院的，我会给教唢呐、二胡、扬琴。

吴：偈子都有固定的音乐配吗？

张：念偈子的时候不配音乐，音乐主要是在行进的路上。献水的时候献水的人要根据音乐的节奏走步子。

吴：音乐都是固定的吗？

张：那固定的。

吴：您觉得往下传承这个技艺最大的困难是什么？

张：最大的困难就是当地没人了，都搬迁出去了。水会要有一半的年轻人才能组织起来，如果都是些老汉，有些（仪式）都做不了。

吴：水会队伍需要多少人？

张：整个队伍一百二十人，有些人没许愿，你叫人来人不来嘛。

吴：你们这个水会是每年都要办吗？

张：每年都会办，去年因为疫情没有办，今年应该也因为疫情不办了。

吴：按目前的情况，水会队伍人数应该是够的吧？

张：目前看都是够的，我侄儿活动能力强，从盐池、下马关等地请了一些人，我们当地人连一半都没有。

吴：您现在从事水会活动有收入吗？

张：没有，都是白干的。

吴：您学的第一个偈子是啥样的，还记得吗？

张：词我都记不住，我们都是按照本子上记的念的，那个本子是不允许拿下山的。

吴：那曲子您记得吗？

张：哎……（哼唱）

吴：张老师，您觉得被评为非遗传承人之后，对您个人和项目有何影响？

张：就是水会队伍更有人抓了，有人开始重视了，特别是庙管会的会长。但是有一个不好的地方是把我评为非遗传承人之后，庙管会的人有一些嫉妒，不服气我。可是他们也没办法，他们又不会念偈子。当时他们妒忌（我），我这个人是一个很能忍耐的人，很包容他们，他们咋说我都不理他们。当时我报这个非遗传承人的时候，我是咋报的，是怎么一种情况，我就给大家说了。

吴：那您讲一讲当时报传承人的情况是咋样的？

张：当时我对非遗也不懂，同心县文化馆的馆长找到我，我在同心县的广场上转着，贺馆长说："把你报个非遗传承人。"那都是2008年的事情了，我当时还问非遗是干什么的。贺馆长说："现在国家对非遗重视起来了，你能干点什么特殊贡献？"我当时说我的特殊贡献就是看了几十年病，我有一个秘方，专治类风湿的。我问贺馆长这个算非遗吗？贺馆长说："这也算着呢！你在莲花山水会里面干着吗？"我说一直干着呢。贺馆长说："你赶明把这个报一下么。"就这么报的。

吴：哦，是这样的一个过程啊，你们这个项目除了在山上搞，有没有参加过演出，带出去过吗？

张：那没有。

吴：青苗水会有多少年历史啊？

张：两百多年，从光绪末年开始的。

吴：那您给我们讲述一下莲花山青苗水会的过程，比如每年时间、地点，环节有哪些？有什么讲究？

张：每年农历四月十三上山，十六结束。提前把取水的地点定好，我们十三日就去取水的地点集中，取上水之后就担到莲花山上去，到莲花山上去献水，第一水献给女王、玉皇大帝，这样十三就结束了。十四早晨起来又去取水，早上五点钟起床出发取水，这次取水的地点在山上，山上也有水窖。早晨取一水，下午取一水；十五早晨取一水，中午取一水，中午取水的时候所有朝庙会的人都来了。十三、十四朝庙会的人都不来，来的都是干事情的人，十五中午朝庙会的人才来，朝庙会的人来要过关，过关的时候念关煞偈子。念完以后从头顶拿旗、十八执事，头顶过去以后就等于过关了，过关以后朝会的人就祈求平安、健康、不要生病，等于说祈福嘛。过关完了之后就把水献到大殿。十五早晨那一水是给山神娘娘献的。十六要取四水，献给王母娘娘、三清殿、无量还有关公。

吴：这四天偈子和音乐都是有讲究的吗？有什么讲究？都是固定的吗？

张：音乐和偈子都是固定的，如果到关公那个殿就念关公的，实际是赞颂着呢。

吴：音乐都是一样的吗？比如说王母娘娘和关公的是一样的吗？

⊥　张庆明指导取水（本人供图）

张：献水的音乐是一样的，念偈子的调子也是一样的，就是词不一样。

吴：哦，意思是说调子都是一样的啊，就是词不一样也就是偈子不一样。那有多少种偈子呢？

张：大概有四十多个。

张：所有偈子您都重新抄了一遍啊？

张：我抄了三遍。

吴：是不是除了要用的，还有要留档保存的？

张：嗯，我本来还想拿到山下包个塑料皮，有时候下雨了就弄得不好了，我没办法就在抄第二本的时候用硬纸抄了以后上面刷了清漆，那个拿了五年。

吴：现在记得清偈子的内容吗？

张：那我记不清，也不允许你记，平时也不（能）让你念，在这里你不能念，在山上才能念。

吴：偈子形式是什么样的？

张：就是和古人作的诗一样。有十言的，有七言的。一个偈子有八句，都是有规格的。

吴：每年水会的时候四十多个偈子都念吗？

张：那不，给哪一位神献水才给哪一位念。

吴：每年念多少神？是如何选择的？

张：只念七位神。一个是雷祖啊，再就是三清殿的太上老君，这是上八仙的，还有王母娘娘、山魈娘娘、玉皇大帝，还有无量、关公。每年都是这七个人。

吴：其他的不献吗？

张：其他的不献。

吴：张老师，青苗水会让您有什么人生感悟吗？或者对您有什么影响吗？

张：我的感受就是我现在身体特别健康，没有什么毛病。我原来有高血压，现在已经都控制住了。每年体检的时候，现在六十五岁不是免费体检嘛，体检没任何的毛病。再一个就是我的儿女家里没有任何的事情。

吴：哦，家里都顺顺利利的，身体也都健康。那您觉得给当地带来了什么影响？

张：让人们不扰乱社会秩序、不胡作非为，在这方面起到很大作用，特别是增进了民族和谐。

吴：那您今后有什么打算呢？

张：我新增加了几个曲子，《喜洋洋》《流水莲花》等。山上搞喜庆活动的时候用《喜洋洋》，搞祭祀活动的时候是《流水莲花》。

吴：以前有多少曲子啊？

张：以前只有五首曲子。献水、取水、路上行走的时候用的。五个曲子是换着用的，但抬供的曲子是固定的。《喜洋洋》是前年增加的，《流水莲花》是去年加进去，这个曲子是特别好。

吴：未来还有什么打算吗？想没想再收些徒弟？

张：今年可能水会也搞不了了吧，今年还有疫情。如果明年能搞的话，我就提前物色物色人，早早组织队伍。

吴：有没有想着多收些徒弟呀？多物色些人？

张：那想了，而且要年轻人，老一点的就跟不动了。

吴：张老师您前面提到想把莲花山变成旅游景区，那您有没有想着把这个仪式改成旅游项目？四月十三是正式举办，平时能不能表演一些，让游客参观了解一下青苗水会？

张：我正是有这个想法。如果这个旅游景点批了，我们就把乐队专门组织起来给游客演示。

吴：那有没有开始行动啊？

张：报上去了，还没批嘛。现在就啥时候批了我啥时候开始行动。

吴：那你们和庙管会的关系是什么？

张：人家是管我们的。因为我们没有经费，每年我们上山朝山的人吃住都是庙管会管着呢，我们只管仪式，所以说庙管会是管我们的。

吴：哦，这样啊。张老师您还有啥补充的没？

张：补充的就是我前面提到的那两个大学生，一个跟着我学唢呐和笙，一个跟着我学扬琴和二胡，以后主要是培养年轻人，（我们）老了，再过几年就跑不动了。

吴：张老师今天就到这儿了，谢谢您！

山花儿代表性传承人

王德勤

王德勤，1954年出生，吴忠市人。2018年5月被认定为国家级非物质文化遗产项目（山花儿）代表性传承人。

综　述

山花儿俗称“干花儿”“山曲子”“野花儿”“大山歌”，主要流传于六盘山（古称“陇山”）地区，宁夏吴忠、同心、灵武等地及与其相连的周边省区也有流传，是当地百姓愉悦自我、怡情解闷、吐纳情感的一种山歌，有着深厚的民俗文化内涵。

宁夏山花儿的代表曲目有《眼泪花花把心淹了》《黄河岸上牛喝水》《看一趟心上的尕花》《花儿本是心上的话》等。然而，掌握多个曲目和风格的唱家子大多已年逾古稀。现代化多元文化的冲击使山花儿这一乡土文化逐渐流失，原有的传承纽带也难以维系。非物质文化遗产保护工程实施以来，宁夏地区通过搜集整理民间花儿、发现山花儿传唱新人、举办“中国西部民歌（花儿）歌会”、开展教育传承等措施，使山花儿民歌重新焕发活力，成为宁夏各族人民共创共享的代表性地方民歌。2006 年山花儿入选国家级非物质文化遗产代表性项目名录，2009年10月由甘肃、青海、宁夏三省区申报的“花儿”入选联合国教科文组织公布的人类非物质文化遗产名录。

王德勤是山花儿代表性传承人之一，出生于宁夏吴忠市，这里地处宁夏平原腹地，是宁夏沿黄城市带核心区域，素有“塞上江南”“塞上明珠”之美誉。在此地土生土长的王德勤，自小耳濡目染当地花儿民歌，花儿优美的旋律很早就深植她的心中。她十五岁进入吴忠市化肥厂上班，凭着天生的好嗓音，一进厂就成为厂里文艺宣传队的骨干，独唱、舞蹈、样板戏、表演唱等样样参与。

在频繁的演出活动中，王德勤有幸被宁夏歌舞团著名歌唱家安妮老师赏识，从此有机会跟随安老师学习花儿演唱。王德勤也曾师从宁夏知名花儿歌手马生林学习各种调令。王德勤对花儿十分着迷，先后学会了很多首宁夏南部山区地道的山花儿民歌。

王德勤1980年第一次参加宁夏全区花儿演唱会，是年二十六岁，自此在演唱花儿的道路上不再停歇。她经常参加区内外各类民歌、花儿等形式的演出和比赛活动，并获得多项奖励。她经常演唱的花儿有三十首左右，会唱的花儿有一百多首。其演唱形式大多是从高亢的引子开始，有时还配以口弦，把口弦和花儿巧妙地结合起来，使宁夏山花儿更具独特魅力。她演唱的花儿、民歌有三十六首被收入《中国民间歌谣集成·宁夏卷》。近年来，她受邀多次参加CCTV15《民歌·中国》、CCTV7《乡土》《乡约》、CCTV3《神州大舞台》《激情广场》《塞上花儿红》等栏目的演出活动，为全国观众展示宁夏花儿艺术。多年来通过不断学习探索，她不仅将花儿和口弦艺术多次带上国内外舞台，也长

上　王德勤在教孩子们唱花儿（微信图片）

⊥　王德勤荣誉证书（本人供图）

期活跃在宁夏的乡村、社区、学校进行演出和教学，带出了姚宪国、王美申、郑炎卓、赵红艳、纪琳琳等多名花儿弟子。

在王德勤的影响下，其家庭也成了花儿歌唱之家，2005年、2008年她带领全家参加中央电视台《神州大舞台》栏目组演出，她和老伴唱花儿，儿子弹奏着吉他唱花儿，儿媳妇伴舞，最后全家一起表演《花儿联唱》。如今，两个孙女都成了花儿传唱者，大孙女郑炎卓考入了四川文化艺术学院，写论文也选择的是有关宁夏花儿的题材，在学校表演节目则以花儿和口弦为主，郑炎卓2020年10月被评定为第六批吴忠市级山花儿传承人。小孙女王美申也是所在中学颇有名气的花儿小歌手。

王德勤自2005年至2015年一直坚持在幼儿园教唱花儿民歌。此外，在学校、社区等各单位也长期从事花儿传承活动，学员众多，范围广泛，影响力大，已有四位是吴忠市级山花儿传承人，她们是赵红艳、赵燕梅、马乐、郑炎卓。2018年5月，王德勤被文化和旅游部认定为国家级非物质文化遗产项目山花儿代表性传承人。2017年5月荣获吴忠市首届文艺名家称号。2019年9月荣获自治区人民政府第九届文学艺术奖表演类第二名。

访　谈

被访谈者：王德勤（国家级非物质文化遗产代表性传承人）

访 谈 者：吴昕、张欣蕊

访谈时间：2019年6月19日

访谈地点：吴忠市光耀美食街宁夏花儿传习所

吴：王老师好！我们是自治区非遗中心工作人员，目前在和北方民族大学合作《宁夏非物质文化遗产代表性传承人口述实录》这样一个课题，今天来的目的是详细采访您。

王：欢迎!

吴：首先请介绍一下自己。

王：我叫王德勤，1954年3月15日在吴忠出生，是山花儿代表性传承人。

吴：请您谈谈父母、兄弟姐妹的情况。

王：好的。父母都是外地人，解放前就来到吴忠的。父亲在民政局工作，1960年因病去世。我母亲一直都在教育系统工作，是吴忠市幼儿园第一任园长，也是创办者。母亲还擅长小三门（音乐、美术和体育），是离休老教师，九十七岁去世的。我姐姐、哥哥也都十分喜欢唱歌，嗓音厚实好听。我的嗓音天生高亢，经常在家大声唱自己会的歌，吵得母亲不能正常批改学生作业，所以那时候老训我。呵呵！我十五岁参加工作，在吴忠市化肥厂上班，我一进厂就成为厂里文艺宣传队的骨干了，（什么）都演，独唱、舞蹈、样板戏、表演唱，一台晚会中，我的节目能占一半以上呢。

吴：您现在家里的情况怎么样?

王：我们有两个儿子，小儿子喜欢弹吉他，唱通俗歌曲。两个孙女从小受我的影响，特别喜欢唱花儿，也唱得很好。我也有意识地给她们上上课，她们从五六岁起（就学唱花儿），学习了不少花儿曲调。长大后经常随我同台演出，到外地参加过许多大型花儿民歌演唱会，我们先后去过西藏、青海、甘肃、山西、广西等地演唱，只要有机会，我都会带两个孙女出去历练。大孙女郑炎卓在我忙的时候，辅助我给小学生们上课教唱花儿，也是有模有样的。今年大孙女考上了四川文化艺术学院，她写的论文题材都是有关宁夏花儿的。在学校表演节目时，也是以花儿和口弦为主。她的心思我知道，那就是想把咱们宁夏山花儿传承下去，所以也有意无意地经常在同学们中聊咱们宁夏的花儿，并唱给他们听。二孙女也一样，在她所在的中学里小有名气，学校只要有大型活动，她的花儿演唱是必上节目，七十周年国庆时，学校拍的快闪也用的是花儿曲调，我编的新词，孙女王美申演唱开的头。所以说，我们家里老少三代人都参与花儿传承。2005年、2008年，我还带领全家参加了中央电视台《神州大舞台》栏目组演出呢。我和老伴唱花儿，儿子弹着吉他演唱花儿，儿媳妇伴舞。最后全家一起演唱《花儿联唱》。

吴：真是幸福一家人呀！那您是如何走上花儿艺术道路的?

王：1980年全区花儿演唱会，我有幸代表吴忠市参加，那时候我们是一个团队，只评团体不评个人。宁夏歌舞团的专业歌唱家安妮老师被请到吴忠来辅导我们，由于我的嗓音高亢嘹亮、甜美清纯，结果被安老师看上了，说我特别适合演唱宁夏山花儿，并让我跟着她学习唱花儿。后来我又参加了全区第二届和第三届花儿比赛，我们吴忠市代表队每届都是最高奖项——优胜奖。在全区第三届花儿大赛后，宁夏文化厅抽调了全区各市县的部分优秀花儿歌手、乐手、舞蹈演员组建了花儿巡回演出队，在原自治区第二招待所进行了近两个月的集中排练后，进行了全区巡回演出。记得演出了二十儿场，每个县市都演出两场，由当时宁夏文化厅社文处处长苟金山（已故）带队。记得宁夏的名歌手马生林、马汉东都参与其中。由于马汉东当时只有十八岁，且长得憨憨可爱，我给他取外号“尕娃”，一直叫了好多年呢。那段时日，我们天天在一起非常开心，只要闲了，我就会向马生林老师请教，并学会了很多南部山区地道的山花儿。

吴：后来呢?

王：我还有幸参与了《中国民间歌曲集成·宁夏卷》的编纂，在那本书中有我的照片及歌手介绍，还录入了我唱的三十六首民歌（花儿），这是我一直以来都引以为豪、特别高兴的一件事。这段美好的日子过去后，宁夏花儿好长一段时间都没有人再提起过。但是，我已经被花儿的各种曲调给迷住了，不管是在工作中，还是干家务时，总是喜欢哼唱一些花儿调调。那段时间，尽管官方再没有举办过花儿会，但我没忘记花儿，还在《中国民间歌曲集成·宁夏卷》一书中学习了不少新的东西。

吴：王老师是全身心沉醉到花儿里了。后来又参加了花儿比赛吗?

王：嗯。一直到了1998年8月，宁夏举办沙湖杯西北五省区花儿邀请赛，宁夏文化馆又抽我去参加比赛。在那次比赛中，我的成绩不是很好，只得了三等奖。但我捕捉到了一个重要信息，那就是花儿的春天来了！在会上，我见到了多年未见的老朋友，马生林、李凤莲、马汉东等等，大家欢聚一堂非常开心。

吴：王老师，请谈谈您对宁夏山花儿的认识。

王：2004年我应邀到中央电视台录制节目，央视对我们进行了抢救性记录，把我们的声音和音响资料都记录入库。我本人认为演唱宁夏花儿就应该用宁夏方言，这样才有味道、接地气。所以我经常和南部山区的人交谈，并有意模仿他们说话，使自己演唱的花儿更地道些。而且努力在花儿歌唱中融进咱们宁夏的传统民间乐器——口弦、泥哇呜，让花儿更优美、更丰富地展现给大家。

吴：听说您开办了一所幼儿园，并且长期在幼儿园里教孩子们唱花儿?

⊥　王德勤在给小学生教唱花儿（本人供图）

王：嗯。2004年我开办了一所艺术幼儿园，在教孩子们其他艺术课程时，把宁夏花儿也设置为一个课程，每周安排一节花儿课，孩子们很感兴趣。并且，我们的花儿联唱节目每年都是“六一”的必演节目。这个教唱活动在幼儿园进行了十多年，当时的大班孩子，现在有的早已上了大学。我教过的一个孩子叫郑舒尹，当年还写了拜师帖呢，他前年考入浙江音乐学院，假期回来（花儿）唱得还有模有样的，他也一直没有忘记我这个启蒙老师（欣慰地笑）。

吴：在其他地方还代课教花儿吗？

王：嗯。在吴忠市利通一小的花儿传承课，从2014年3月到现在，每周一节课。在灵武市狼皮子梁中心学校的花儿传承课，是从2019年11月开始的，每周两节课。2010年4月给宁夏青铜峡市文工团举办了花儿培训班，共十课时，三百八十人次。2013年11月给吴忠市回族艺术团举办花儿培训班，共十六课时，四百九十六人次。给吴忠市利通区富平社区居民上了十五课时花儿课，九百七十五人次。这就是我这些年来的主要传承活动。

吴：这些年的花儿生涯，您觉得宁夏山花儿的影响力怎么样？

王：这些年来，经常有武汉大学、宁夏大学、上海大学、兰州大学、福建大学等高校的不少硕士、博士生前来传承基地了解和学习宁夏山花儿，我接待他们时，总是耐心为他们演唱、教唱和讲解。还接待过各省的许多媒体，同样是热情配合他们。目的就是希望这些学生及媒体多宣传、多支持，把我们宁夏的传统音乐和传统乐器宣传出去，让更多的人了解和喜欢我们的宁夏花儿和民间乐器。

吴：您认为自己的艺术演唱风格是什么样的？

王：在演唱风格上，我自成一体。是我首先想到把宁夏山花儿和传统乐器口弦、泥哇呜巧妙地结合起来，使演唱风格与众不同。通过长期的演练和演出实践，我的这种表演形式越来越多地被人们认可和欢迎。而且，许多舞蹈老师在创作舞蹈时，都会邀请我把花儿歌声和口弦弹奏乐曲给他们录进去，使作品更具地域特色。

吴：您会唱多少首花儿？

王：目前我经常演唱的花儿有三十首左右，会唱的花儿有一百多首。

吴：近些年获得了哪些荣誉？

王：2018年5月被我国文化和旅游部认定为国家级非物质文化遗产山花儿代表性传承人。2019年10月荣获宁夏回族自治区人民政府第九届文学艺术奖（表演类第二名），2020年9月荣获自治区党委宣传部“塞上文化名家”称号。

吴：这是您人生中最重要的荣誉。祝贺！

王：（自豪地）是的。谢谢！

吴：王老师这些年一路走来，从民歌爱好者到国家级非遗传承人，区内外交流演出也很多，肯定离不开家人对您的支持。请谈谈吧。

王德勤下基层进行花儿培训
（本人供图）

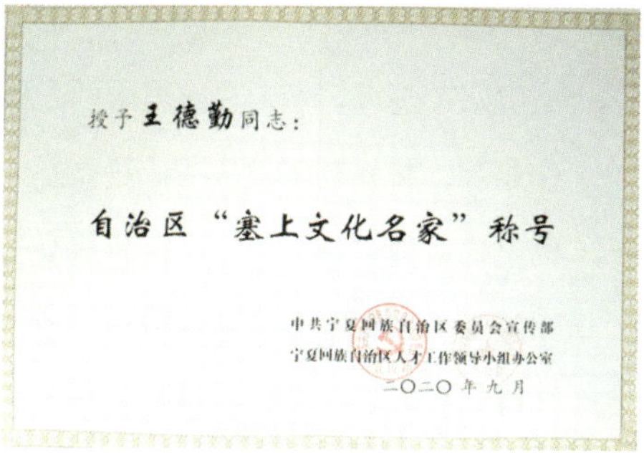

⊥ 王德勤荣誉证书（本人供图）

王：（微笑）是的。我丈夫叫刘玉泉，他对我的支持是各方面的，对我的帮助非常大。他这个人平时很节俭，但是为了拍摄我的演出资料，先后买了一部普通相机和两部数码相机。从1998年8月的西北五省花儿会，到2019年的暑假学生免费花儿培训班，以及给在校大学生、研究生的辅导，到宁夏周边城市演出，央视来宁夏拍片等，他都会到现场亲自拍摄。这么多年来，拍摄各种演出照片有上千张之多呢。1991年家里买了一台松下G25录像机，我在外地演出的实况，他都用录像机录制下来，然后刻成光盘保存下来。最使我感动的是，哪怕电视节目中只有我的一两个镜头，他都会不吃饭、不睡觉，耐心等待给录制下来。2005年夏天，老公为了拍摄更多的视频资料，又买了一台家用摄像机，经常到演出现场拍摄。因家用摄像机功能有限，有时拍的视频不理想，2011年他又买了一台更高档的高清摄像机，一直用到现在。我老公从不抽烟喝酒、打麻将、跳舞，这些都与他无缘，生活一直都很节俭。但为了给我记录下演出、教学传承的影像资料，他不惜花费两万多元买这些设备。并自我解嘲地说，这就当他抽烟喝酒花了吧！ 2017年11月，宁夏文化馆非遗中心给全区二十位六十岁以上的传承人拍摄传承资料，来拍摄和整理资料的工作人员从我家里拿走了七十多张光盘及硬盘。他们说，我是所有非遗传承人里影像资料和各种照片资料最多最全的一位，所以他们整理起来也很省事。

吴：真不错！那您也经常去外地演出吧？

王：是的。对于一个山花儿民歌传承人来说，到外地演出是常事。每当我说要到外地演出，我老公从来都很支持，总是积极地帮助我准备外出需要的资料和各种生活用品及必备药品。两个孙女一直住在我家，但每次外出我都很放心，因为有老公精心照顾她们。比如，从2019年的7月到11月，我一共到外地演出四十多天，老公在家里给两个孙女做饭、洗衣服、接送上学放学、辅导作业等，井井有条，从不让我操心。这就是他对我工作上的最大支持！我真的很感激他。近二十年来，我给全国各地来的四十多位大学生、研究生、音乐教师、文化干部等多次辅导传承花儿，大都是在我家里进行的，他们所需的资料、视频、照片，也都是我老公给提供的。说实在话，我自己都不知道这些资料放在哪儿。但我一说需要什么资料，他总是一下子就能给你拿到眼前。这些年来我只管演出，每次出门前，他总会嘱咐我几遍："把节目单等资料给我带回来。"因为他有个记日记的习惯，我演出啊、教学啊，点点滴滴都被他记在本本里，所以我的资料一查就有。他从不嫌麻烦！（幸福地笑）

吴：王老师真有福气！

王：（满足地笑）嗯。因为我老公性格好，人很随和，来我家研学的大学生和音乐老师都夸他人好！每次都是客人来了他就赶紧找资料，人走了再整理好、放好资料，从来都没有一句怨言。《吴忠日报》《新消息报》《宁夏日报》上只要有我的演出报道，他都会千方百计地收集回来。比如，五十五周年国庆时，我参加了在北京的宁夏周宣传活动，还到清华、北大、中央音乐学院配合专家的花儿讲座演唱花儿，《宁夏日报》刊登了《宁夏花儿走进清华北大》一文，并附有我和李凤莲演唱花儿的大幅照片。当时我人还没从北京回来，他已经保存了两张报纸。2015年9月17日至18日，我被中央民族歌舞团邀请进京参加青海、甘肃、宁夏花儿的两场演出，9月18日《宁夏日报》报道了，他马上找来两份留资料。他还收集了1988年宁夏成立三十周年到2018年宁夏成立六十周年这三十年间有关我的报道和照片的七十多张报纸。由于他脑子里装有我的全部演出、教学等各种信息，所以每次我的申报材料及自治区和吴忠市需要的各种关于我的资料，都由他整理提供，我做点补充修改就行。说实在的，老公是我最好的私人秘书，我真的很敬佩他。总之，这些年我从一个普通花儿歌手成长为一名国家级花儿传承人，个中点点滴滴的成绩都与我老公刘玉泉的心血分不开。我衷心感谢他对我几十年如一日的关爱与支持！

吴：王老师真幸福啊！好好珍惜！我们进来时看到您孙女穿着演出服装，是有演出吗？

王：（微笑）是的。今天有个活动开幕式，请我去。但我今天去不了，就让孙女去了。这不，刚结束回来了。

吴：王老师能和孙女一起表演一段花儿吗？

王：可以呀，太高兴了！那我们演唱一首《獐子吃草滚石崖》吧。（深情演唱）“獐（呀）子（的个）吃（呀）草（的个），（阿姐哟哎呀）滚石（的个）崖（也）（阿姐哟哎呀），脚踏（的个）荒（呀）山垒（呀）垒（哈了呀）。我（呀）背（的个）名（呀）声（的个），（阿姐哟哎呀）为谁（的个）来（呀），（阿姐哟哎呀）把多少（的个）好（呀）心，废（呀）废（哈了呀）。”

吴：真好听！（询问孙女郑炎卓）你喜欢唱花儿吗？

郑：喜欢呀！我从小就喜欢跟奶奶学唱花儿。

吴：你们的表演非常精彩！祖孙两代同台演出，难得呀！真好！王老师，今天打搅了。不过，了解了您的艺术生涯，执着的追求和孜孜不倦的传承，取得的很高荣誉，以及您丈夫的大力支持，这些都让我们非常感动。祝您在花儿艺术道路上青春永驻！

⊢ 王德勤在演唱会上（本人供图）

剪纸代表性传承人

田彦兰

田彦兰，1978年出生，吴忠市同心县人，大学本科学历。2010年被认定为自治区级非物质文化遗产项目（剪纸）代表性传承人，2018年被认定为国家级非物质文化遗产项目（剪纸）代表性传承人。

综　述

田彦兰的外祖母阿伊莎·尕氏是晚清宫廷御用女红，专门从事刺绣、剪纸、缝纫等活计。到田彦兰母亲时，手艺已经传承了四代人，具有百余年的传承历史。田彦兰五岁时跟随母亲学剪纸，十岁便掌握了娴熟的剪纸技艺。后来，她又在吴忠师范美术专业、宁夏大学美术系、南京大学民俗研修班系统学习了基础美术知识。她的剪纸作品构图富有生命活力和现代感，剪工细腻、线条流畅、简洁明快，题材大多反映生活、历史，特色鲜明。1997年至今，她先后在吴忠市和银川市等地举办个人剪纸展览，其剪纸作品获国内外奖项四十多项。曾代表宁夏剪纸艺人赴阿联酋、塞舌尔、澳大利亚、埃及、俄罗斯等十多个国家弘扬中国剪纸。田彦兰先后成立了“尕妹子剪纸合作社”“宁夏源根民俗文化产

田彦兰剪纸获奖作品
（本人供图）

业有限公司”，并积极促成同心县非物质文化遗产展览馆的建立，为挖掘、整理、传承、研究宁夏剪纸作出了积极贡献。

田彦兰生性豁达，性格中天生带有“女汉子”的豪爽和不服输的劲头。十五岁时为了挣学费上学，跟着一帮男孩子扒火车到内蒙古呼和浩特的沙地上去抓发菜，卖了七千多元，给家里买了牛，买了粮食，还了债，自己也如愿上了学。近年来，为了剪纸技艺的传承，也为了给同心县打造一个集传统文化和旅游为一体的文化标识地，她心甘情愿做一名同心县非遗的“看门人”，几十次找相关单位向领导请求支持。她的这股韧劲最终打动了县长，得到了县政府的支持，县里建立了同心县非物质文化遗产展览馆。

田彦兰是一个内心温柔、天性善良而又浪漫的女性。作为两个孩子的母亲、一名曾经的人民教师，她心中总是记挂着农村妇女的自强自立及孩子们的教育问题，先后在同心县同德村、菊花台村、平远村、上河湾村、满春村开了十几个剪纸学习班，培训了五百六十户的一千多名妇女。培训之后，其中的一部分人可以靠剪纸手艺增加经济收入，一部分人进入扶贫车间做剪纸工获得经济收入。她理解的乡村振兴最终的落脚点是教育，是培养后代，而不光是物质上的发展。她认为母亲在经济上独立，会更加自信，对孩子的教育也更加有益，农村妇女不能有“等靠要”的思想，要帮助她们通过自己的手艺改变命运。田彦

田彦兰在培训农村学员（本人供图）

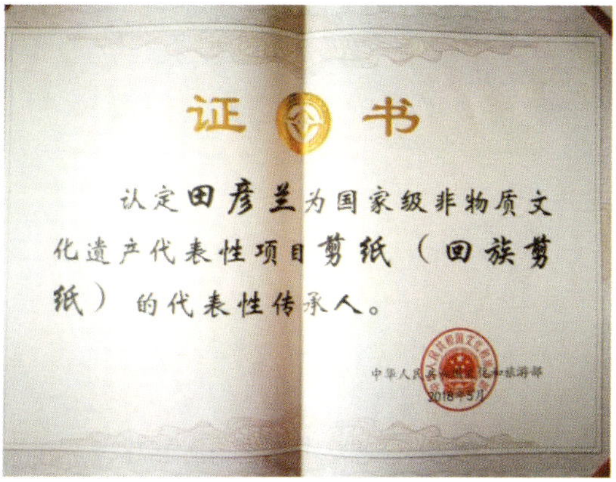

田彦兰国家级传承人证书
（本人供图）

兰爱美、爱笑、爱浪漫的事物，时常还会写点小诗，抒发一下自己的感情。

田彦兰是一个有思想、有责任感的国家级非遗传承人。其作品反映的内容即自己的艺术成长历程，从刚开始追求剪纸技艺的炫、美的模仿阶段，到系列故事的创作，再到定位于“挖掘历史文化价值，做好自己本专业的事情，做好自己本项目的挖掘和研究，创作原创作品，就是最大的贡献，就是接地气”，她一直在不断地探索追求、砥砺前行。她的梦想是能够争取政府支持，打造一个中国剪纸博物馆，集全国剪纸艺人的作品及文字视频的保存陈列、传承发扬于一体，从我国的剪纸发展史、剪纸工艺流程、剪纸流派等方面进行全方位的永久性展示。

访　谈

被访谈者：田彦兰（国家级非物质文化遗产代表性传承人）

访 谈 者：吴昕、张欣蕊

访谈时间：2021年3月16日

访谈地点：同心县非物质文化遗产展览馆

吴：田老师好！今天打扰您了。自治区文化和旅游厅、北方民族大学联合对自治区级传承人进行口述实录，我们是吴忠组。首先请田老师介绍一下自己。

田：大家好！我是国家级非遗项目剪纸传承人田彦兰。我非常幸运，出生在一个剪纸世家，我母亲剪纸非常好，她的祖上是晚清宫廷御用女红，剪纸技艺到我母亲是第四代，我是第五代传承人。母亲画画很好，书法也很好。受这种家庭环境的影响，我小时候学习剪纸的起点就比一般人要高，不光是会剪传统的纹样，还经历了系统学习的过程。因为父母是当时的知识分子，他们对子女的教育不再是死搬硬套、照猫画虎的教学，让剪一个小窗花，剪一个兔子呀生肖之类的，而是根据生活场景、节日庆典，或是根据生活的需要去教我们剪纸。所以在这种环境中成长起来，我跟其他传承人的剪纸还是有些差别的。

吴：田老师，您什么时候出生？在什么地方？

田：1978年8月出生在吴忠市同心县下流水乡新庄子村，那时候下流水乡还是同心的，现在已经划归到中宁县了。

吴：您几岁开始剪纸的?

田：特别特别小，我也纳闷，好像记事就会拿剪刀，也就三五岁吧，就会穿针，绣花呀、剪纸呀，也就慢慢开始了。记得五岁时就会剪一些纹样，特别喜欢剪莲花、兔子，因为这些需要的纸张不太大，用大人剪下的边角料就行。小朋友来玩过家家，我就给他们剪纸，有单独的一朵花、一只小兔子、一个小碗碗什么的。

吴：您母亲也会剪纸?

田：（自豪地）我母亲剪纸剪得相当好。她的祖上当时是宫廷御用女红，1805年从宫廷里出来了，以后嫁到宁夏灵武，定居在西吉，一代代繁衍下来，我母亲是第四代，我是第五代。我祖上都高寿，九十多岁、一百多岁都有。我姥姥就生了我母亲一个，所以把所有精力和心血都花在唯一的女儿身上，包括我的太奶奶，两个人把自己毕生精通的技艺，样样都传授给了我的母亲。刚才展馆里一些绣片就是我母亲和太奶奶绣的。那时候绣花是先剪出样子，贴到布上再去绣。所以但凡会绣花的人都会剪纸，在过去绣花和剪纸不分家，现在因为各种各样的工具及用途，刺绣和剪纸才分家了。

吴：您有几个兄弟姐妹?

⊥ 田彦兰在展会上演示剪纸技艺（本人供图）

田：我妈生了十三个，我是老十三，八个女儿、五个男孩。我们家剪纸剪得最好的还不是我，是我二姐还有去世的四姐。我之所以有今天，是因为我遇上了好时代，她们那时候社会动荡，孩子们的才艺得不到发展。我是因为有了技艺，上了大学，又学美术专业，所以（剪纸才艺）才发挥出来了。1998年宁夏（回族）自治区成立四十（周年）大庆时，我已上大学了。当时，宁夏文化馆安宇歌老师和博物馆（工作人员）根据有人收藏的刺绣纹样，同时在寻找马秀芳，就找到我这儿了。因为马秀芳是我母亲啊。那时候，我母亲已经去世了，我就把母亲的刺绣作品捐给了宁夏博物馆。

吴：你们姐妹现在还有谁在剪纸？

田：我二姐没有剪纸，她在做裁缝呢。三姐也是县上比较有名的裁缝，还有自己的工人，也做得比较好。现在兄弟姐妹就剩五个了，其他都去世了。是因为“文化大革命”时，我母亲救助了一个肺结核病人，结果传染了一家子，就一个一个去世了。我当时也感染了，幸运的是我考上了女子中学的民族生，离开了家，脱离了传染源。

吴：现在在世的有哪几个？

田：大姐、二姐、三姐、二哥，还有我。

吴：（叹气）真是可惜。

田：我们这个家庭很大，我有四十三个孙子，有个孙女叫田燕，剪纸特别好，这次申请了县级传承人。外甥女、侄女也剪得特别好。男孩子多，女孩子太少，剪纸还是女孩子比较适合，细心、耐心，男孩子没有优势，靠这个也没法养家糊口，女孩子可以当兴趣继承下来。外甥女周亚如是市级传承人，侄女田小娜从事国际教育，把中国传统文化以年轻人的视角推广给老外。

吴：田老师，说说您的求学经历。

田：当时，因为一家子人感染上了肺结核，所以我得放羊、干活，帮助家里，就这样坚持上完了小学。大哥说：“你能考到县城女中，你就去上。考不上就别上了。”这是为啥呢？因为女中有民族生，可以发生活费，免学费。结果我争气地考上了海如女子中学，上了三年。考吴忠师范美术专业第一年没考上，就扒火车去内蒙（古）沙漠地带抓发菜①。那是拉煤的货车，我们坐在煤炭上，煤渣子被风吹起来打在脸上，就像弹珠子，特别地疼。要几天几夜才能到呼和浩特。在火车上，只能简单吃点东西，还得早早下车，不能等到呼和浩特站才下。火车减速我们就跳车，实际也挺危险的。扒火车的就我一个女孩，人家不带我，我就跟着，走到哪儿我就跟到哪儿，就像尾巴一样跟着，甩不掉。结果弄得人家没办法，到我们家给我妈说：“你家丫头不是我们带出去的。”意思是万一出事人家不负责任。我妈就哭，不让我走。但是我必须要走，必须要挣钱上学。那是1993年夏天，抓发菜花了二十多天时间，一趟抓到了四十多斤发菜，卖了七千多元，解决了家里的大问题，买了牛，买了粮食，还了些债，我还上了学（喜悦地）。第二年，我考上了吴忠师范美术专业，三年后毕业分配了工作，拿到了工资。1997年我十九岁时，考上了宁夏大学美术系，上了四年国画专业，周一新、刘芬、郭林都是我的大学老师。2002年毕业后，回到海如中学当了美术老师。

吴：开始接触非遗是什么时候？

田：我从2006年开始参与非遗的一些活动和比赛。那年安宇歌老师带队去参加成都博览会，看到了那么高规格的、隆重的、多民族的展会，让我大开眼界。原来民间剪纸那么厉害，那么多的人在剪纸，回来后就决定做剪纸。

吴：哪年调到县文化馆的？

田：我2013年调到了同心县文化馆，从事非遗保护工作。那之前，2010年就被评为宁夏自治区级非遗传承人（第二批）了，当时是马学辉馆长给我

① 发菜，学名发状念珠藻，广泛分布于世界各地的沙漠和贫瘠土壤中。因其色黑而细长，如人的头发而得名，可以食用。因“发菜”与“发财”谐音，在广东菜系中较为常见。发菜是国家Ⅰ级重点保护野生植物，已经禁采。

报上的。

吴：评上自治区级传承人之后的情况呢？

田：2010年的时候，对非遗也不是很清楚，还没有自己的定位，什么好看就剪什么，需要什么剪什么，对自己的剪纸没有深刻的认识。包括技法、理论上都没有思考，处于兴趣探索阶段。后来到南京大学民俗文化专业进修，这期间结识了一批学术水平很高的专家和大师，如王红川、王继红、王少丰、孙立峰等，他们对我特别好，从剪纸技法上、内容延伸上，毫无保留地全教给我，我的套色剪纸就是跟这些大师学的。在他们的感染下，才了解到原来剪纸不光要好看、美观，更要有深刻的含义。比如抓髻娃娃呀、五毒图呀，所蕴含的避邪等寓意，代表着农民淳朴的对美好生活的愿望，是一种寄托。通过那样的深入学习，我才真正开始研究剪纸，思路也越来越清晰了。

吴：请讲讲传承人成长过程中记忆最深的大事。

田：在我成为传承人之前就有品牌保护意识，我认为这是一个大事。一是2010年参加了宁夏电视台黄河银行电视创业大赛，傅国军、邓亚丽是指导老师，

上　田彦兰剪纸获奖作品《回回女娃弹口弦》（本人供图）

从县上到市上再到区上，从二三千人一轮一轮筛选到六个人，让我明确了剪纸的方向定位，注册了“尕妹子”商标，一方面是母亲祖上姓尕，另一方面“尕”又是小巧漂亮可爱的意思，还有当地民俗的意味在里面，还因为2008年第四届国际剪纸节中我剪的《尕妹子的盖头那个飘》获得银奖。2009年第五届国际剪纸艺术节中我剪的《回回女娃弹口弦》获得金奖，之后开始对自己的项目做推介，对自己的剪纸定位、发展方向、品牌定位、剪纸延伸产品有了思考，开始有开发文创产品的意识。二是认识到了担当和责任，有了使命感。随着参加很多活动，在全国各地看到了这么多的民间艺术，慢慢地认识到了自己手中掌握的剪纸技艺或许是宁夏灿烂的民间文化之一。逐渐对剪纸艺术更加深切热爱，才能有以后的高度和发展。2014年开始创作了很多的作品，如《西行漫记之红色同心》系列作品，通过系列剪纸故事，我对家乡同心更加热爱，更加自豪。意识到原来我的家乡在过去三十年，就是世界了解中国的窗口啊。之后还想创作《西行漫记之红色宁夏》。三是2018年评上了国家级传承人。四是成立同心县非物质文化遗产展览馆，同时在2018年注册成立“宁夏源根民俗文化产业有限公司”，这个展示馆的标识就是“源根”，源于情怀，根植传统。

吴：请谈谈为什么要促使同心县非遗展览馆的建立？

田：2018年，我四十岁了，我想应该对之前做的事有个总结，对后期的发展要有定位。究竟在同心发展呢还是要跳出同心？好多朋友劝我到银川发展，银川镇北堡西部影城也多次邀请我过去，银川文化城、文投公司都找过我。可是我想，我曾经得到乡亲们的两次捐助，一次是同心县海如女子中学，全校师生捐了八十多元让我考上了吴忠师范学校。第二次是哥哥病重时，得到同学和同心县朋友的捐助。于是我找到同心县政府，谈了我的想法和思路，需要一个场地集中展示同心地方文化，助推同心旅游发展。同时把邀请我的函件给县长看，表明我是同心非遗的“看门人”，要守好门。县长被感动了，批准现在这个地方作为非遗展示馆，于2018年9月27日正式开业。

田彦兰在培训学员（一）
（本人供图）

吴：现在非遗展馆运行情况怎么样？

田：良性循环，没有亏本。目前展示有九个国家级项目、二十几个市县级项目。同时我也在有序整理项目文字图片资料。我也会联系传承人进校园、社区，推广非遗技艺，现在进入同心二小、女中、丁塘中学，给各学校免费培养剪纸老师，通过我们馆这个平台输送人才。有的已成为专业老师，如周亚如是同心初级中学美术老师，李媛媛是同心职业艺术学校的老师。通过文创产品研发，带动了一批农村妇女就业，让她们有了一定收入，改善了家庭经济状况，如罗小凤等。我还免费开了“源根书吧”，购买了很多书，有年画史、剪纸图案艺术、福禄寿喜等传统文化的介绍等，让读者明白为什么非遗能一辈辈传下来，就是其中蕴藏着许许多多美好的寓意和百姓的期许与愿望，读书能寻找非遗的根脉。近些年，我不停地购买图书，愿望是让读者在我们这里能够找到关于传统文化的系列书籍。

吴：田老师真是有心人，在做一件福泽后世的事请。您不光是搞非遗展示，还办了一些培训班吧？请介绍一下。

田：同心的妇女因为生活习俗不便于出门打工，四十岁以上的都手挺巧的，剪纸、刺绣、编织等都会呢。前几年开展非遗扶贫，我作为非遗传承人要成为扶贫培训的带头人嘛。我、赵秀霞、罗小风几个人就给各个乡搞培训。我大概培训了五百六十户、一千多人，在同心县同德村、菊花台村、平远村、上河湾村、满春村等先后开了十几个班培训，一个班三十到五十人。培训之后一部分人可以自己靠手艺挣点钱，一部分进入扶贫车间做熟练工，都能有些收入。还有一部分人给帮我们做剪纸加工。另外，我们也开展有偿培训，家长把孩子送到这里来静心学习手工剪纸，也吸引了一批美术老师和爱好者来这里参加培训。

吴：您是什么时候开始搞培训的？

田：（微笑）其实2001年我上宁夏大学时，假期回来就办些培训班。开始是觉得教孩子剪纸好玩。后来“普九”验收时，我就把剪纸编写成校本教材，培训就一直没有间断过。

吴：请谈谈自己的艺术成长经历，包括作品创作思想。

田：作品上，从开始追求技艺上的创新，到渐渐有意识地挖掘历史文化价值。以前要硬生生地给自己一个风格、一个流派，后来韩美林的一句话：“艺术什么派也没有，搞派的是想划地盘，占山为王！”让我彻底放下了对自己框架的设定。我的运气比较好，每当我迷茫的时候，总是会有人或有名言给我指路。小时候因阅历、知识不够，看贺兰山岩画不能领悟，欣赏不了那么抽象的东西。现在这个年龄再看岩画真是太美了，万年前的图腾纹样，现在仍然带给我强烈的视觉冲击力，让人感受其文化价值。所以近期

田彦兰在培训学员（二）
（本人供图）

田彦兰和外国小学员
（本人供图）

就创作了《远古与黄河》，人物形象很抽象，以套色形式给人以视觉冲击，表现我内心的激情。现在仍在创作黄河系列作品，黄河岸边生生不息的一代人，是具有顽强生命力的人，我们在黄河岸边生长，应该具有内心的情结和情感。

吴：您如何认识作为国家级非遗传承人的责任？

田：自从我成为国家级非遗传承人以后，自己也常反思，这么高的荣誉罩在我这样一个年轻人头上，可能也会带来负面的东西，自己要会排解。过去自己静静地去剪纸，单纯地做一件事，现在杂七杂八的事太多了，有压力，觉得自己不再是自己，是政府的人、民间的人，也是非遗传承上的人。大家都会来找你，你不帮忙也不合适，时间被占用得很多，责任大压力也大。上次培训给我启发：做好自己本专业的事情，做好自己本项目的挖掘和研究，实际上就是最大的贡献。曾经想着怎么把这个品牌弄得“高大上”，现在的想法非常接地气，那就是想着创作原创作品。至于文创产品开发，谁能“创”就“创”，谁能赚钱就赚去，我先把剪纸项目的挖掘、文字整理、作品创作做好，这才是最重要的基础工作。

吴：过去几年，我们国家有“三大战役”，脱贫攻坚就是其中一项。我们非遗传承人在脱贫攻坚中做了大量的工作，2020年底我国脱贫攻坚战取得全面胜利，全面推进乡村振兴，您有没有打算在乡村振兴中做点什么？

田：一说到乡村振兴，好多人就想着要把乡村变成城市。我是政协委员，我认为乡村振兴包括乡村文化的振兴，乡村文化的振兴有助于乡村的真正振兴。现在生活都挺好，小媳妇没事都在玩“抖音”。所以文化振兴是未来乡村振兴的核心内容，非遗是其中重要的部分。不管是同心县还是宁夏其他地区，农村妇女本身就有技艺，只不过这十几年没有做针线活，过去一直都在做传统的东西。我们要有自己的特色，不仅仅是吃饱穿暖、光鲜靓丽，还要一方水土养一方人。所以，首先把曾经培训过的农村妇女聚集起来，发挥她们的技艺专长，包括剪纸、刺绣、编织、口弦、农民画等，用自媒体方式宣传出去，取得经济效益，这样乡村振兴才更加饱满，更有特色，更有乡愁。能在“抖音”上宣传，她们也会很开心的。女性在经济上独立，会更加自信，有利于孩子的教育。所以我认为乡村振兴最终的落脚点是教育，是培养后代，而不光是物质上的发展。扶贫必扶智，农村不是硬件问题而是软件问题，最缺的还是教育，不能有“等靠要”的思想，让农村的艺人感受到通过自己的手艺改变自己的命运的自豪感。

吴：田老师确实做得很好，有想法，有行动，剪纸产业已经形成了规模。

田：我确实也有迷茫的时候，但很快能跳出来。一直在琢磨，没有间断过，也总能找到自己的方向。

张：下一步有什么打算？

田：很想打造一个中国剪纸博物馆，这方面同心有优势，同心同德，有国家级传承人，打算汇集全国，包括全区也包括我个人的剪纸作品，从我国的剪纸发展史、剪纸工艺流程、剪纸流派等全方位展示。另外当地政府也非常支持剪纸相关项目，已经纳入同心县“十四五”规划中。

吴：谢谢田老师！希望田老师发挥国家级非遗传承人的优势，在非遗保护上作出更大的贡献。

山花儿代表性传承人

马学辉

马学辉，1956年出生，宁夏吴忠市同心县人。2008年被认定为自治区级非物质文化遗产项目（山花儿）代表性传承人。

综　述

马学辉1956年9月出生在宁夏同心县城。1957年，马学辉的父亲到同心县预旺镇虎家堡子大队罗圈湾小队从事农业劳动，马学辉也跟随父亲来到那里，度过了他的童年。在罗圈湾有位会唱花儿的农民叫马进选，少年时期的马学辉曾跟他学会了很多原汁原味的同心花儿民歌。后来，马学辉全家“走西口”，从宁夏同心县到新疆哈密地区谋生。在那里，从宁夏银川市秦腔剧团调到新疆哈密市文工团的哥哥马学智，给了他正规的音乐入门熏陶，教他学会了单簧管的演奏。具有一定歌唱及演奏乐器才能的马学辉，被生产队长推荐到村小学担任音乐代课老师，后又进入生产大队文艺宣传队、公社文艺宣传队、县文工团、地区文工团从事演艺活动。马学辉曾在新疆哈密沁城公社的社员们修水渠的工地上，唱响了宁夏山花儿民歌，魅力独特的山花儿得到了当地群众的喜爱，称它为“神仙调”，马学辉也因唱花儿而出名。其后，马学辉又被借调到新疆维吾尔自治区歌舞团，参加革命样板戏的排练及演出，一步步走上了音乐道路。

同心县文化局干部杨少青，是马学辉人生事业历程中的引路人。当年，是杨少青把他从新疆哈密动员回来的，在他的鼓励和引导下，马学辉首先考入宁夏银南地区文工团，进而有机会进入同心县文化馆从事专职文艺工作，从文艺组组长、副馆长一直干到馆长岗位，于2009年退居二线，直到光荣退休。

马学辉能演唱百余首花儿，其演唱的花儿高亢沧桑，乡土气息浓郁，唱腔具有宁夏南部山区同心花儿和新疆花儿的韵味。他最拿手的一首山花儿是《绿韭菜》，他第一次登台唱的就是《绿韭菜》。马学辉把花儿唱遍大江南北，也唱到了北京，唱出了国门，一直唱到印度尼西亚的巴厘岛。2008年，他被认定为宁夏首批自治区级非遗传承人，他深感责任重大，在花儿传承的道路上尽心竭力。退休后，他先后在原中华回乡文化园（现宁夏川民俗园）组建“花儿艺术团”，在永宁县成立“学辉花儿歌舞团”（后更名为“永宁县花儿歌舞团”）。为了让该艺术团体正常运转，马学辉夫妇把房子、工资全部贴了进去。如他所言，这是源于对花儿艺术的无比热爱。

2012年，永宁县“学辉花儿歌舞团”的演员走进中央电视台一号演播大厅，参加“中国民族民间歌舞乐盛典”，为宁夏争得了殊荣。现在，马学辉被聘为宁红演艺集团银川公司负责人，在此岗位上继续发挥着光和热。下一步，他计划系统地整理自己演唱过的百余首花儿并印刷成册，留作花儿演唱资料。马学辉及其弟子们在中国西部民歌（花儿）歌会上获过很多奖项，有金奖、银奖、铜奖等，也曾获得国家级非物质文化遗产保护名录宁夏“山花儿”传承贡献奖。马学辉作为一名花儿传承人，尤为看重的就是“传承奖”，他认为这是含金量最高的荣誉，也是对自身的充分肯定，他为此而感到自豪。

⊥　马学辉在辅导学生（本人供图）

访　谈

被访谈者：马学辉（自治区级非物质文化遗产代表性传承人）

访 谈 者：吴昕、马家媛、吴亚娟

访谈时间：2019年5月20日

访谈地点：银川市文化艺术馆

吴：马老师好！听说您最近因为心脏病做了大手术，希望您健康快乐。今天来采访，是因为自治区文化和旅游厅、北方民族大学联合做一个课题，对自治区级非遗传承人进行口述实录。首先想了解一下您的基本情况，请自我介绍一下。

马：我1956年9月出生在宁夏同心县县城。1957年，我们全家到了乡下，就是现在的预旺镇，那时候叫预旺乡，最早叫预旺公社，虎家堡子大队罗圈湾小队，全家人也跟去了。那时候，住的是窑洞。那年我还回去看了一下，哎呀，那个窑洞哪里是人住的呀！也就是能养个鸡呀、猫呀那样的窑洞。但当时，住了一大家人，那时候也没有感觉什么痛苦。人的适应能力真是强得很，就在那种环境下，一天天也生活得很快乐。那时候，父亲经常挨批斗，我家在那里待了四五年。等我到了八九岁时，知道了那个地方还有人会唱花儿。村上有个叫马进选的，因为父母是近亲结婚，他的长相有点奇怪。但是人家唱的一口好花儿，他的声音真漂亮。他的视力不太好，生产队也很照顾他，春天的时候让他在牛圈和羊圈里喂牛喂羊，秋天的时候就安排他打场。他边吆喝着牛后面拉着石头磙子，边摇着鞭子唱着花儿，我就喜欢他唱的这个花儿调子。我也许是天生的好嗓子，小时候嗓子（声音）高得很，也亮得很。可是花儿的有些歌词听不懂，那就跟着他学嘛。听两遍后，音呀、词呀也就记下了。1966年，父亲这个右派被整得不行了，就连夜离家出走。第二天，我们就再没见过父亲，也不知道父亲到哪去了。

吴：母亲是做什么的？

马：母亲当时是县妇联主任，厉害着呢。可就是因为父亲的事，她也从岗位上下来了，受牵连了嘛。

吴：那父亲到底去哪里了？

马：我那时候比较精明，看母亲每天都准备一些干粮。有一天晚上，母亲说：“走。”还说：“都不要吭气，庄子上的狗咬，也不要吭气，悄悄走就行了。”那时候我们家里有四个孩子在，两个姐姐、我和弟弟，大哥已经在银川秦腔剧团里上班了。结果我们就跟着母亲出门了。我们家那个狗，你看乖不乖，我们走一段，它跑过来把主人看一看，又回去了。它惦记那个家呀。就这么来来回回，从相隔十几分钟一个来回，三十几分钟一个来回，再到三四个小时一个来回，一直就这么跑着，到最后就不见了。我们从预旺公社步行一直走到同心县城，全是山路。也不知道母亲准备了多么点钱，走到中宁，我们坐羊皮筏子过了黄河，又坐火车走新疆。母亲只买了五分钱的站台票，中途让人家铁路民警赶下来两次，查票人看着我们可怜也就放过去了。等到了哈密下车，没有火车票，一下车，全家人就都被当“盲流”抓起来了，“盲流”也就是盲目流窜人员嘛。我们母子五人被带到哈密收容所里，锁到一个大院子里面，住通炕，给吃高粱米饭、稀饭，待了三个月。人家看我们这一家子，一个婆娘带着四个孩子实在可怜。那时候新疆也缺人，结果就把我们送到哈密沁城公社白山大队去了。我这辈子和“湾”结下了缘分，在预旺公社时，我家住在罗圈湾，到了新疆沁城公社，又在大庙湾生产队安家落户。沁城公社用维吾尔语翻译过来叫“乱石头窝”，石头像房子那么大，像牛那么大，周围到处是那样的石头。刚开始感觉到了世外桃源。那里的山是黑色的，山下有树有草，特别是夏天花开了特别漂亮。有机会你们也要到新疆去，新疆真是个好地方。新疆人也好，民风淳朴，到了牧民家门口，不管认识不认识，他首先把你让进毡房里去。不管你是哪个民族的，只要到了他家门口，就一定把你请进去，坐到简易的炕上，饭单子一铺，馕饼子端上来，倒上奶茶，让你吃点喝点再走。那时候的人际关系就是这样的朴实。

吴：少数民族都热情好客。

马：对！热情好客。再一个原因，也是经常见不上人嘛。你想想，一年四季就这么一家人，父亲母亲和孩子，除了一群羊。孩子大了，该出嫁的出嫁了，该走的走了，一个羊圈、一个毡包房子，就那几个人嘛。没人说话，见了人亲切着呢。

吴：那你们去新疆以后，是不是父亲已经在那里了？

马：（笑）没有。吴馆长还惦记这个事啊？

吴：对啊！刚才您提到父亲出走了。这是个悬念呀。

马：嗯。我们在那里待了半年。哎哟！我母亲太厉害了，了不起！在那种逆境中，能把几个孩子养活大，真是太厉害了！半年以后，有一天猛然间，我父亲就来了。我原先想，可能父母商量好了，父亲先去打前站，把窝窝子[1]弄好了我们再去。谁想我们到了半年了，父亲才过来。其实，我父亲一直干的是干部工作，适应农村生活的能力比较差，他怕人家外调[2]，就到处漂流。他会修锁、修缝纫机、修手表，就靠干这些活儿养活自己。最后，我们全家团聚，就在大庙湾待下来了。那个生产队的人都是甘肃过去的，大家都心照不宣。我天生和音乐有缘，但需要人点拨，一点拨就会一发而不可收，

①窝窝子，方言，意为住的地方、房屋。

②外调，此处指“文化大革命”期间，管制部门对所谓的坏人及怀疑对象到外单位及外地调查。

这个点拨我的人就是我哥。那时，他从银川市秦腔剧团调到哈密市文工团了。他就指点我学单簧管，从此我就进入到音乐队伍里了。在农村接受贫下中农再教育期间，会点音乐，在老百姓包括女孩子面前也是有面子的。那时候，自己从来没有洗过衣服，脏了有人给洗呢。呵呵！我先从小学的音乐代课教师做起，在那里一待就是十几年。后来，父亲的右派身份被发现了，公家就开始外调，这就把父亲给揪出来了。从那时起，我们家的日子也就不好过了。女孩对你好，但没有一个真心敢和你好长久的。因为在那个年代，谁家的女孩子也不愿意嫁给一个成分不好的后生，最光荣的是贫下中农，男孩子哪怕是粗笨一些也是好的。

吴：您在新疆还当过小学音乐教师？

马：是的。那是临时聘用。因为大部分老师不愿意到生产队的学校代课，老师不够了，队长就说："马学辉，你去顶替音乐老师上课吧。反正你会吹管子嘛，就教点谱子或教教唱歌。"后来，又到了大队宣传队、公社宣传队、县文工团、地区文工团，就这么走上音乐道路的。有一点，我小时候在宁夏学下的花儿，到了哈密沁城公社以后太吃香了，那确实太吃香了。沁城公社都是汉族，喜欢唱维吾尔族歌曲，甘肃曲子、秦腔、眉户剧，老百姓也很喜欢，但都没有听过花儿。修水渠的时候，大伙儿一起吃饭时，我就给他们唱一段花儿，把他们给震住了。"哎哟，这是什么歌啊？"那时候思想都偏保守，唱点酸曲儿都叫"神仙调"，男女都喜欢听。我在那里出名，就是靠这个山花儿出名的。呵呵！

吴：（笑）那时候您跟马进选学的花儿都用上了。一共学了多少首？

马：当时学了有两三年吧。罗圈湾的乡亲们都爱唱花儿，男男女女在一起劳动的时候，还对唱花儿呢。那时候我年龄小，脑子记忆力特别好，总共学了一百多首吧。马进选的花儿基本上都让我给偷学光了。呵呵！

吴：那时候他多大年龄？

马：那个时候他也就二十多岁，现在八十多岁了。前五年我还去看过他，还在同心预旺呢，终身没结婚。

吴：您主要是跟马进选，还有你哥学习，受他们两人的影响比较大？

马：嗯。最早马进选教给我唱花儿，我哥又给了我正规的音乐熏陶和启蒙教育，以后我的自学也是很厉害的。1979年我一心想考解放军艺术学院，跑到北京考单簧管，考了第三名，没考上。去北京时，父亲给了我一百五十元钱，住五块钱的澡堂子，洗澡的客人都走完了才能住那里面。一次从床上掉下来，居然没有摔醒，你看累到什么程度？（大家笑）人呀，在什么样的环境下都可以生存。我觉得，我演唱的花儿，对宁夏花儿的发展也是有很大影响的。《绿韭菜》就是我经常唱的一首花儿，那些年只要是文化厅开会，厅长就问："马学辉在吗？""在呢。""唱一首花儿吧。"我就唱起来了。我可以自豪地说，我的花儿唱遍了大江南北，一直唱到印度尼西亚的巴厘岛的大海上去了。呵呵！

吴：哦？在国外唱花儿？这是哪一年的事？

马：那是2013年，我在宁夏风情文化园担任花儿艺术团团长期间的事。当时，文化园组织我们中层领导前往印度尼西亚巴厘岛考察学习，在巴厘岛附近的大海上，我们和各国游客一起坐在快艇上游览，人们都唱起了家乡的歌曲，我即兴演唱了一首宁夏山花儿《绿韭菜》，得到了船上各国游客的热烈欢迎。

吴：真好！那马老师是什么时候从新疆回到宁夏的？

马：1978年左右，考音乐学院失败以后就回宁夏了。在我的艺术道路上最重要的一个人是杨少青，他对艺术人才的爱是常人没法比的。少青既是朋友，又是老师，又是大哥，他对我的帮助实在太大了。他把我从新疆拽回来，以后我考到银南文工团也是他指的路，不管是唱花儿还是其他，他在我事业的历程中，是最关键的人物。他在同心教过很多优秀的学生。他喜欢听我的花儿，说我演唱的花儿有新疆花儿的味道。

吴：那是您在新疆生活多年的缘故吧。那马老师能总结一下您的花儿风格吗？

马学辉获奖证书（本人供图）

马：我唱的花儿就是土生土长的宁夏同心花儿，和青海花儿没有关系。由于自己嗓子的问题，有点沧桑感。小时候嗓子很亮很高，以后就不行了。以前唱样板戏唱坏了嗓子。

吴：您是什么时候到同心县文化馆工作的？

马：我先考到银南文工团（吴忠），吹黑管。1984年到同心文化馆的，当时杨少青是同心县文化局副局长。

吴：您哪年任的馆长？

马：2006年。我是从文艺组组长到副馆长岗位的，副馆长当了二十多年后，又当了三年馆长，2009年就退居二线了。原宁夏文化馆靳宗伟馆长又推荐我到原中华回乡文化园（现宁夏川民俗园）组建“花儿艺术团”，我到同心预旺镇一下招了二十多个男女小青年到这个团，现在这个团还有五六个同心的演员呢。这个团的主要演员都是那时候我带去的，后来演员中还有去宁煤集团、银川艺术剧院的，张娜、李静唱花儿都出名了呢。最近我还想从预旺再招一拨人。

吴：您跟马进选学的第一首花儿是什么？

马：《绿韭菜》。（唱）“哎——马拉的车子是车轱辘转呀，车头上呀绣哈（下）的个牡丹。哎哟，车头上绣呀哈（下）的个牡丹。”

吴：马老师唱的《绿韭菜》挺有特色的，歌词好像和宁夏有些花儿歌手唱的《绿韭菜》不太一样。

马：嗯。山花儿《绿韭菜》有很多版本，我唱的《绿韭菜》是同心县预旺乡罗圈湾马进选唱的很多版本中的一个。花儿歌手会根据环境、气氛变化即兴创作适合当时氛围的歌词。不过，万变不离其宗，不管歌词怎么变化，曲调还是《绿韭菜》嘛。

吴：明白了。您第一次登台唱的也是《绿韭菜》？

马：是的。是同心县的《绿韭菜》版本。

吴：您是2008年就评上的第一批自治区级非遗传承人，这对您的工作生活带来了哪些影响呢？

马：我成为非遗传承人之后，总感觉到有了一种责任。这些年来，我一直在做传承，我带的学生参加了几届中国西部花儿歌会，铜奖、银奖、金奖都得了。光金奖（牌）就有四块，银奖（牌）有六块，歌会组委会对我的这个团队也很关注。原中华回乡文化园的花儿歌舞团有三十多人通过练声，也唱出了原汁原味的花儿味道。不是说只用小嗓唱才是声乐，才能发扬光大。原生态的嗓子通过不断地练习，会让嗓子有一定的张力和弹性。我的学生李静等这些人，每天要唱十七八首，嗓子也没有唱坏啊！就是因为每天都在练声。所以练声就是一种责任，她们一天天长大，生活上的支出越来越多，文化园给的工资根本不够用。怎么办呢？2014年后，花儿艺术团被永宁县政府收编，首先组建了“永宁县学辉花儿歌舞团”，以后更名为“永宁县花儿歌舞团”，该团属民办公助性质，和文化园就没有关系了，由我来负责。我们就自己联系演出，进行商演。这几年，我和戴老师（夫人）除了基本的生活费用以外，把自己的工资也全贴进去了，全部投入到团里了。

吴：戴老师真支持您呀！

马：没办法，我就爱这个，要不然我就不高兴嘛。呵呵！没有这个（花儿）就感觉很痛苦，会一天唉声叹气的。最惨的是2018年，给银川市拍舞台剧《圆梦》，从排练到演出三年的时间，垫进去的钱太多了，把同心的房子卖了七十多万元，全折腾进去了，现在还欠四十多万元的账，我和戴老师的工资还要还账呢。那个团也散了。那年，宁红演艺集团的解成红老总把我请过来，让我带现在这个团，我就把一部分学生也带过来了。这个演艺集团的实力强大，有固原歌舞艺术剧院，包括秦腔剧团。中卫、贺兰、银川和石嘴山都有她的团队，形成了规模。不过，压力也很大，这么多人一个月工资就得一百多万。解总是个了不起的人，十年前她的"红枸杞艺术团"的服装在哪个角落、哪个柜子里放着，她都记得呢。

吴：除了这个团以外，还带学生吗？

马：最近，解总把银川市妇女儿童艺术中心楼上的房子承租下来了，要搞培训，花儿是其中一项。我传承花儿的事，已经被她计划在内了。

吴：是不是以后专门搞培训，不搞演出了？

马：（微笑）解总把我们每个人的特长都发挥得淋漓尽致，让大家一专多能嘛。

吴：您从艺以来获得了哪些奖项？

马：我创作并演奏的单簧管《红寺堡畅想曲》获宁夏（回族）自治区党委宣传部、

⊥ 马学辉2012年参加"中国民族民间歌舞乐盛典"，和陕北民歌歌手王向荣在中央电视台一号演播大厅同台演出（本人供图）

⊥　马学辉在演出现场（本人供图）

文化厅颁发的“单簧管创作金奖和演奏金奖”。花儿传承方面，主要是参加歌会得的奖，最高的是银奖。原宁夏文化厅的奖很多，还有正大集团的奖，最重要的一个奖是“优秀传承贡献奖”。我的学生得奖也很多。我这辈子从艺最荣耀的事是2012年带“永宁县学辉花儿歌舞团”来到北京中央电视台一号演播大厅参加“中国民族民间歌舞乐盛典”。“永宁县花儿歌舞团”代表银川市参加第十届全国少数民族传统体育运动会荣获自治区级金奖、国家级银奖。

吴：您从小会唱的花儿整理过没有？

马：现在开始整理了，准备出个册子留下来。

吴：可以录入多少个曲目？

马：应该有一百多首吧。这些年来，由于唱花儿认识了一批朋友，心情很快乐。不然在家就会不开心，（叹气）和戴老师赔了一百多万呢。我现在觉得，和解总的事业绑在一起干，才更有前途，现在终于可以拿工资了。那十几年哪有工资？不知道工资是个啥东西。呵呵！

吴：好的。马老师，今天谢谢您了。希望您早日恢复健康，在花儿传承的路上继续发挥特长。

何家棍代表性传承人

何金德

何金德，1939年出生，宁夏吴忠市人。2010年被认定为自治区级非物质文化遗产项目（何家棍）代表性传承人。

综　述

何家棍发源于宁夏吴忠市利通区何渠坪村、何家巷道村，在宁夏地区流传五代，近二百年。1824年何登魁动员何家集资三百两白银拜高人为师（姓名不详），经过师父精心传教，习得四路刀、久练锤、单头模子棍等，终于学有所成，成为何家棍开山鼻祖。河东一直流传有民谚“何棍张枪，盖世无双”。之后何家棍三至五代传人分别是何仲文、何金德、何建功和何建勋。

作为何家棍的第三代传人，何金德自幼习武，继承本门拳术、刀术、棍术，并广参名师，最终自成体系。1949年新中国成立，武术获得新生，何家棍步入了新的发展时期。十八岁时何金德首次代表宁夏参加全国武术比赛，凭借何家棍一战成名，一举斩获当年武术组第一名。1959年参加全国青少年运动会，取得了棍术第一的好成绩。此后，何金德任宁夏回族自治区武协委员、原银南地区武协副主席、吴忠市武协主席。他从20世纪70年代授徒，教授弟子近五百人，多人在区内外武术比赛中获奖，其中二十人获中级段位称号，五人获国家一级裁判证书。1981年，自治区体委和自治区民委调查、研究、收集、整理少数民族体育活动的情况，出版了《宁夏体育资料汇集》，其中对“何家棍”的由来、拳谱、套路进行了文字、图像的说明，何金德在此项工作中起到了很大的推动作用。1986年，何金德在全国武术遗产挖掘工作中贡献突出，获得宁夏回族自治区二等奖。何家棍和何金德被《中国回族大辞典》《中国武术人名辞典》收录。他和王新武合写的论文《应大力加强学校武术教学》在国家级刊物《中华武术》

1992年第一期上发表。

近些年来，何金德将主要精力放在何家棍以及武术的理论研究上。他将何家棍的由来、拳谱、套路进行了整理，将其文字化、系统化、理论化，成为何家棍的理论奠基人。他将何家棍特点概括为八个字：搁、掠、拨、削、扫、劈、搬、翻。在何金德看来，何家棍风格刚劲勇猛、灵活多变，明快直接、发劲别致，进攻主动、防守严谨，练到极致即达到“快、准、狠”，可以说所向披靡。近年来，何金德将何家棍理论集录成册，并完成了《拳瓤——何拳谱》《拳经》《一棍寒霜肃百秋》等著作。在此基础上，他纵深挖掘研究武术概念和武术的基本功以及技击之法等。他认为做任何事情没有理论的支持都是行不通的，没有理论支持，事情就做不成做不好，武术发展也是一样，要深入研究其精妙之处，培养一批懂得武术、了解武术并且在理论研究上有建树的人才，用理论建树支撑武术发展和创新。

过去，何家棍因何家集资拜师的原因，有“不传外姓，不传女子”这一不成文的规矩，也不轻易外露，多年来深藏民间，这也正是何家棍日渐衰落的原因之一。为了弘扬何家棍和武德精神，何金德改变了祖训，开始将何家棍传授给习武爱好者，并支持儿子何建功开办武术培训班，使何家棍广泛传播开来。何金德说：“何家棍是回族传统武术的优秀代表和缩影，充分体现了回族群众坚韧不拔、一往无前的特点，在少数民族地区发展延续的一百多年中，不断吸收精华、摒弃残次，我有幸成为它的传人，就一定会把它发扬光大。”

⊥　何金德撰写的《拳瓤》（马家媛摄于2019年6月）

何金德说，父亲在起名时就寄希望于他能德才兼备、德武并进。他也不辱使命，从师任教三十余年，以文武双全闻名，可以称为德武双馨。因此，“德”也成为他收徒的首要标准。何金德认为，何家棍乃至武术都需要发扬光大，但习武需要过程，在这个过程中要让徒弟先练基本功，再学套路，持之以恒并且品行端正的才能够继续走习武之路，德行是做人、习武最重要的要求。作为何家棍第三代传人，何金德认为理论建树是他为何家棍发展作出的最大努力和贡献，现在他仍然在不断地探索。同时他也在寻找好的武术苗子，培养有德、有行的徒弟，使其人品道德和武术能力都能够承接何家棍一门，把这一门发扬光大。

访　谈

被访谈者：何金德（自治区级非物质文化遗产代表性传承人）

访 谈 者：马家媛

访谈时间：2019年6月19日

访谈地点：吴忠市利通区何金德家中

马：何老，首先请您把您的基本信息简单介绍一下。

何：我叫何金德，1939年农历三月初八在甘肃武威出生，河西走廊那里。我父母是宁夏人，在那里经商，生我的时候正是日本飞机轰炸武威城的时候，生于患难，1939年抗日战争的时候。

马：您小的时候家里是什么样的境况？

何：家里生活是比较好的，我还有个哥哥，我们弟兄两个，父亲做生意，做药材生意。甘肃祁连山有味中药叫羌活，专治关节病。当时他把土布、茶叶、调料、盐巴、茶叶带过去，藏民把药材羌活晒干了以后用牦牛驼过来换这些东西，然后（我父亲）把药材打成包发到兰州、发到西安，赚点钱，做这个生意。

马：您父亲也练武吗？

何：是的。

马：何老现在还练功吗？

何：现在我练功就是（练）吐纳，吸入大量的氧气，排出大量的二氧化碳，这叫吐纳之术。这是唐朝医圣孙思邈传授下来的，很有效果。

马：就是吸入新鲜空气，把污浊之气排出去？

何：要加入意念。站着也行，坐着也行，睡着也行，先是放松，迈开半步与肩同宽，颈椎放松、肩放松、腰放松、髋关节和膝放松，直到全身放松，闭目存思，聚气，想象这里（丹田）有个圆球从下半点向上，逆式呼吸，吸到吸不进去了再吐，我可以给你演示一下。

马：您在武威出生，什么时候回到宁夏的？

何：我十七岁才回到宁夏。上吴忠师范学校，在武威上的是中学，来这儿上的是师范。本来我在武威师范要念书的，后来全家都回老家了。

马：师范毕业后在哪里工作的呢？

何：当教师，中小学教师。先后在吴忠利通一小、马莲渠（学校）、板桥（学校）、金银滩（学校）、一中、东塔学校任教。

马：您当时是教什么呢？

何：教语文。我师范毕业以后又在陕师大进修了中文。

马：这期间除了正常读书，一般就是跟着父亲习武吗？

⊥ 1975年何金德在练功（本人供图）

何：是的。我自幼学拳，在武威就学了。现在已经有两部大辞典记载了我的条目，一个是《中国回族大辞典》，还有一部是《中国武术人名录》。

马：您从小习武是您父亲有意培养的还是耳濡目染学的？

何：专门教的，有意传承的。

马：您学武的过程能讲讲吗？

何：从六七岁开始，就是从基本功开始练。那个时候就踢个腿、旋飞脚，练个平衡、金鸡独立等等这些。有一句武术谚语说：练拳不练腿，必定冒失鬼。腿功在武术中是非常重要的。

马：腿功练的是扎实，是不是？

何：不是扎实，是灵活。现在的武打片也好，甚至散打、跆拳道，都是腿功居上，如果髋关节不开的话，韧带不开的话，你就踢不高，打不远，没力度。

马：这都是要从小练的基本功？

何：（是）基本功，从小要练的。任何武术，不练基本功都是白搭。关于基本功我有专门的论述，基本功就是武术当中最重要、最关键、最常用的东西，（要）集中起来加以训练，各家各派都练基本功，但表现形式不一样。

何金德使用的器械
（马家媛摄于2019年6月）

马：咱们练基本功主要就是为练棍打基础，是吧？

何：是的。棍是器械的一种，武术里面分三类，长、短、徒。长器械包括大刀、长枪、棍、连枷等等。短器械是刀、剑、鞭。

马：您能讲讲何家棍的来历吗？

何：（传说）我太爷原来遇到一个老头，老头草上飞、登萍渡水，功夫了得。问（老头）在哪住着呢，说在湖里住着呢。第二天天刚麻麻亮，我太爷就领着儿子跑到这个湖边，一个老头出来了，在苇子湖里头搭了个窝棚睡着呢，看见一只野鸭，他就在湖面上跑着追这个野鸭，顺手摘了一片叶子打过去，野鸭就掉下来了。老头用湖里的紫泥把鸭子糊住，朝一个坑里放上，找了些干草点上，一阵阵，一剥开香味出来了。葫芦里的酒喝着，鸭子吃着。老头说，小朋友你吃点？我太爷这个时候就待不住了，一个纵步到那儿就跪下了，说："我何登魁眼拙，找您很久了，听说您信誉很好，武德很好，杀富济贫，行侠仗义，很有名气。"然后就请这个世外高人到家中，住了几天就开始教了，十八般武艺都传授给我太爷。老人说要回家养老去呢，要你三百两纹银养老，那时候太爷家境就是一般的农户。

马：三百两在当时是很多了是吗？

何：三百两是什么概念呢，清朝的一个七品知县每年的俸禄是六十两，三百两是五年的俸禄。所以他（太爷）把房子拆了，耕牛卖了，姓何的人家家族大，大家集资。所以我太爷以后这门武术从不外传，只给何姓的人教。

马：何家棍的棍法就是从这个老人这里学来的吗？

何：是的，十八模子棍。其中有变化，有相当的变化和联系，看起来没有意思，用的时候变化万千，在冷兵器时代那可是了不得的事情。

马：您的学艺经历就是自小练武，后来当了教师，还有什么有关武术的发展吗？

何：十八岁的时候代表宁夏参加全国武术比赛，那个时候蒋红岩、王新武还没来呢，宁夏回族自治区刚刚成立，1958年9月。丁成领队，原来是自治区体委的办公室主任，后来是自治区外事办的主任。

马：第一次参赛时您就要的是何家棍吗?

何：就是何家棍。第二次是王新武带去的，全国青少年武术运动会，1959年3月。

马：您这两次比赛都取得了很好的成绩吗?

何：全国青少年运动会，我的棍术在宁夏最高，在自治区（的选手中）我的成绩是最高的。

马：后来您就是不断地自己练习?

何：自己参悟练习，后来20世纪60年代肚子都吃不饱，那个时候只有放下了。

马：您刚才说您家是兄弟两人?

何：我哥哥在武威，去世了。

马：他和您一起学的武吗?

何：他和我比不是全面继承，只是会两手拳，身法比较快，因为他个子小。

马：您能讲讲何家棍的技艺特征吗?全国武术界要棍的很多，何家棍特殊在哪里?

何：因为是单头（棍），用一头么。一般的棍都是两头用。马贤达兄弟你知道吗?他的棍法最精粹的是啥，指上打下，你再撵（追）来，老虎尾，这就很厉害了，两头都用。

马：这样双头都用的棍法是中国传统棍法是吗？

何：都是这样。我的（单头棍）基本棍法总结成八个字：搁、掠、拨、削、扫、劈、搬、翻。左面为搁，右面为掠，这是八种劲，武术、拳法、器械都讲究个劲，劲发于腰而行于肢，然后一发一点，现在称为合力。所以我捣你这一下、打你这一下都是全身之力，不是手的劲，也不是棍的劲。

马：何家棍单头棍和双头棍相比有什么特点?

何：快，直接明快，实战性强。有单战和群战。群战就是四五个人都围着我，我的棍法中有一种叫五虎群羊，充分发挥了单头棍的威力。单对单就叫单战。

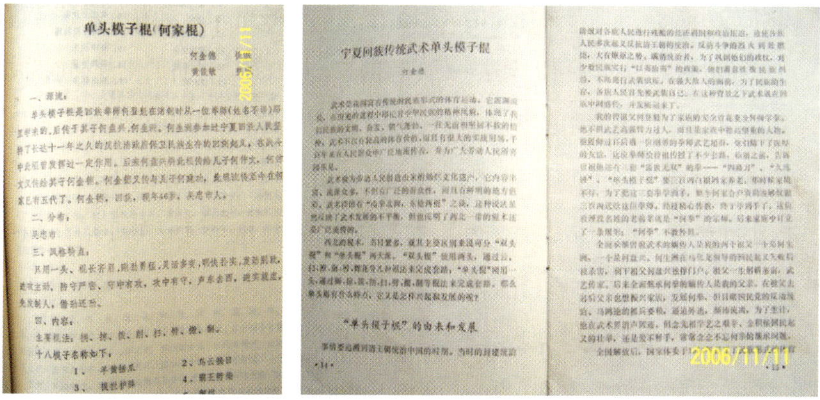
单头模子棍（何家棍）

宁夏回族传统武术单头模子棍

“单头模子棍”的由来和发展

2006/11/11

⊥　何金德撰写的何家棍相关文章（宁夏非物质文化遗产保护中心供图）

马：何家棍有没有什么弱点？

何：几乎没有弱点，我几乎没有失过手。这个东西都是宗师、大师们把各家各派的精华集合起来的。我研究过少林寺的资料，其中在元朝末年就有这个棍法出现，和我们这个基本相似。那个时候是兰州有个老头，打一个恶公子用这个棍法，后来把他请到少林寺教这个棍法。以后这个棍法常用常见了，传了下来，直到传到我们一代宗师的师傅怪叟老头这里。武术是一种文化，而且是多学科的交叉，里面有历史、哲学、兵法、运动力学、运动心理学、运动生理学等等。我们的棍独就独在出手就要“吃”住你，锁住你，我研究几十年，我觉得我们这个棍法就连（和）太极里的“粘连”一样，比方说太极拳打得高的时候，麻雀在手里要飞它飞不走，他卸你的力，这就是粘连。我总结的何家棍出手三字诀：快、准、狠。

马：您能讲讲何家棍五代传承人的特点和贡献吗？

何：一代宗师何登魁，在他手里形成的何家棍；二代是我的爷爷和我的叔公，叔公是我爷爷的堂弟；三代是何仲文；四代掌门何金德；五代是我的儿子何建功。一代宗师何登魁，是何拳、何棍的开山鼻祖。二代何生洲、何盘兴功力很深，（是）骠路十三营“烈虎营”参领，我太爷的全部家当都交给他们了。我太爷会十三步登空，八步打灯。我爷爷的功力深厚，他拿个很细的小竹棍放到几百斤重的大磨盘中间的磨眼里，一发力，磨盘就转开了，你看这力道。到我父亲这一代，钉的桩，打搁掠。打折的棍都捆成几捆。我这一代主要是武术的理论建树，我给系统化了，（内容）写好了。再一个就是对武术理论的研究。“武术”的概念是什么，核心是什么。现在诸家都在研究，都在杂志上发表各种文章，都在讨论。我现在研究了各种资料，我认为武术是多学科的交叉，核心是技击，就是招数，（就是）怎么打。这是核心，但是兼容并蓄，集健身、演练、观赏等。怎么用招数是关键，绝招绝活都是招数。

马：您的意思是每家每派的招数都不一样，绝活不一样，比试的就是这个。

何：武术是怎么产生的呢？在古代就有，最早记载出现在《诗经》，《诗经·小雅·巧言》当中说“无拳无勇”。那说的就是莽夫。古代人民为了生存，和大自然搏斗，和野兽搏斗，为了扩大地盘相互格斗，就出现了武术。以后才逐渐分为各家各派，实际上真正的武术是同出一源的。

马：刚才讲到您这一代，您的下一代何建功老师他做了哪些工作？

何：他主要就是传承，带弟子、普及。那个时候《中华武术》发行量很大，在四五十个国家都有发行，我和王新武发表过一篇文章，主要是说武术要进入学校，要从青少年抓起，武术要进入军营，“刺刀见红”，要有实战性。这个文章我到现在还保留着，文章名为《应大力加强学校武术教学》。国家级的刊物上有我的文章，两部大辞典上有我的条目，这在全国武术界算是很高的荣誉。我认为我的武术建树就是武术概念问题，武术就是以技击为核心，兼健身、观赏、招数为一体的体育运动，它是一种大文化，兼收并蓄各种东西。比如说“指上打下”“声东击西”，这是把兵法的东西运用进来了。

马：那您对何家棍也做了系统的整理和研究是吧？

何：不光是何家棍，我现在对武术的概念和武术的基本功做了研究，对技击之法做了研究，往纵深发展。

马：您觉得何家棍传承了百年，在您这里有没有什么创新的地方？

何：创新之处就是理论建树。没有理论的支持是不行的，我就研究它（武术）究竟妙在什么地方，理论建树是支撑，所以武术发展要培养一批在理论研究上有建树的（人），懂得武术、了解武术，要做这方面的研究，现在都没有什么大的建树，还是老一套。要做到质量高、形象美，难度很大。

马：您现在对何家棍的理论研究已经集录成册了吗？

何：（内容）还保密，（是）秘籍。这是因为知识产权问题。

马：没有出版是吧？

何：这个秘籍我暂不出版。上次青海的一个教练协同吴忠的一个人，在我跟前学过几模子棍，想要我这些东西，我就给说三十万块钱，把他吓退回去了。

马：这是知难而退了。

何：我有意识地要吓他，独门的东西要学，还有个知识产权的问题呢。

马：您就何建功老师一个儿子吗？

何：还有一个儿子，叫何建勋。

马：他有没有跟您学武术？

何：学了，他是吴忠市的非遗传承人，他在八中当老师。

马：您刚才说的“独门绝活”，您这两个儿子都掌握吗？

何：他们都掌握得差不多了。

马：除了他们您还有徒弟吗？

何：我还有个关门弟子在惠安堡这一带，（在）公路上工作。

马：他学得怎么样的呢？

何：继承了我的一半。

马：他是外姓是吧？

何：不光是外姓，还是关门弟子。不过他战绩辉煌，以前有个国际武术比赛，在石嘴山举行的，有十几个国家（的选手）参赛，官方组织的，金银铜都拿了，棍是金奖、拳是银奖、刀是铜奖。

马：他叫什么？现在还练武吗？

何：周文章，现在在惠安堡公路站，还在练。

马：他是外姓，您当时为什么收了他当弟子？

何：我太爷是专教姓何的，我爷爷可以教外甥、女婿，我父亲可以教给朋友，我可以教给更广泛的人。吴忠的武术局面是谁打开的？就是我打开的，现在我的两个儿子也在开武术班，这些年收了有千余人了，这就是在普及武术。

马：何家棍的独门绝活不怕教给外姓吗？

何：学武需要个过程呢，先练基本功，再学套路，持之以恒了，人品好了，武德好了我就给你教下去。德行好了我就给你多教点，德行不好我就再不给你教了。

马：这就是您收徒弟的标准？

何：就是这个，德行很重要。我认为非物质文化遗产就在传承，一定要有真实的技艺传承，最基本的门槛就是要真实，不能糊弄，专业的非遗机构要请专家评定，到底有没有，是不是有据可查的，真实不真实。其次一定要有独特的核心技艺，（也就）是独一份的东西。

马：就像您说的宁夏曾有“何棍张枪，盖世无双”的说法，但近些年好像何家棍的知名度逐渐降低了，您觉得何家棍发展传承有没有什么困难？

何：就比如说，我想申报国家级非遗项目或者传承人，这有相当大的困难。文化行政部门或者非遗中心下基层选定申报项目的时候，方向要准，要立足于本地一些真实的东西，虚报的或者自卖自夸的东西是没有根底的。

马：这是您认为在项目申报上的困难，在项目传承发展上有没有什么困难呢？

何：现在最大的问题就是师父找徒弟，不是徒弟找师父。单头模子棍也是一样，人人都会，就没有特色了，再加上随意改编、学术造假等等，反而是对项目发展的损害。

马：那您对何家棍下一步发展有什么想法?

何：现在就是在不断地探索和找寻，寻找有良知、有德行的徒弟，能够承担承接这一门，把这一门发扬光大的徒弟，我现在就到此了，理论建树就是我做的贡献，下一步就是他们下一代的事了。只要是好的苗子，外姓也行，只要真心实意学，能把这一门撑起来，打出风格来，人品道德素质能够承接下来，我就愿意教。

何家棍代表性传承人

何建功

何建功，1961年12月出生于宁夏吴忠市，大专学历，现就职于吴忠市总工会。2008年被认定为自治区级非物质文化遗产项目（何家棍）代表性传承人。

综　述

从小有着大侠梦的何建功出生于吴忠一个有名的书香门第、武术世家，父亲何金德是个文武奇才，既是何家棍的第四代传承人又有很高的文学造诣，母亲也是名门望族的大家闺秀。吴忠地区有句民谚："何棍张枪，盖世无双"。"何棍"即何家棍，又称"单头模子棍"，是清道光年间何家祖上花重金从一位武功高手那里学来的。何家棍棍长齐眉，只用一头，棍中有枪，枪中有棍，讲究手法和变化，特别是发劲别具一格，通过搁、掠、拨、削、扫、劈、搬、翻等棍法来完成套路，总结为"十八模子"。

因为从小耳濡目染，何建功很早就学会了一招半式。从初中开始，何建功在父亲的严格要求下走上了系统的练武之路，冬练三九夏练三伏，家里的黄土地都被练功的汗水浇灌的黑黝黝的。每次练功他都要把一整套完整练一遍，从基本功开始，拳练完练刀，刀练完练棍，还要冲三百拳。抱着要将何家棍发扬光大的信念，何建功练武进入了痴迷状态，经常一夜要练三次。

从小的这些刻苦练习让何建功成为吴忠的种子选手，能够和自治区的专业武术队抗衡，同时他又以兼具观赏性和健身性的何家棍、拳术积极参与表演类项目，获得的奖项有：1990年自治区第二届少数民族传统体育运动会武术棍术铜牌，1994年自治区第三届少数民族传统体育运动会武术棍术铜牌，1998年自治区第四届少数民族传统体育运动会武术棍术银牌和拳术铜牌，2002年自治区第五届少数民族传统体育运动会武术表演项目金奖，2006年自治区第六届少数民族传统体育运动会表演项目编导金奖，2007年全国第七届少数民族传统体育运动会表演项目编导三等奖，第七届全国少数民族传统体育运动会集体表演项目三等奖，第十二届全区运动会棍术金牌并受到吴忠市市政府嘉奖，第五届、第六届全区少数民族传统体育运动会集体表演项目金奖。

多年的练武经历不仅强壮了何建功的体魄，也磨炼了他的意志，提升了修养，培养了他积极乐观的人生态度。从小何建功就喜欢见义勇为。虽然生于和平年代，武术已经大大失去了其实用性，但何建功将武术精神带到了自己的日常工作中，何建功说："侠之大者，为国为民。"在工会的工作中，何建功秉着侠义精神救助困难职工，扶助弱小，热心公益。

1982年何建功和当地文化馆合作开办了武术培训班，三十多年来培训了几千名学生，其中"国家二级运动员"八人，获得"武童级"称号的有十五人，获得"中国武术初级段位"称号的有五十人。

何建功不仅有高超的武艺，在他身上更是体现了自强不息、扶危济困、积极乐观的武术精神。

何建功现在已经物色好了接班人，"我下一步就是好好培养我的接班人，好好把何家棍传承下去"。

何建功接受采访
（马家媛摄2019年6月）

访　谈

被访谈者：何建功（自治区级非物质文化遗产代表性传承人）

访 谈 者：吴亚娟

访谈时间：2019年6月19日

访谈地点：吴忠市何建功家中

吴：何老师您好，我们今天来是对自治区级非遗传承人做一个口述实录采访。首先请您介绍一下您的个人情况，包括您的出生年月、出生地等。

何：我叫何建功，出生于1963年12月27日，这是我的身份证的出生日期，身份证的出生年月比我的实际出生年月晚，我实际年龄是今年五十七岁。我是名中共党员，大专学历，在吴忠市总工会工作，是何家棍的第五代传人，在吴忠教过的弟子从1998年开始到2008年总共有几千号人。

吴：您的实际出生年月是？出生地在哪？

何：1961年12月27日。出生地是吴忠市。

吴：您现在是在吴忠市总工会工作，那您的职业和武术有什么联系吗？

何：我们工会是一个群团组织，它是为职工服务的，里面也有职工文化，所以我作为非遗传承人在干好工会工作的同时，也不忘传承发扬非物质文化遗产。因为我过去担任过文化局的工会副主席，在那待了十年，所以我现在搞职工文化、职工运动会。牵扯到非遗项目，包括万达的非遗进商户活动我就积极支持，介绍吴忠的赵文花剪纸、巧儿刺绣、马兰花的口弦等在万达展演，与万达的老总沟通，为他们几位非遗传承人争取补贴。按理说他们应该是义演，但我设身处地地想，他们也不容易。包括自治区非遗搞的一些活动我们也积极参加，吴忠市文化馆写总结、搞活动我们都是积极配合。

吴：您的父母、兄弟姐妹的情况？

何：我的父亲叫何金德，他是何家棍的第四代掌门，他是文武奇才。为啥说是文武奇才，因为他精通文学、教育、艺术、文化，所以在吴忠当地是有名望的大家，《中国回族大辞典》有他的条目。我的母亲已经去世六年了，她也是吴忠的大家，是过去宁夏工商联主席李凤藻的孙女，她家在当年解放军进银川的时候，给每一个解放军送一双鞋、两块光洋。（我母亲）姊妹有四个，我的母亲过去是金银滩农场的退休职工，她的小学在北京的芙蓉华学校上的，也就是以前中央领导的子女上的学校。

吴：父亲是大家，母亲是大家闺秀，那您从小的生长氛围是很好的啊。

何：我父亲比较严格，严格要求我们姊妹四个，我是老大，兄弟两个，我弟弟叫何建勋。

吴：我看资料了，也是中国武术六段。

何：他现在是五段，本来最近就要升段，我说没意义了，我们二十年前就是五段、六段了，现在再升一段也没啥意义了。

吴：您弟弟申报了非遗传承人吗？

何：他是市级传承人，他在学校搞非遗进校园活动，在带班，做文化馆的专题片，各种活动都积极参与。他现在还有个兴趣就是集邮，他现在是中国集邮家协会会员，他在吴忠是非常有名气的，作品有反映“一带一路”的，在全国（比赛）获过奖。

吴：非常优秀啊！那其他两个妹妹的情况呢？

何：我的大妹妹是宁夏报业集团公司的“十佳记者”，擅长写人物。小妹妹在自治区商务厅工作。我们家姊妹各继承了老爷子的一部分，像我弟弟继承了教育啊，还有业余爱好，像我继承了他的武术，我妹妹继承了他的写作，她写过有关“英模”事迹的报道，曾受到国家领导人的接见。

吴：何老师家的文化氛围特别浓厚啊！

何：是的，所以我们家在吴忠被称为书香门第、武术世家。从小虽然很艰苦，但父母对我们的要求很严格，所以走到今天是与他们的教诲分不开的。

吴：您的兄弟姐妹发展都很好，很有成就。

何：是啊，有的时候我还开玩笑说，虽然我是最差的，但现在也是个“主席”。我这个当主席（的）就是为员工解愁，也算是实践了我过去练武追求的大侠精神，我现在在工会的承诺就是：“有事找我，有困难找工会。”因为我身后有强大的组织，党组织是九千多万人，工会会员是三亿多人，还有非遗的组织，正好实现了我从小的大侠梦。再过几年我就退了，退休以后我把武术文化再发扬光大。

吴：何家棍还是比较低调的，很少有宣传、展示。

何：对，2008年以前我搞了十年的武术，然后发现与地区的经济、文化都有关系，因为经济基础决定上层建筑，武术也不例外。吴忠这个地方一不靠山，二不靠水，你看也不像少林寺靠寺，这个地区民俗文化的发展当然比起过去是强多了，但从全国来看还不是发达富裕的地方，所以总体文化生活还是比较贫乏的。武术在一个民族、一个地区有危难的时候才能显示出来作用。

吴：尤其是这种实用性比较强的。

何：对。

吴：何老师，您是几岁开始学武的？如何走上学武之路的？

何：因为我们是（武术）世家，从小就耳濡目染，小时候就学个一招半式，真正开始练是在上初中的时候。初中、小学的时候各种武打片开始流行，特别是1982年上映的《少林寺》，对我的影响最大，当时听到我们的先祖还有一段传奇故事，从那个时候我就立下一个志向，要将何家棍发扬光大。经过这多少年的（努力），我已经达到了。

吴：真正系统开始学习武术是在什么时候？

何：系统开始学是在十四岁左右。

吴：但是从小就开始有接触了是吧？

何：嗯，从小就开始了。本身我小时候就是“顽皮猴”嘛。那时候有些师兄来我们家练武，我就开始偷看，然后模仿，但是当时没有系统地练。啥叫系统和专业练呢？就是在赛场上的同样一个动作，人家是完美无缺的，不扣分的，但那个动作（指非专业的）就要扣分。

吴：就是武术专业者和业余者的区别。

何：嗯，专业的和业余的是有区别的。因为有小时候的这个基础，再加上我父亲对我长达五年的教诲，每天晚上吃完饭，夏天拿一把扇子，冬天穿着皮袄，看着我练，一看就是五年，哪一招不对立即进行纠正。

吴：就是每天晚上吃完晚饭开始练习？

何：嗯，可以说是“冬练三九，夏练三伏”。

吴：早上还练吗？

何：早上也练，早上是我自己练，一日练三功嘛。当时家庭条件可以，就在金银滩农家小院里头。

父亲何金德向何建功传授棍术
（本人提供）

⊥ 1986年何建功在宁夏首届少数民族传统体育运动会上表演何家棍（本人供图）

吴：您觉得从小的这些刻苦练习对您后来的发展有什么影响？

何：这些经历使我成为吴忠的种子选手，能够和区上的专业队抗衡，他稍微不注意我就把他比下去了。有一年王樑老师他动作失误，他拿第三，我拿第二。

吴：是鱼尾剑的那个王樑老师吗？

何：是的。我最后发现业余的和专业的相比较还是有差异的，但是因为武术是有观赏性和健身性的，所以我就搞表演类项目，带学生。到目前为止，我拿过两届民运会表演类项目金奖，分别是第四届、第五届，还有第七届民运会的三等奖。第十五届全运会要在吴忠举办，我是第十二届全运会的棍术金牌。到目前为止没人超越（指宁夏地区）。

吴：何老师，您前面提到会偷看师兄弟练武，所以何家棍不仅是在家族内部传承是吧？还收外姓徒弟吗？

何：收的。从我爷爷开始传外姓的。过去是不传外姓的，因为它（指何家棍）是何家集资学的，资料上都有，三百两纹银相当于清朝一个县官五年的俸禄。

吴：所以从爷爷开始何家棍就招收外姓徒弟了，也就是说您父亲这一辈就已经有外姓传人了是吧？外姓传人多吗？

何：多。

吴：大概有多少?

何：有十二个还是十三个。

吴：父亲这一代有十二三个，您这一辈呢?

何：我这一辈就多了，还有那种学一招半式的。

吴：学得好的有多少?

何：各门派都有代表性传承人，像第一代就是宗师，第二代徒弟很多，有外甥、侄儿等，杰出的徒弟就有两个半，为啥叫两个半呢?一个是我亲爷爷，一个叫何洪成，另外半个叫何木哈。何木哈在吉鸿昌手里拿过金牌的，当时吉鸿昌将军在宁夏当主席的时候摆擂台，他（何木哈）上去一根杆子把所有的选手干下来了。为啥叫半个徒弟呢?是因为他学啥都是学一半，原因就是我何家历代收徒都对品质道德方面要求极严，而他只能学一半。到我爷爷这一代，因为他经历了战乱，在国民党时期兵荒马乱，教授的几个徒弟都早逝了，只留下了我父亲。我父亲从小也喜欢武术，在武威、兰州的时候，我父亲看到新中国1953年的民族运动会，看到了希望。

吴：第二代是父亲辈吗?

何：第二代是爷爷那一辈。

吴：哦，你们祖上是武威人吗?

何：不是，我们是吴忠人，当初为了躲国民党抓兵跑到武威。当时吉鸿昌家看到何家半个徒弟都这么厉害，就找了个副官来找何家练得最好的，练得最好的就是我爷爷。当初说给少校军衔，但是我爷爷说当时他的父亲已经年迈了，就没有去。后来国民党来了以后就开始抓兵，我们何家在国民党时期有很多的参议员啊，听到抓兵的消息我们就跑了。我爷爷八岁丧母，后来又是招女婿，又是做生意，最后在武威发迹的。

吴：做什么生意发迹的?

何：主要是走运输、开旅店，还有饲料供应。过去一套马车四匹马，我们家供饲料，发迹了。当解放军进武威时，因为我爷爷他有文化嘛，讲话非常有道理，被邀请进政协，但他没有去。电影《双旗镇的刀客》就是以他为原型的，他少年就成名了，在西北尤其是陕西这一带特别出名，号称“刀王”“棍王”。我爷爷在武威，甘肃省的武协主席都对他赞赏有加。吴忠市市志对第二代我爷爷何生洲，有八个字的评价：为人耿直，善于武功。到我父亲手里他收的徒弟就多了，包括学校的，他是第一个在学校开展艺术教育的，还有在文化馆。

吴：因为他以前从事过教育行业吗？

何：因为他以前是金银滩农场学校的校长，当时和文化馆联手办二胡班、美术班，你看现在吴忠的音乐类发展很好，就是因为当初的那一批人。

吴：有武术班吗？

何：有武术班，我是教练。最早的是1982年。

吴：何家棍收徒有什么讲究吗？

何：主要就是看人品，还有实际考验。

吴：收徒有的是入门弟子，有的是普及型的，对武术有爱好的。

何：嗯，那是学生。像老爷子的入门弟子，老爷子的大徒弟叫吴尚文，关门弟子周文章，我是掌门师兄。

吴：那其他两个人的情况您能介绍一下吗？

何：现在大徒弟退休以后养羊呢，过去是吴忠电大的校长。关门弟子周文章也从政了，在红寺堡区交管局。周文章曾经和文化馆的全体馆员参加过2008年北京奥运会的表演项目助演，他和张家枪的张彦奎一起去的。在石嘴山的国际武术邀请赛上，他一个人在半天之内拿了金、银、铜奖，其中何家棍（项目）是金牌。但老爷子最杰出的弟子就是我这个掌门师兄，他还老说我是“一般一般全区第三”，从第一届民运会到第六届，都获得过奖项，个人拿过一银三铜，这是和专业队之间的较量。我的学生参加了第六届、第七届表演，还得了金牌。

吴：那您在学武的经历中有没有印象特别深刻的事？有没有觉得学武太苦，有练不下去、想要放弃的时候？

何：我现在是快六十的人了，就觉得武术在和平年代是个冷门，在兵荒马乱的时候才更能显示它的作用。但是我不后悔（学武），到盛世享受盛世，有句话说："宁为太平犬，不做乱世人。"现在国家发展得这么好，所以我愿意在这个环境下练武。当时练的时候，我记得最难忘的是人要有梦想，有梦想就可以实现。我经常给年轻人说，我过去立下的志向就是将何家棍发扬光大，天下皆知，现在我的目的达到了，像荣誉吧，金牌、银牌、金杯、银杯、各种证书等都能装半麻袋了。2008年的时候武术被学院派"体操化"了，所以我有点心灰意冷，就去吴忠市总工会上班了。我现在一直在思考一个问题，我和我弟弟生的都是女孩子，女孩子不太适合这种大运动量的活动。当时我也是响应国家号召没有多生，本来回族允许生两个。后来我老家正好有个丁姓的侄子爱好武术，我工作忙，开始我就让他在我师兄老周那边代培，最后我亲自抓半年以后这个孩子就脱胎换骨了，有了突破性的进展。他现在是学生，十一岁了，作业也多，正好还有两个亲戚的孩子我就都带上（练）了，带上做个伴，现在准备将他培养成传人。老说濒危、濒危，没有传人不行，现在我都是在星期六、星期天早早过去给他们指导。可是我现在也很无奈，孩子的学业负担太重了，武术是要天天练的，讲究"拳不离手，曲不离口"。

吴：小时候有没有觉得练武很苦？

何：小时候我家是黄土地，那一缕一缕的汗水洒下去，地都变得黑黝黝的，每次我都要把一整套完整练一遍，从基本功开始，拳练完练刀，刀练完练棍，还要再冲三百拳。我父亲怕我脱水，在窗台上晾三碗盐水，每次练完以后都要喝三大碗盐水，补充盐分。还有就是有时候练得痴迷，睡下一阵就惊醒，起来练武，练完睡下，一阵鸡叫了起来再练。我父亲还说："哎哟，这孩子咋了，咋一晚上练两三次。"我那时候都入迷了。像我过去身手也矫健，随便小房子、土墙腿一撑就上去了。进城以后艺高胆大，见打群架或邻居、同学受欺负，我就上去制止，敢见义勇为。有些人见那种拿菜刀、拿砖头的场面会害怕，大家一看我出面就散了。真正的打架你是打不过我的，但我讲的是以德服人、以理服人。对何家棍我还有个深刻的体会是在2014年，我因为过去做行政工作饮食不规律，再加上从小胃比较寒，突然就胃出血了，天天排黑便，有一天三四点起来喝水，因为失血过多晕倒在地，到医院之后立即被下了病危通知书，我当时整个人就不能动了。按照一般常理，我2014年就成废人了，但是多亏我练了何家棍，尽管我现在身体亏一点，容易出虚汗，但身体还是没有大碍。通过这个经历，我领教了武术健身强体的作用。

吴：关于何家棍的起源有什么传说或者故事吗？

何：我的祖上何登魁以前是投师过百，后又遇到了一个高人，当时高人在现在的蔡桥这个地方教武。当时何登魁和高人比武比不过人家，何登魁的弟弟（何老三）是在街上卖牛羊肉的屠夫，有一次看一个老汉夹着一根棍，很光很亮，说："我哥哥是练武的，我把这根棍买回去送给他。"那个老头说："不卖，也不让你看。"他当时就想拽过来，可那个老头一直夹着，他拽不动，还被拉着站起来，起来之后发现鞋都穿帮了。这个时候旁边有人说："老三，那是你哥哥的师父。"他说："怪不得呢？干脆今天我也拜师吧，我在吴忠街上掰手腕可是第一，大力士。"

吴：你提到的哥哥、弟弟叫什么名字？

何：哥哥是何登魁，弟弟就是何登魁的弟弟（何老三），自从他（指弟弟）练武以后人家根据他的特长，叫"一刀三头"，就是他这一刀下去对方的人头、马头、枪头全部落地，所以就叫他西北"棍王"或是"刀王"，力大无穷。后来我也遇到过很多大力士，包括甘肃来的拉面师傅，他要用蓬灰和面，要把面揉得筋道，他认识我的时候说："何师傅，你的劲大不？我的劲大。"我说："你劲大，但是我一巧可以破千斤。"我把他的手腕扳住以后，他呜哩哇啦朝前栽，就是前面有个水池子他也得往前栽。各行各业都讲一个以德、以理服人。

吴：何家棍的主要特征是什么？有多少棍式？

何：何家棍叫单头棍，也叫齐眉棍，棍的长度是放到地上到眉毛的高度，我们一般是到头皮的高度，因为棍（打）在地上是有磨损的。（棍是）白蜡木的。棍为“百兵之祖”，西北地区有双头棍、单头棍，何家棍是自成体系的十八招，为啥叫十八模子呢？就是因为有十八招，有单战、群战、一对二、一对三、一对四，甚至对付一群人。这个棍法练了以后相当于孙悟空在地上画了一个圈，那个圈放光，形成了一个罩子，防卫体系、攻防体系，他不但能预防，还能攻击，攻防一体。

吴：哇，好厉害。你们的棍是带枪的吗？

何：嗯，棍带枪的。清朝的时候不能有利器，只有家用的菜刀，不能有铁器，所以很多东西都精简掉了，就没有枪了。枪扎一条线，棍打一大片。棍还有群战，群战就是打一大片，这些东西不管是在老爷子手里还是在我手里，都有它的玄妙之处。

吴：所有的棍法、技巧您都掌握吗？

何：都掌握了。现在我为了推广它，见人送三招。从攻防角度看防，就是从上路、中路、下路三个角度进行防守就可以了。结果好多人学了这三招以后，再比武就会让人家很难堪。学会何家棍的七招就能当保镖了。像老爷子的关门弟子就会十招以上。

吴：你们要出师的话需要掌握多少招啊？十招吗？

何：这个不论，品质、修养都很重要，但是作为掌门或者是嫡传弟子必须掌握全部。

吴：何家棍有没有需要保密的独门绝活？

何：嗯，有的。

吴：那什么情况下可以教给别人？

何：这个，除非你苦大仇深，遇上硬茬子了，遇上欺负你的人了。

⊥ 何建功（右一）向文化部副部长周和平（左二）介绍何家棍（本人提供）

吴：一般你们不给教是吧？

何：一般他自己可以悟透，不会说。

吴：让自己悟透？原因是什么呢？为什么不能直接传授？

何：说透就没意思了，但是很多都是紧要关头才能悟到的，有些人可能一辈子都悟不到，用不到。就像屠龙术，你学好了，可发现这个世界上没有龙。

吴：嗯，所以何家棍不仅是传统武术，而且还有哲学意蕴。

何：嗯，中国的武术文化涵盖方方面面。我觉得学何家棍不但是强身健体，还有一个为人民服务的理念。

吴：对，现在是和平年代，在盛世中。

何：我给我的学生说，把你的拳头变硬，啥叫功夫呢？就是你皮糙肉厚，身体结实，抗击打能力强。我让孩子练硬功的时候，说任何事都有两面性，就像阴阳一样，阳盛阴衰，阴盛阳衰，相辅相成。我就说你没有苦大仇深你不要练，但是你要知道这种方法，按照这种方法你就可以达到一定的高度。

吴：嗯，武术在乱世中是保家卫国，在盛世中是强身健体。

何：所以武术的理念从过去的攻防发展到现在的健身，这是一个转化。因为这种转化，好多人还在那抬杠说，你快还是枪（指热兵器）快？那冷兵器怎么能比，你是有枪，但我们有枪的话肯定比你更快。武术的主要价值是在攻防，所以它的衰败有必然性，但武术幸好还有全民健身性，对身体有好处。

吴：嗯，这也是何老师现在面对的困惑吧？

何：嗯，在传承过程中我是有很多困惑、疑惑，但是我坚信现在党和国家通过立法形式能够保护非物质文化遗产，所以我还要传下去，也许有一天就像袁隆平发现了一个野稻子，我们何家棍也被发现，植物需要多样性，文化也讲多样性，百花盛开，百家争鸣。

吴：何老师，您觉得您个人对何家棍的发展作了哪些贡献和革新？

何：应该是增加了何家棍的表演性和观赏性。刚才我们说到需要多样性，当一个民族在发展当中遇到困境的时候，你看现在我们讲学习，学原著，学古人是怎么处理事情的，现在何家棍作为健身、观赏性的东西被保留下来。韩国、日本的自杀率特别高，啥原因呢？就是因为他们的生活节奏太快了，人不适合那种生活方式，他们来北京之后突然明白了，中国人光着膀子、嗑着瓜子、听着京剧、看着奥运会……哪有自杀的，乐都乐不过来。我们何家棍五代人的历史正好就是中国近代史的缩影，从弱到强，国家也是从弱到强，所以我们讲家、国、天下。

⊥　1998年何建功在练功（本人提供）

吴：嗯，五代人历史很悠久啊，那你们五代前还有记录吗？

何：应该没有，因为清朝的时候地域迁徙太大了，我们家原来是河渠塀村的，后来搬到了巷道村，这就是一个变迁，好多东西就流失了，再加上那个时候的人大多都不识字，通过口传好多东西保存得并不好。所以现在国家搞非物质文化遗产和非遗代表性传承人的保护，很多传承人都是通过口传心授进行传承，虽然里面也有夸大的或者没有说到的，但基本都记录保留了下来。

吴：那关于何家棍还有别的故事或者传说吗？

何：过去说法就多了，说我祖上有军功的，都是武状元、武举人。

吴：这是指何登魁之前是吧？

何：是的，他们那一代都过得很滋润，但是要掏那么多的钱，一个县官五六年的工资肯定不够，大家一起凑，集资在家族内部练武术。像前面提到的，何登魁之前投师过百，后来遇到了那个世外高人，就是那个夹着棍的老头，功夫有了质的提升。过去何登魁只是在宁夏有名，有了高人的指点以后就冲出宁夏面向西北了，使何家棍独树一帜。人就是这样学习、借鉴、提高，都有一个过程。还有在技术方面就是“一招鲜，吃遍天”。我们讲知识产权也好，我们掌握了练这种绝技的方法，好多人没掌握，他即使把自己练废也练不出来，我们三年就能“把一只羊培养成狼”。

吴：何老师现在的领悟真是很深啊！何老师您从小学习何家棍，在不同的年龄阶段有什么不同认识或者感受呢？

何：不同时期有不同的认识，小时候我就觉得不受欺负，打得过流氓就行；青年的时候觉得要为家族争光、为自己争光，像我们这一代都比较命苦，上学的时候“文化大革命”，工作了上山下乡，结婚了计划生育，上班了下岗潮……虽然好多事情赶不上趟，但我们是一身正气；中年的时候就觉得吃苦在先，干什么事情都不怕；到现在就觉得何家棍真的是一份财产，他可以磨炼你的意志，让你有积极乐观的人生态度。通过少年时期的学，你才能达到言和行一致，保持你的品质，（做到）对党忠诚、对武术忠诚，对父母的忠和孝等方方面面。只要我们每天把自己的事做好，并且能够帮助别人，就是莫大的幸福。侠之大者，为国为民。人为自己没错，我们讲个人奋斗，但是你要提升一个层次，你为大家的时候、为别人的时候，你就很了不起了。你现在要说拯救苍生，那太大了，也实现不了。按照我的个性我在工会是待不长的，但是工会有救助困难职工的工作，扶助弱小是好多侠客的梦想，现在谁要找我办什么事我一定会尽力。有事找我，有困难找工会，我可以协助。人最怕的是死后无名，所以我们做这个工作我也是很感动的，以后我们都会消失的，但我们的言行会被记录，我们的思想会被传承。

吴：那您对“何棍张枪”这个说法认可吗？有何看法？

何：何棍、张枪是一对“孪生兄弟”，武术、文化，包括人都是相互印证的。在那个时期（清代）它就诞生了，在清末包括民国时期吴忠是武术之乡，何棍、张枪都是独树一帜的，但这两家又互为兄弟，相互印证，我们和国家级非物质文化遗产代表项目张氏回医正骨也是相互印证的。这里有个小故事，就是他们在我先祖身上发生了医疗事故，就是接错了何老三的腿。当时张家接了何老三的腿，张家老头可能有点粗心就没有接好，三个月以后发现一个腿长一个腿短，然后就去找张家。张家也是有道行的，是一个军医给他家传授的正骨疗法。当时何老三重新弄断就给重新接了。他咋敲断的呢？过去不是有门槛吗？门槛上有门洞，有一个门洞是扫垃圾的，他就把腿伸到门洞里，然后往上一提就把腿弄断了。他的这一举动当时震惊了吴忠的武术界，对自己这么狠的人对别人得有多狠啊。

吴：哇，何老师的祖上可真有血性，那他的腿是怎么断的？是和别人比武才断的？

何：前面提到何老三去要老头的棍没要着，然后他就拜师学艺，但那个时候他已经到中年了，基本功不扎实。他的哥哥能从地上跳到房上，他就说我从地上跳不到房上，但我能从房上跳到地上，然后从房上跳下来，一滑，腿就断了。

吴：那您觉得从多大开始学武比较好？

何：任何项目都是从孩子抓起好，具体的话就八九岁。

吴：何老师有专门的场地开展传承活动吗？

何：武术是不受场地、年龄、器材、性别限制的，尤其这个棍，为什么叫“百兵之祖”，随便折个树枝就能练。

吴：何老师您几个子女？有学习何家棍吗？

何：我就一个女儿。当时我考虑到我们国家的教育毕竟是应试制，千军万马要过独木桥，我们在武术上是佼佼者，在其他方面也不能落后于人。在她五六年级的时候叫她来玩（指练武）了两年，后来学习紧张就没接触了。本来就只是想让她强身健体，而且武术也培养了她顽强的意志和积极向上的精神。她大学毕业之后就考上了招商银行，后来毅然决然辞职，又考入了宁夏大学经管学院办公室。

吴：您对何家棍今后有什么打算？

何：我之前虽然带了好几千学生，但没有真正的徒弟，我下一步就是好好培养我的接班人，好好把何家棍传承下去。

吴：谢谢何老师，我们今天就到这里吧。

山花儿代表性传承人

杨登清

杨登清，1943年出生，宁夏吴忠市同心县人。2010年被认定为自治区级非物质文化遗产项目（山花儿）代表性传承人。

综 述

初见杨登清，他是一个平凡、质朴的老农民形象，通过进一步交谈了解到他幽默豁达和积极乐观的一面。杨登清出生在同心县石塘岭村一个贫困家庭，小时候父母年龄已大，身体不好，哥哥姐姐已成家，两个妹妹年龄幼小没有劳动能力，养家的重担压在了杨登清身上。土地改革后，杨登清跟着村里的大人一起去劳作，给家里挣工分。当时的人在劳动时都以唱花儿、哼小调来排遣寂寞、抒发情怀，这开启了杨登清的花儿之路，九岁的杨登清在田间地头学会了唱花儿。

杨登清年轻的时候唱花儿就小有名气，当干活累了、感到乏味的时候，大伙就叫杨登清唱两嗓子给大伙儿解解闷，杨登清就会一首接着一首地唱下去。在那个年代，花儿被称为“骚花儿”，是不能登上大雅之堂的，所以杨登清唱花儿受到了很大的阻碍。因为唱花儿，杨登清挨过骂，和别人打过架，大家认为花儿低俗，不应该在公众场合唱，这样的环境迫使杨登清只能在无人或人少的地方偷偷唱了几十年。

杨登清虽然没有文化，没有受过系统乐理训练，也没有拜过专业的老师，但他热爱花儿，加上悟性高、记忆力强、嗓音独特，没进过学校大门的杨登清能演唱一百多首不同风格的花儿。杨登清的唱词朴素自然，内容丰富，形式多样，具有故事性，表现了对爱情、劳动、生活的颂扬，感情强烈质朴，为听众刻画了当地人民的生活过程，是真正“活着的诗经”。

1980年，三十多岁的杨登清在同心唱花儿已经小有名气，当时吴忠举行西北花儿大赛，交通不便，同心文化馆托人给杨登清捎信，邀请杨登清参加比赛。这是杨登清第一次登上正规的舞台，唱的《王哥放羊》获得了第三名。20世纪80年代，《中国民间歌谣集成·宁夏卷》收录了他演唱的多首花儿曲目。1984年杨登清在西北音乐周上获得“优秀歌手奖”，1985年在中国农民歌手邀请赛上获三等奖，2008年获得第六届中国西部民歌（花儿）歌会铜奖等。

2010年，杨登清被认定为宁夏第二批自治区级非物质文化遗产项目（花儿）代表性传承人。被评为传承人之后，杨登清去了同心县文化馆，经常代表地方参赛，还给专业人士和花儿爱好者授课。

杨登清一生辛劳坎坷，但他对花儿的热爱表现出他对幸福生活和纯真爱情的追求与渴望，表现出他对命运的抗争和对生活的积极态度。现近八十岁的杨登清，最大的遗憾是没有专门跟着他学习花儿的徒弟，自己的儿子、孙子都对花儿不感兴趣。他说：“现在只要有人愿意学习花儿，我就愿意教。”

杨登清接受课题组采访
（吴亚娟摄于2021年3月）

访 谈

被访谈者：杨登清（自治区级非物质文化遗产代表性传承人）

访 谈 者：吴亚娟

访谈时间：2021年3月16日

访谈地点：同心县非遗展览馆

吴：杨老师您好，我是自治区非遗中心的吴亚娟。今天过来是做自治区级非物质文化遗产代表性传承人的口述史访谈的。首先请您介绍一下个人情况，出生年月、出生地、文化程度等。

杨：哎呀，文化程度是农业大学毕业（指农民）的，哈哈哈（幽默地）。

吴：哪一年出生的？

杨：我是1943年2月出生的。

吴：和身份证上是一样的吗？

杨：一样。是1943年出生的。我唱花儿是从1952年土地改革的时候开始的。

吴：哦，那也就是九岁就开始唱的？

杨：嗯！我们那会儿就是放牛呀，把集体的牛赶到山里去放。我的爷爷呀、巴巴（叔叔）呀、哥哥呀都是在那个山里放牛放羊。

吴：那个时候就开始唱花儿了吗？

杨：嗯，那个时候就开始唱着呢。花儿这个东西本身来说你要知道意思呢，不知道意思你唱出来啥意义都没有的。你们现在说小调是小调，花儿是花儿，类型不同。

吴：对，你们那时候不太懂，只知道它好听？

杨：哎，对，我们那时候花儿也叫花儿，小调也叫花儿。你像我们那时候唱的《王哥放羊》《十月怀胎》《割韭菜》《一把子扎的九斤铁》《包公烧儿媳》，这些小调我们也说是花儿，后来我到文化馆才知道小调是小调，花儿是花儿。花儿这个东西虽然说着是个花儿，但内容包罗万象，比方说我现在用花儿唱这个树：（唱）“青杨柳树儿谁栽了，叶叶咋那么嫩了，娘老子把你咋生了，模样咋那么俊了。”哎，我想起1980年在吴忠唱过一次，我和预旺那个马文科、张玉华呀，石塘岭的杨柏林（已经不在了），我们就唱这个花儿着呢。有那么一个和你一样的记者采访时我就唱了“娘老子把你咋生了，模样子咋那么俊”，那个女记者说：“哎呀，小杨子，你是不是针对我唱着呢？”我说：“哎，不是的，老师你看，我们这个花儿里头一个就是爱情，爱呀。不然我们咋把花儿这个东西叫个骚花儿。”安老师你知道不？

吴：安宇歌老师？知道呢！

杨：安宇歌去我们预旺，我就给唱了个“清水河里过骆驼，过着喝了水了，我和我阿妹扯了磨，一扯着亲了嘴了”。我说：“安老师，这是个骚花儿！”安老师说：“哎！骚花儿了骚花儿去呀，他花儿骚了我人没有骚呀！”她录到那个手机上，回去怎么倒着按，按着按着没了，没了可（又）跑着来到我的老家里找我去了，没找到，又听说我在文化馆呢，又跑到文化馆来录了一遍。

吴：有的花儿好像讲故事一样，是吗？

杨：嗯。一次朋友说：“杨登清，你给我们唱个花儿，（我们）瞌睡的，你给我们唱着听一听。”我就唱：“这一条大路要走呢，人要争一口气呢。”只要唱开，就会一段段连着唱开了，比方说：“上山呢，打咧梅花鹿，下山呢，打咧个野狐，娘家维（交往）咧个亲姑舅，婆家维（交往）咧姐夫。”这下来那就连连串串起来了，一直串着下咧，“亲姑舅来咧，吃啥呢，老婆婆知道骂呢。”另一个就唱：“老婆婆骂呢，你不要怕，她还把你没有养下。”这个女的接过来说：“老婆婆骂我我害怕呢，她是养下我男人的妈么。”哎呀，这个确实要害怕呢，这个要尊重男人呢么，又唱：“油泼的辣子，醋调上，面片子稠稠地舀上。”这个接过来唱：“饭不吃咧，茶不喝咧，我哪儿得罪你咧？”另一个人又接着唱：“我说咧个啥话，你脸红了，你不骂的言语骂咧。”（另一个接着唱）：“不骂的言语骂咧，你说咧挨骂的话了。”这就是《上山打咧梅花鹿，下山打咧骚狐》。

吴：唱的是连续的，有故事性呢？

杨：对，这个开头的（人）你说了挨骂的话咧，我才骂你咧，你说的这个话不对么，这一段话就是这个花儿的情节出来了。

吴：哦，情节出来故事就延续下来了哦！

杨：哎，就是！我们还有一段（花儿）你们也听过，是“拔了麦子拔胡麻，手疼着咋拔得下来呢，我有心帮着给小妹妹搭着拔两把，但怕着被别人看见笑话。”他们唱到这儿就没了，我们那会儿咋唱着呢，唱：“别人笑话，我给他说耶，人人都搁年轻处过，人到了难中拉一把，好恩情不能忘咧。”唱：“哎，我这个麦子都拔不倒，我手疼得拔不倒，这个给我搭着些忙么，我这个情分也忘不掉么，我还能忘掉吗？”要把这个花儿唱出来，要把花儿这个意思给说出来，你们才知道。哦，我说的这一段是花儿。这小调可多得很，像那个《十月怀胎》，你们听过吗？

吴：《十月怀胎》，我倒没听过。

杨：《十月怀胎》开头说：“上半叶叶青，下半儿日红，苏三姐的个女孩儿，么咧么给人。媒人来回走，爹妈不吐口，不知道这个彩礼得么得多少够，银子三百两，蓑布八十丈，黄铜的个耳坠子，压咧两皮箱。”就要咧这么多的东西，这些东西一要，娶亲的就已经来咧嘛。“车车门前站，新媳妇把衣穿，一对的爹妈哭咧个绿脸脸，车车在头尼（里）走，爹妈在后头，平森森的个大路呀，压给咧两道壕。”这个（意思）简短地（说）就是，从这个女儿给人，（然后）到把娃娃生下，这就算一段花儿完整了。那时候文化馆的馆长马学辉去石塘岭我们家，我就给人唱，我那时候瓜（傻）着呢，就给人连唱带说么，人家手里拿着一个录音笔，录了好多，一天听着。现在嘛，才知道非物质文化遗产是这么个意思咧。1957年，那时候我们拔豆子、拔豌豆着呢，让一个犁地的组长下来噼里啪啦把我打了一顿，啥意思，说“这里头小男碎（小）女这么多的人么，你唱的这个是啥花儿？”不然我们咋把这个花儿叫个骚花儿，虽然我们唱的时候拣那个朴素的唱，内容比较露骨的不唱，但人家还是和我噼里啪啦打一架。你看那个时代，你唱花儿根本就不行，你在人伙伙里唱是不行的。

吴：只能一个人干活的时候偷偷地唱一下吧？

杨：就是的，或者你在山里放牛放羊时，一个两个、三个，可以随心所欲地唱，在男女都有的人伙伙（人群）里唱花儿根本就不行。现在花儿随时都可以唱，我们去年在隆德培训去了，我给培训班的那些（人）唱呢。

吴：交流的时候您就唱了几句是不？

杨：就是，我说：“哎呀，老师，有些花儿我给你不能唱。”人说：“为啥不能唱呀？”我说：“哎呀，这是骚花儿么。”人说：“你原来咋唱你就给我咋唱。”我说：“哎呀，那些唱出来太难听了么。”人说：“那没事没事，你唱你唱。”唱着唱着，就像老百姓说的，脸也呲（放）开咧，也不怕咧！

吴：你在隆德的时候唱的是啥？

杨：乡下去就不能唱花儿了。我们有个花儿群，我们在花儿群里唱的好是歪的（可厉害了）。

吴：您也在那个群里吗？

杨：在呢。

吴：哦，您还玩微信呢，哈哈哈，不愧是搞艺术的，思想开放，紧跟时尚潮流！

杨：一直和着（跟着）唱咧！

吴：在那个群里开心呢。

杨：那开心呢，我们馆长呀、田老师[①]都在那个群里呢，这些（人）不唱，唱的那些人是专门唱花儿的，就像杨宝虎，还有些女的，我们俩对着唱也行，实际花儿是对着唱的。

吴：有单唱，有对唱是不？

杨：花儿要对唱呢，像唱“青杨柳树上头”这一句就是（前）一个唱的，下头“娘老子把你咋生咧，模样子咋这么俊咧……”是（后一）个对唱的。

吴：您上过学没？

杨：没有上（过）学。一天学都没有上，现在到哪里我的名字都写不上。但你让我唱，我能坐到这里一直给你唱下去了。

吴：哈哈哈，滔滔不绝的，杨老师能说能唱。您哪一年被评为自治区级传承人的？

杨：2010年。

吴：那您小时候家庭情况怎么样？家境呀，父母、姐妹的情况咋样？

杨：说出来那就寒心咧。

吴：我们先从您小时候的生长环境说起。

杨：那时候刚转到农业社里。

吴：父母那时候都是农民吗？

杨：嗯，农民。我的爸爸妈妈岁数大咧，我的妹妹岁数还小，家里就我一个劳力么。

吴：您家几个孩子？

杨：我们弟兄两个，我哥哥腿子还瘸着，我哥哥那会儿结婚了单过。

杨妻：姊妹八个！

杨：姐姐那时候都出嫁咧，两个妹妹还小着呢。我就一天背的个粪背篼子，就劳动着呢。一天一个挣工分着呢，养活父亲、母亲、两个妹妹和我（一共）

① 田老师指田彦兰，同心县人，国家级非物质文化遗产（剪纸）代表性传承人，热心非遗工作。

五口子么。两个妹妹，老妹妹十六（岁）就出嫁咧，她还念了两天书呢，念了一年级。那个妹妹（小妹妹）也念了一二年书。

吴：您结婚是多大?

杨：结婚二十四（岁）咧，那时候条件差得很嘛，你条件这么差，房子没房子，人就这么个人，钱没钱，谁（嫁）给呢，没人（嫁）给么!

吴：那您啥时候对花儿感兴趣的?

杨：在五几年的时候，我们把牛呀、羊呀赶到山里，三四个娃娃坐到一起，他（们）唱几句，我唱几句!

吴：跟谁学的?

杨：我那时候有个爷爷他会唱呢，但唱的不太完美，他唱一两遍，我们就会唱咧。就是我给你说的那个杨柏林。我们两个1980年还在吴忠唱过。

吴：那已经是1980年了，您已经三十多（岁）了。

杨：那会儿我唱的花儿已经多了。

吴：您从十几岁接触花儿到三十多岁，有没有再从别的地方学?拜过师父?

杨：那时候脚户来到我们这个地方。就是赶的驴子，驮的东西的人，来到我们

⊥ 杨登清与妻子（吴亚娟摄于2021年3月）

⊥ 杨登清在演唱花儿（本人供图）

这个地方住下，我们就跟着唱呢！

吴：那些人是哪里的？

杨：那四面八方都有。为啥四面八方都有，因为我们石塘岭那会儿有个杨首庭，是个地主，左右我们这地方的，不管是哪里人，只要说是杨首庭的脚户，那就方便了。这些脚户住下唱花儿我们就听呢，我们听着觉着有意思呢，就跟着唱几遍，那时候唱两三遍就会唱了么。当时有个小名叫六十的，现在都没了，那个唱得好厉害的。

吴：是以前一起跟您做脚户的人吗？

杨：就是的。后来我在文化馆，还让他教我没唱过的花儿，他说："我唱的这些花儿你都会唱呢！"花儿这个东西，你但（只要）听几遍就会唱呢。有时候躺到那里没瞌睡，思想着编着唱呢。

吴：哦，有调调，自己编词是吧？

杨：啊，你自己编一个调子或者词也可以唱。

吴：那您第一次上舞台就是1980年去吴忠的那一次吗？

杨：应该就是那一次，是第一次！

吴：那您是怎么去的那个的地方，什么契机？

杨：同心文化馆那个李哲去找了我了。

吴：他咋认识您的？

杨：他听说我会唱花儿呢。

吴：那个时候您在文化馆？

杨：没，那个时候我在老家，他就让人带信。

吴：哦，那个时候您已经小有名气了，李哲就知道您了，去找您了。

杨：嗯，第一次在吴忠那个东方红电影院唱了，第二年还是第三年，又走固原唱呢。在吴忠唱的那次，李哲把我骂了一顿。因为住下后没事，几个人就在房间里唱着呢，李哲来了问那些人是哪个县的，那些人说是中卫的。李哲对我说："你一句再都不要唱。"他不在，你给谁都不能唱。

吴：您那时候在房间给谁唱着呢？自己唱吗？

杨：我自己唱着呢，我一唱，人家一听，这个调调配音乐也好配，拉二胡也好，吹笛子也好，哪个音乐都好配得很。人家把我喊过来，倒了一杯子水，我已经瓜了么（就和着唱开了）。你看那些有文化的人，我一唱，人就把那些词记下不说，还把谱子编出来了么。我们唱只能把词记下，谱子编不出来么，结果人家闹了个（获得）一等奖么，给奖了一个好大的鼓。

吴：哦，李哲意思您不要随便给人唱，害怕让别人知道了影响获奖。

杨：就是。意思就是我让你给谁唱你就给谁唱，我不说，你就不要胡唱了，都来比赛着呢。

吴：您当时唱了个啥？当时获了一等奖？

杨：《王哥放羊》那里面有些内容比较露骨，杨柏林唱到那里不唱了，我唱到那里也不唱了，下不来台嘛，（台下的人）拍手鼓掌着让唱呢。没办法，李哲就说："你原原本本的给唱去。"我一唱，哎呀，那些男人女人就笑死了么，说这个咋唱得这么失笑。

吴：我们就不太懂了！

杨：对，听不懂。用方言么，再加上唱，不太好懂。就像那个《王哥放羊》的最后，"五月里来五丹阳，糯米的粽子撒白糖，细节的壶壶水酒倒上，我和我王哥喝一场。王哥一盅我一盅，喝的王哥醉悻悻，喝的喝的心变咧，肠子变了门关咧。”下面那些说不成也唱不成，有些人说哎呀没事，其实有些花儿你不说，他们也不知道唱的啥，比方说，“黄鼠子么爪爪，青台子么尾巴。”不说他知道啥呢！这些花儿如果会听的人，一下就听来了，不会听的，就听不懂。

吴：对您影响最大的人是谁？

杨：就是和那个犁地的组长打了一仗（架），那印象比较深刻。

吴：嗯，那个时候禁止唱花儿。那对您帮助最大，最难忘的人是谁？

杨：那没人帮么。都是自己（当）个人爱好学着呢，说是谁给你教去，那没人。

吴：您的花儿和别人的最大不同在哪里？自己的特点是啥？

杨：同心县党校马剑龙搞研究的，知道哪个是青海的，哪个是甘肃的，说我唱的是六盘山调子，说是六盘山花儿。我那时候还说：“哎呀，马主席，这个我们是从娃娃的时候就唱的这个调子，怎么就成六盘山调子了？”就像我们唱的那个《离婚歌》，你听过吗？我给你唱一节节，（唱）“小小夜灯照夜眠……四十岁的老头娶花妻，好比空中坐飞机，哎呀哎嘿呦……白天吃的大米饭，里黑了铺的红哎里哎嘿缎……”这个说的是啥意思？就是女儿的婚姻那时候妈妈包办着给了一个老头子，不然咋说“四十岁的老头娶花妻，好比空中坐飞机。”看着跑着麻利得很，最后这一段我没唱，“满脸的胡须”，说明有胡子了，“塞呀么塞礼帽，走上腰都甩着呢。”这个女子说：“世上的银钱人人爱，娘老子爱钱把孩子哎嗨卖了卖，父母订婚如刀快……”局长一听过不成了，提笔写了个离婚证么，就离了么。

吴：这些花儿都是有故事性的？

杨：对，都是有故事性的，你像那个《十月怀胎》，如果你写小说，从女儿开始，给人（嫁人），娃娃生下，那你一直写下去。

吴：可以写成一部小说了！杨老师，您现在有那么多的歌友，跟别人唱的有啥不一样？

杨：我的歌子多是多得很，但是感觉没有啥特点，主要是我们那时候唱这个花儿，感觉唱出来也没啥意义，也没处用。

吴：那倒不是，没意义还把您评成传承人了！

杨：这是以后才被评为传承人的。过去不敢唱，现在唱着还有意义呢，说这是民间艺术，现在的人才知道这个了，那时候不敢唱，所以没有啥特点。

吴：那您最早学的一首歌是什么歌？

杨：我最早学的一首就是《割韭菜》，但是和现在的《割韭菜》不一样。

吴：有啥不一样？

杨：割韭菜我最喜欢唱，歌词是：五月十三娃娃舅舅来，娘打发女娃割韭菜，韭镰子磨得快快的，女娃子打扮得乖乖的。低头走来抬头看，步步走来院子门跟前，双手掀开院子门，风刮的韭菜绿森森。右手拿的割韭镰，左手拿的接韭盘，低头割来抬头看。隔墙子过来一个小学生，问一声学生几点钟，刚才十二点过五分。学生让我吃馍馍，我让学生吃韭菜，学生说不吃你的韭菜不吃你的葱，半院的女娃最心疼。”

吴：跟现在的《割韭菜》不一样呀，现在的《割韭菜》是：院子里长的是绿韭菜，你不要割呀，你不要割……

杨：那不一样，跟我唱的不一样，我唱的是割韭菜，那个说院子里绿韭菜，下面我给你单独唱一下。

吴：行，我录下来。

杨：（唱）“五呀月呀十呀三娃娃舅舅来，娘打发女娃割韭菜呀，花儿早点开，哎吆，真正花儿开哟；韭呀镰子磨呀的，快呀快的，女娃打扮得乖乖的呀，花儿早点开幺，哎吆，真正花儿开哟；地呀头呢走呀来太阳偷看，步步儿走到个院子门跟前，花儿早点开哟，哎吆，真正花儿开哟；双呀手掀拿开唉院那子的门，风刮的韭菜绿森森呀，花儿早点开幺，哎吆，真正花儿开哟；右呀手拿的割呀韭镰，左手拿的是接韭盘，花儿早点开，哎吆，真正花儿开哟；低呀头你割来抬呀头的看唉，隔墙子过来个小学生，哎吆，花儿早点开，哎吆，真正花儿开哟；问那一声学呀生儿呀点的钟，刚才那十二点过五分，哎吆，花儿早点开，哎吆，真正花儿开哟；学呀生的让我吃呀吃馍馍，我让学生吃韭菜，花儿早点开，哎吆，真正花儿开哟；不呀吃你的韭呀菜，不要吃你的葱，半院的女娃最心疼，花儿早点开，哎吆，真正花儿开哟；女呀娃呀……提上个篮篮朝回跑，花儿早点开，哎吆，真正花儿开哟；紧呀跑慢呀跑……花儿早点开，哎吆，真正花儿开哟。”

吴：好听！这是完整的吗？

杨：还有下头的我没唱。

吴：哦。您有徒弟吗？

杨：没有。

吴：您以前不是在文化馆做培训么，那个是从什么时候开始的？

杨：汶川地震的那一年我到文化馆的，2008年。在文化馆待了十一年。那个（培训）是从2013年开始的。

吴：那些都是花儿爱好者？

杨：对对。

吴：您那时候是以什么形式培训？一周培训几次？

杨：那时候三个五个的（人）来文化馆找我，说学花儿。

吴：哦，没有固定的时间，就是爱好者？

杨：唉，对，就是一些爱好者，我们也不收费，就在门房，我们坐下和着唱么。那时候馆长也知道呢，贺馆长说，来了就给教着唱么。这才给这些教着唱，那时候有的唱得好得很。

吴：您现在还没有真正意义上的徒弟，您觉得传承花儿有困难吗？

杨：你看，我现在主要是不认字，这是第一。第二岁数也大了，现在是自治区级传承人，国家一年给些钱，别的就没个指望。

吴：您再没想着有个徒弟把这个传下去吗？现在离开文化馆住的也远了。

杨：远也不远，现在是没人学。

吴：儿子孙子跟您学吗？

杨：儿子现在四五十岁了，不愿意唱了。孙子现在三十岁也不愿意唱。唱花儿都是岁数大的唱，年轻的都不愿意唱咧，四十岁以下的都不愿意唱咧。

吴：您唱的这些我都没听过，我听的那些都是大众的，什么《下四川》呀、《绿韭菜》呀，那些都听过，您今天唱的《割韭菜》我就没听过。

杨：县文化馆马晓州是吉他老师，也爱好花儿，他跟我学的也不少，他弹吉他，我唱，他就跟着唱，我俩唱得确实美得很。文化馆办吉他班，我们打了横幅挂到墙上，（文化馆）说周儿让老杨上去给这些娃教花儿，我一进去，那些娃就说，爷爷呀，你出去啥，我们不唱那些。

吴：人家不喜欢唱？

杨：唉，不喜欢唱那些。

吴：您现在也挺无奈的啊，想教没人学！那被评为非遗传承人后有什么变化？

杨：唉！没啥变化。现在城市还有学的人，我们乡下根本没人学，听都没人听。

吴：您参加过的演出都有哪些，有哪些比赛？

杨：有（很多），我不识字，今天这些资料我都拿来着呢！

吴：哦，我看一下！第六届西部民歌花儿歌手邀请赛、同心县优秀人才……证书挺多的嘛，花儿歌会参加了好几次哦。

杨：现在牙没了，也没气力了，八十（岁）咧么！走到哪里领导看得起我，说你把你肚子（里）的花儿都倒给我们！

吴：那您现在都能倒多少？

杨：那就多了，小调有《王哥放羊》《割韭菜》《十月怀胎》《老公烧儿媳》《一把子渣子九斤铁》《十七八的女孩儿》（等），我原来写的二十几首呢！

吴：二十几个小调？那花儿呢？

杨：花儿那（就）多了，如果唱花儿，那坐到那里糊里糊涂地唱去吧，一两百首呢。文化馆前两年就把我这些花儿录着去了。

吴：哦，全部都录着去了啊，那也挺好的！唱了快七十年了，有啥感悟没？

丄 杨登清部分获奖证书（吴亚娟摄于2021年3月）

杨：哎……现在我觉着老了，白天唱了白唱了，黑了唱了黑唱了，啥事都么（没）的！共产党给我们这些钱，这就算是起了大作用，再不了就是花儿白唱着呢！

吴：对，非遗传承的责任。那平时唱花儿也陶冶情操着呢，也开心呀！

杨：开心是对着呢！就是这个爱好！比如我在家里一黑了（天黑了），手机上花儿群里爱好者，那些老的也好，年轻的也好，和着唱，我有时候听着那些唱的也胡编着唱，有时候我还播着唱。我一唱，那些就不唱了，说："哎呀，老杨呀，你但一唱，我们就悄悄地听去了，我们可着不会唱了么。"

吴：您特别愿意给年轻娃娃教，培养年轻人？

杨：嗯，我愿意。有那么几个娃娃，十个也好，八个也好，三五个也好！只要是我们同心县的，只要是我们宁夏的，我都愿意给教！主要是现在没人学那个么！

吴：那您今后有什么打算？

杨：今后打算走"黄土路线"么，哈哈哈哈！哎，如果像我现在这么个心情，有人唱的话，那我就天天给教呢，我一天保险给他教一个小调调花儿，我给他教会！

吴：孙子不愿意学吗？

杨：那都不唱。

吴：您的艺术细胞没传承下去！

杨：我二孙子那会儿在马学辉手里，在永宁艺术团待了几天给放音乐，马学辉给那些娃教着呢，我这个孙子听都不听！

吴：不喜欢啊，那也没办法。还时常交流吗？

杨：交流着呢。那个马瑞丰现在唱得也好。基本上同心花儿的调子，全是我唱下的。固原呀那边的花儿传承人传承得特别好，年轻的一辈慢慢地也开始唱！人家海原唱花儿的也多么！同心都不太重视啊。

吴：人家海原叫花儿之乡。花儿的调调您掌握了多少？

杨：那也多着呢，那调调子你想唱哪个调子就唱哪个调子。比方说我给你大致上就唱个“青杨柳树儿谁栽秧咧，这叶叶儿咋这么嫩咧，阿哥的肉，你的叶叶儿咋这么嫩咧”。我们说这是一个调调子，我再单另唱一个，“哎，青杨柳树儿谁栽咧，哎吆，这叶叶儿咋这么嫩咧，哎吆，你娘老子把你咋生咧，这模样儿咋这么俊咧。”这是两种调子。“哎，青杨柳的树儿谁呀栽咧，

上　杨登清教唱花儿（本人供图　吴亚娟翻拍于2021年3月）

哎吆，叶儿叶呀咋这么嫩咧，哎吆，娘老子把你咋生咧呀，这模呀样儿咋这么俊呢……”这是一种调子，就像割韭菜的调子唱这个也行呢：“你亲呀杨柳地树呀儿谁栽咧，叶叶儿咋这么嫩咧，花儿早点开吆，哎吆，你娘呀老子把你咋生咧，这模样儿咋这么咧俊咧……”这个花儿你如果拉起来，你但（只要）想起来哪个调调子都能唱呢。

吴：哦，我还第一次听这种同一歌词用不同调调唱的。花儿真是民间宝藏啊！好，杨老师，我们今天的访谈就到这里了，谢谢您。

张家枪代表性传承人

张洪安

张洪安，1946年出生，宁夏吴忠市利通区人，初中文化程度。2010年被认定为自治区级非物质文化遗产项目（张家枪）代表性传承人。

综 述

吴忠有句俗语说“何棍张枪，盖世无双”，张洪安老人就是张家枪的第四代传承人。张家枪又名“小径月子枪”，发源于吴忠市郭家桥乡张家湾子，流传五代，迄今已有二百年的历史。它的核心枪法共有十三枪，其中单战九枪：搂、吃、闭、封、劈、拧、点、扎、崩；群战四枪：扫、拨、缠、云。核心枪法加上变招共三十六个大势、七十二个小势，一百零八个用法。张家枪的主要特点是小，即弯度小、发劲小、手封小。张家枪吸取了六合枪、八母枪、少林枪、罗家枪、山东樊式枪法、显神枪等六种枪法精华，集中华枪法之大成，结构完整，出枪神速，攻守得法，应用性极强，技击时威力无比。

张洪安出生于小有名气的武术世家，八九岁时就开始系统学习张家枪了，多年来他不论严寒酷暑，每天都要练武四个小时。张洪安学武的动力除了将家传武学传承下去的使命感外，还有保家卫国的人生志向。张洪安说：“冷兵器时代我们练武的人能成为国家栋梁，现在能做的只有将张家枪好好地传承下去。”作为张家枪的传承人，张洪安老人肩负着将张家枪传承下去、发扬光大的重任。他说：“老人传下来这点东西很不容易，他们也是费尽心血到处拜师学艺才创立了张家枪，作为子孙来讲，有责任（将张家枪）传承下去。”

张洪安很早就意识到，随着时代的变迁和社会的发展，张家枪如果墨守成规不求发展，将无法跟上时代的步伐，祖传绝艺可能会面临失传的风险。为避免这一问题，他开阔思路，勇于改变，打破了“不收外姓人”的祖制，开门办学，教授外姓徒弟，使得张家枪的传播范围更加宽广。张洪安主要以务农为生，家境并不富裕，但他继承祖辈收徒不收学费的优良传统，不仅无偿传授武术，还在家里开办武术班，承担学生们的一切费用。后来家里的房子变成了危房，张洪安才不得已中断了在家办学。在张洪安的指导下，他的徒弟有的开办了武馆，有的将张家枪带进校园，在各类武术比赛中也取得了不错的成绩，其中张洪安的徒弟张彦奎（侄子）多次在各种大型活动中表演张家枪绝技，2008年参加北京奥运广场文化演出，受到广泛好评。

现在张洪安最大的愿望是将张家枪整理成文字资料，虽然面对个人文化水平有限和资金不足等诸多困难，但他多方奔走不断努力着，相信不久的将来他一定能够实现这一愿望，张家枪永远不会失传。

张洪安在练枪（本人供图）

访　谈

被访谈者：张洪安（自治区级非物质文化遗产代表性传承人）

访 谈 者：吴亚娟

访谈时间：2019年6月20日

访谈地点：吴忠市郭家桥乡张洪安家

吴：张老师您好，我是自治区非遗中心的吴亚娟。今天过来是做自治区级非物质文化遗产代表性传承人的口述史访谈，首先请您介绍一下个人情况，出生年月、出生地等。

张：我出生在郭家桥乡，过去我们属于灵武市，现在归到吴忠市利通区了。我出生于1946年3月。

吴：文化程度呢？

张：初中。

吴：您出生的时候家里情况是啥样的？

张：出生的时候家庭条件不太好。

吴：那个时候大家的生活条件都比较艰苦。当时您的父母、兄弟姐妹都是什么情况？

张：嗯，大家都不太好，不光是我一个人。我们家祖辈都是农民，父母也都是农民，我一共有十个兄弟姐妹。说实话我家是比较困难的，因为光靠父亲一个人养活我们兄妹十一人。过去我们这个地方比较荒凉，经常发洪水被水淹，所以家家都生活困难。

吴：家庭这么困难的情况下您是如何走上练武之路的？几岁开始学武的？

张：我八九岁开始学武的。因为我们学武都是祖传的，我父亲是张家枪的第三代传人，八九岁我就开始系统学习武术了，再小的时候就是自己练练。

吴：学武是家里面让学的，还是自己产生兴趣，自己想学的？

张：我自己想学的。因为感觉到老人传下来这点东西很不容易。他们也是费尽心血到处拜师学艺才创立了张家枪，作为子孙来讲，有责任（将张家枪）传承下去，这是第一；第二是过去的练武人都有一个想法，就是保家卫国，所以就是这种想法驱使我学习武术，觉得是自己的义务。一直到“文化大革命”，那么紧张的时期我还是坚持练武。“文化大革命”时期不让你好好练武，那时候的人认为练武干啥啊，你练武是不是有啥目的？是不让你练的，但是我还是会偷偷练，因为已经养成这种习惯了。我心里也一直有种责任感，（张家枪）不要在我们这一代流失了，过了这一代到下一代那就是人家自己的事情了，与我们无关了，我们这一代把我们的责任尽到。因为你家里祖传的这点东西，你丢掉太可惜了。

吴：嗯，嗯，张老师太有责任感了，张家枪要是失传了，就太可惜了。您八九岁开始学习武术的时候是规定每天练够一定的时间呢，还是按照套路练的呢？

张：主要是套路。

吴：每天需要多长时间？

张：每天早晨两个小时，晚上两个小时，早晨六点钟起来练到八点，（因为）还得要上学呀。放学回来以后，到了晚上那就没有事情了，再练两个小时。

吴：张老师能回忆起小时候练武的过程吗？

张：当时是我的父亲教的我，对我的要求比较高。过去的老年人比我们现在人的脑筋好像要更死一点，他让你开始练的话你就不能停，他认为你要练好的话必须练得要像他们当时一样。

吴：嗯，嗯，具体怎么严格要求的呢？

张：两个小时的练功时间你要从头开始（练），第一套打完以后，稍微歇一下就要开始练第二套，他就一直在旁边指导，每个动作都要做到位，不然又要从头开始。

吴：练武过程（中）有什么难忘的经历或者故事呢？

张：那难忘的经历太多了。哎呀，我们过去练武太苦了，现在人家练武有垫子，过去翻跟头什么的就没有垫子，在硬地上翻，现在我们教孩子有垫子了。

吴：张老师每天早晚练武持续了多长时间？

张：哎呀，练到了我三十（岁）左右。我二十一二岁结的婚，有了家庭以后还是在坚持练。

吴：哇，坚持了二十多年啊！都是每天早晨两个多小时，晚上两个多小时，每天练武四个小时？

张：嗯，到后来有了家庭，有了孩子以后就简短练一下，就三天两天复习一回，不复习也不行。直到去年我还在教徒弟，暑假和寒假我都要教徒弟。徒弟不光是吴忠的，还有灵武的。现在主要是我的房子已经成为危房，住不了学生了。我已经向上头反映了，我说我也上了年岁了，实话讲也没钱，就是想翻（新）这房子我也不可能。徒弟中四五十岁的徒弟就太多了，因为我教了几十年了，像这次走峨眉山就走了两个。这次的武术比赛在峨眉山，他们打比赛去了。上次在石嘴山比赛的时候，两个都拿了金牌。

吴：张老师，您家十一个兄弟姐妹中有几个女孩？

张：三个女孩，八个男孩。

吴：有几个学武的？

张：学武的有四个。过去国民党时期大一点都当兵了，我们是最小的。

吴：女孩子有没有学武的？

张：我姐姐学过，唉，她三天前刚在银川去世。

吴：哎呀，张老师节哀。姐姐小时候练过武？

张：她小时候也练过武，作为女娃娃她也练得挺好的。

吴：张老师您现在已经是第四代传承人了，能讲讲你们前三代的传承谱系吗？怎么一代一代传下来的？

张：我们家是世代练武的，后来在清朝时期中了一个武状元，一个武秀才，后来传到了我父亲的手里。

吴：您的爷爷呢？

张：我爷爷也是练武的，后来隐姓埋名了，在家里教我父亲、叔叔练功。

吴：那您父亲这一辈的兄弟都练武吗？

张：对，我父亲、我叔叔他们都是练武的。

吴：到您这一辈你们家族也有很多练武的是吧？男的是不是都练过？

张：基本上都练。

吴：小时候开始学武的时候你们兄弟八个人一起学吗？

张：一起学。我父亲在旁边指导。

吴：家里是强制性的，还是愿意学就学学，不愿意学就不学？

张：都愿意学，但是念书念不进去。这个家族就是这么个家族，愿意练武，不愿意念书。

吴：小时候八个人一起练是什么样的场景？

张：有时候一起练，有时候各练各的，也有在旁边看着（纠正）错误的，还有相互切磋的时候，不是说光练武。

吴：你们这一辈谁练得最好？

张：我的老兄弟练得最好，他的名字叫张洪军，现在已经去世了。

吴：去世了啊，好遗憾。是不是基本上男的都像您一样坚持二十多年？还是就您一个人能坚持那么久？

张：坚持最久的就是我和我的兄弟，因为我们两个最小，其他的哥哥还需要顾家。

吴：在您父亲那一辈收徒弟吗？

张：只教自己的子女，不收徒弟。

吴：不收徒弟的原因是什么？

张：他们觉得张家的这点东西很不容易，他们不教外姓的人，只教家族内部的人。最后到我这儿就破例了，原因（是）我们现在要取各家之长，光有你一家的东西不行。还有就是如果没有人传承，等于就不是你的东西。我现在就不管你是哪个民族哪个人，我只要看你是练武的苗子我就教你。现在我已经有好几个徒弟了，他们现在也教徒弟。

吴：张老师能不能介绍一下张家枪的技艺特征？

张：我们主要是小径，一趟枪，当时是几十个式子（招式）呢，现在也说不清楚那个东西，因为不好说，用的巧劲。张家枪又名小径枪，小径核心，突出一个“巧”字，主要表现在径小路近，处处出枪领先，克敌制胜。小径指的是路径小，枪走捷径、不绕大弯子，发劲小，讲究柔、顺、快，不僵、不直、不硬。一般的功夫有谱，我们是没谱的，练枪一般是没有手花的，但我们张家枪是有手花的，因为用的地方太多，别的枪只能说是大径。张家枪为啥说是小径，就是因为有手花，专门练“妙”的，灵活度的。

吴：跟何家棍一样，何家棍也主要讲究灵活的。

张：嗯，何家棍在棍术里面可以说在全国都是有名的。

吴：您现在能掌握的这种式子有多少呀？

张：三十多个全部掌握了。

吴：张家枪的枪是什么样的？

张：有七尺长，两米三四。枪头是有棱子的，不像别的枪是光滑的。

吴：吴忠地区不是有句俗语说“何棍张枪，盖世无双”吗，对此您有什么

⊥ 张洪安演示张家枪（本人供图）

看法？

张：我还是感到很自豪的，因为到了今天，如果你的东西不好大家不认可你，得到大家的公认肯定是（因为）你比较好一点。不骄傲地说能抵住我们的太少了，每一次运动会比赛的时候能抵住我们的确实太少了，这次在石嘴山比赛的时候我的两个徒弟拿了两个金牌，在峨眉山也是获了奖。我们和何家棍是世交，老一辈就是联手（朋友），我和何金德老师是一辈，我们包括我们的孩子现在联系也很紧密。

吴：所以说你们“何棍张枪，盖世无双”嘛。张家枪有秘籍吗？有没有需要保密的绝活？

张：绝活没有，已经全部传授给大家了，在我的手里我都公开了。因为如果你不传授等于就是这个东西失传了啊。我们这个东西来之不易，真来之不易，如果失传了就太可惜了。你看我的徒弟周文章，虽然他不姓张，但他走到哪里比赛都用的是我张家枪。我还有个徒弟金勇，他在吴忠开武馆教了二三百学生，学的还是我张家枪，这次去比赛报的还是张家枪。还有一个孙春林，用的还是我张家枪，不是你孙家枪。这个情况下，你说你太保守了，有啥意义嘛，只不过就这点东西，贡献出来多好。不管谁用，都是张家的东西，不是别人家的东西。

吴：张老师，您收了这么多徒弟，有没有收徒标准呀？

张：有，标准就看你这个人，首先做人怎样，不光是你练武，你做人如果不好，你来给我说多少甜言蜜语都没用，我要验你这个人呢。你要是无德，练点武功到处打打杀杀到处惹是生非抢人骗人，就是社会的害啊，你不是教了一个人而是教了个害，那就不行。你人好了你能练武我教你，你不能练我就不教你。而且我祖祖辈辈教人没有收过钱，你看我虽然有很多徒弟但我没有收过钱，没有说你今天给我报酬我才给你教，就是这种性格。我只看人，我对钱财看得很淡，为啥我对钱财看得淡，因为你花钱买的不一定能成才，只要他人好练出来了，他走到哪儿都是威风的，他都算是我们张家枪的人，名誉也好，别人说起来也会说你看人家教出来的徒弟咋样咋样，不是说胡来的那种。如今变得好像都要用金钱衡量，你要用钱买我（张家枪），我不稀罕钱。我虽然是农民，但我（日子）还能过得去，我有地，我自己也能生活。过去讲究培养国家的栋梁，虽然我们现在没条件，但是起码培养几个好的人才，能好好往下传承。我现在能做的只有这些了。像过去冷兵器时代我们练武的人能成为国家栋梁，现在只能好好传承下去了。我们练武的人都有志向，第一是保家卫国，第二是孝敬父母，不孝敬父母的孩子我从来不教。如果我张家要教你（武术）的话，我首先要看你对你的父母怎样，什么态度，好的话我教你，不好的话你多有钱有势我也不教你。我教的徒弟跟我都是患难之交，有的和我岁数都差不多，过去我们受苦，人家都是工作的，像公路段上的，有些还是当官的。过去在农业社我在人家手底下干活的，人家是练武的，我也是练武（的），那时我年轻还有点不服人，说："你练的这个不行，练的这是啥？" 人家说："咋不行，不行我们比试一下"。一试他到底是不行，然后就跟着我练，一练练了几十年。我这种共患难的徒弟太多了。

吴：张老师这么多年您有没有统计过一共收了多少徒弟啊？

张：哎呀，怎么也有四五十个了。

吴：您有几个孩子呀？

张：两个男孩两个女孩。

吴：孩子们学武吗？

张：（指着照片）你看这是我的大儿子，他练得最好。我侄儿，老二的儿子、老六的儿子、老四的儿子都在练，还有我的孙子辈包括我的孙子也都在练。

吴：也就是说孩子侄子孙子都在练啊，女儿练吗？

张：在我的这一辈女儿就不练了。

吴：跟您同辈的女孩像您的姐姐都练武了，那个时候为啥让女孩练呢？

张：那时候让女孩练主要是为身体好，强身健体。

⊥ 张洪安和他的子孙（吴亚娟翻拍于2019年6月）

吴：张家枪传到您手里以后有了哪些发展和改变？

张：武术进校园。

吴：进了哪些学校？

张：吴忠高级中学、回中。

吴：带了多少学生？

张：哎呀，可能有个二百多学生。

吴：您去教吗？

张：徒弟带着呢，徒弟名字叫金宇，有时候我也会过去。

吴：哪种形式啊？

张：课外辅导。

吴：教的内容是什么？

张：张家枪完整的套路和张家的拳术。有个孩子是从少林寺回来的，我们说你在少林寺学了五年了，你学了些啥让我们看看嘛，一看他就学习了基本功，所以我就从头开始教。

吴：那时候这个徒弟多大？

张：从少林寺回来二十岁左右了，基本功很扎实。

吴：张老师已经把张家枪普及到学校了。从少年到中年再到老年，不同的人生阶段对张家枪有什么不同的感受呀？

张：我觉得练武确实好，首先练武让你自身就没有病啊，强身健体，这是事实不是假的。你只要说是练武了，不管练多少，就算只练一套武术都行，就你们女孩子如果练一套（武术）这一辈子就很少生病，几乎不会打针吃药。你看我七十多岁了，其他七十多岁的人和我比他差的太远，就是六十多岁的也顶不住（比不上）我。

吴：张老师底气足嘛。

张：其他和我同龄的人不管是走路也好还是别的方面他都顶不住我，我常年不打针不吃药。

吴：您现在还练吗？

张：练，有时候孩子们来了还要给他们看一看，有时候去武馆给他们教一教。

吴：谁的武馆啊？

张：徒弟的武馆。你不去有些东西他们还摸不透嘛。大概二十天前自治区有个单位来拍片子，我就去武馆把那些孩子全部又指导了一遍。

⊥ 张洪安和后辈切磋技艺（非遗中心供图）

⊥ 张家枪第五代传承人张彦龙教授弟子枪法（本人供图）

吴：张老师，您徒弟里有的有武馆，有的在学校教，您还有别的什么场地没？在哪儿？

张：有。我还有个徒弟叫马泽，在西北家具城有场地。

吴：您在自己家教吗？

张：我以前在自己家教，但现在你看我的这个房子已经坏了。

吴：哦，以前教过啊？教了多长时间？什么时候教的？

张：教过三四年，寒暑假的时候教的。都是亲戚朋友的孩子。

吴：孩子都多大年龄？

张：最小的十岁，最大的十四五岁。哎呀，有几个练得非常好，是非常好的苗子，来我们这儿前后练了五六个月吧，上学后就不行了。现在孩子还要上学，不可能长期在这儿。在我这儿老伴儿还要给他们做饭吃，还要在这儿住。结果你看房子也坏了，一下子也就中断了。

吴：在这儿吃住吗？怎么收费的？

张：免费的，吃住都免费。说实话，大人有心的，来的时候带点粮带点菜，没带了我也不需要。练得特别好的那几个我爱惜得很，真不想让走。

吴：张家枪有没有形成图谱或者文字资料呀?

张：没有。

吴：那么都教给徒弟了吗?有几个徒弟能全部掌握呀?

张：全部都能掌握的徒弟有四个，我就想让他们能把张家枪传承下去，因为我就是个农民，我的孩子还有别的事。

吴：张老师，那您今后还有什么打算?

张：想把张家枪的资料整理出来，三十多个式子形成图谱，但我现在没这个能力，我们世代是农民嘛。

吴：徒弟里面有能帮忙的吗?

张：现在有一个徒弟叫孙春林，他意思是搞一个武协，搞好以后把这些东西全部都整理出来。他说过这个话，但还没有开始呢。我上了年纪有些东西都就忘了，只能留些图片啥的。唉，你们不太了解，我们这个（武术）太困难，太困难了！为啥要说太困难了，祖辈都不识字，是地道的农民，对学习文化知识的意识淡薄得很，而且我又经历了“文化大革命”，那个时候又不让你练，你还要偷着练。后来国家开始提倡这个东西了，但已经不行了，没钱，也没能耐了。搞这个东西需要钱的呀，需要资金，过去一个人劳动一天挣的两毛八分钱，你能养活谁呢?改革开放后我们这地方情况才好转了。何金德老师过去替我们整理过一回，整理出书了，但那个书我们家里没有。

吴：希望张家枪能早日形成自己的文字资料，能好好传承下去。那我们今天的访谈就到这里，谢谢您。

老毛手抓代表性传承人
毛　强

毛强，1947年4月出生，宁夏吴忠市人，中专学历。2010年被认定为自治区级非物质文化遗产项目（老毛手抓）代表性传承人。

综 述

“百年老毛，手抓羊肉”。老毛手抓羊肉始创于1888年（清光绪十四年），发源于宁夏吴忠市，流传至今已一百三十多年，是已有五代传人的手抓世家，现已成为国家级非物质文化遗产及宁夏老字号。老毛手抓羊肉有鲜、嫩、香三个特点，油而不腻、香醇可口、不腥不膻三个特色；在选羊、煮肉、切肉上各有讲究。老毛手抓结缘四海，先后接待国内各省市及国外七十五个国家的宾客百万人次，享有“国家非遗，百年老店，品味经典，民族一绝”之美誉。

老毛手抓的创始人毛万才，即毛强的太爷爷，在清光绪十四年（1888年）便开始在街上设点卖手抓羊肉。1915年第二代传人毛伏礼接过班，延续第一代

上 百年老店及其老毛手抓羊肉（本人供图）

人的制作方法和手艺，一直经营到1955年公私合营，其后便停业至20世纪80年代。第三代传人毛生明，一直跟随在父亲身边，掌握了手抓羊肉的核心制作技艺，改革开放时期的20世纪80年代，在吴忠市租用了一个小店面，一条长凳，一张长桌，一天只卖一只羊的手抓羊肉，配有盖碗茶。后来渐渐有了名气，开始每日出售两只羊的手抓羊肉菜肴。

毛强为第四代传承人，20世纪90年代初下海[①]接班，在吴忠市租用临街六十平方米的店面，主营手抓羊肉、盖碗茶、面食，食客很多，于是正式起名为“老毛手抓羊肉馆”，后来慢慢地开起了一百平方米的美食楼。2000年，老毛手抓开始进驻银川，店面面积也扩大至五百平方米，加盟店也在增加，如今在宁夏保留下的有五个店面，西安也有两家分店，菜品有上百种之多。自继承祖业以来，毛强一直秉承祖训，致力于老毛手抓羊肉制作技艺的传承。他不但悉心总结了一家百年老店的经营理念和烹制技术，还努力将其发扬光大。老毛手抓羊肉被国家认定为“中华名小吃”，老毛手抓美食楼被中国烹饪协会授予“中华餐饮名店”称号，“老毛”牌商标也被宁夏回族自治区工商局认定为宁夏著名商标。在毛强的不断努力下，拥有百年历史的“老毛手抓”成为名副其实的民族品牌而享誉海内外，代表宁夏回族自治区政府、人大、政协接待国内外宾客上百次，成为宣传宁夏、认识宁夏、了解宁夏的窗口。自2000年以来，随着“老毛手抓之歌”“回族敬茶歌”的出现，其影响力不断扩大，区内外媒体络绎不绝前来拍摄录制，予以宣传报道，使其

⊥　毛强获得的奖牌（本人供图）

① 下海，此处指放弃或保留原来的工作去经营商业和创业。改革开放初期，下海成为一股潮流，也成就了一批民营企业家等。

⊥ 老毛手抓宣传册页（本人供图）

美名远扬。老毛手抓代表人物先后获得国家级、省（自治区）级、市级等各种奖项七十多次，主要有“全国献爱心功臣”“公益之星”“光彩之星”“自治区改革开放四十年功勋奖”“五一劳动奖章”“旅游金奖”等。毛强曾任银川市政协委员。

现在，除了日常的经营之外，毛强有意识在传承方面下功夫，精心带徒授艺，其儿女及两个孙子都在积极地学习技艺。他衷心期望这个拥有一百三十多年历史的百年老店薪火相传、后继有人。

访 谈

被访谈者：毛强（自治区级非物质文化遗产代表性传承人）

访 谈 者：吴昕、马家媛、吴亚娟、张欣蕊

访谈时间：2019年6月18日

访谈地点：银川市老毛手抓鼓楼店

吴：（微笑）毛老师好！今天我们宁夏非遗中心来采访您。首先请介绍一下自己，您的姓名、年龄、籍贯，以及老毛手抓的第几代传承人？

毛：我名字叫毛强，生于1947年4月20号，到今年已经七十三岁，出生在吴忠市。我们老毛手抓羊肉呢，祖祖辈辈都是在吴忠开店发展。我是老毛手抓羊肉的第四代传人，同时也是我们自治区级非遗传承人。

吴：毛老师，请您再给我们讲讲父母和兄弟姐妹的情况。

毛：我的父母亲都已经去世十年了，我的父亲是老毛手抓羊肉的第三代传人。我原本呢，有个弟弟，他因为心脏病在2000年故去了。还有一个妹妹，现在也退休了。家里面的情况基本就这样。

吴：那您是怎样走上传承家族手抓羊肉这条路的呢？

毛：说起这个事，确实还有很多的经历。我是1968年吴忠师范毕业的，当了一年小学老师以后，1969年的年底我应征入伍参军了。实际是从 1970年1月1号开始当兵的。所以说，我的这个经历呀，上过山，下过乡，当过孩子王，还扛过枪呢。呵呵！我在部队上四年以后，复员回来了。

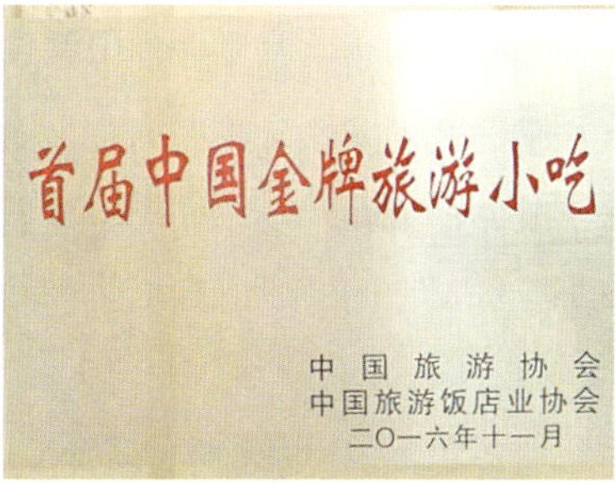

⊥ 首届中国奖牌名小吃奖牌（本人供图）

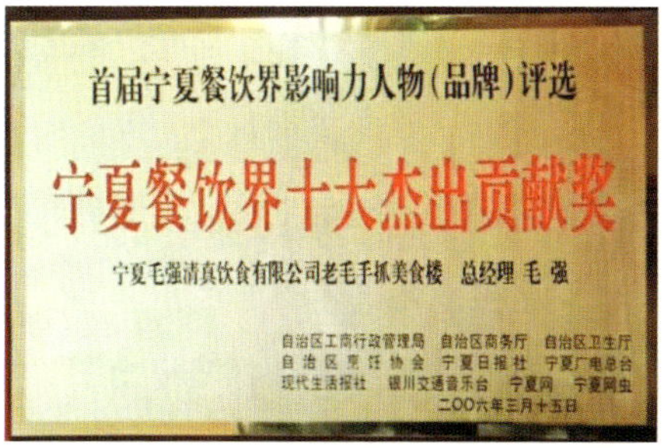

⊥ 毛强获得的奖牌（本人供图）

吴：从部队复员是哪一年？

毛：1974年2月份从部队上复员回来的。因为当时国家有政策，从哪里来（回）到哪里去。我参军的时候是教育战线的，所以必须要回到教育战线，回到学校去。所以我回来以后，被分配到吴忠市红旗中学工作，也就是现在的开元小学。在学校工作了几年以后，我又被调到吴忠市东方红影剧院，搞电影文化工作，任东方红影剧院副经理。以后随着形势的发展，由于我们这个工作单位原来属于事业单位，按照国家政策要改为企业管理，那就必须得自己养活自己。当时，单位上已经有很多退休职工，现职工作人员还要挣钱去养活大家，非常困难。那时候，电影也越来越不景气，养活不了单位上的这些人。那怎么办呢？当时正好兴起了下海经商的热潮。

吴：对。当时我们国家改革开放初期，为了繁荣经济，提倡公职人员下海经商。这就到了20世纪80年代了吧？

毛：嗯。那是80年代末吧。我们的第一代老人是1888年在吴忠创始的老毛手抓，那是我太爷爷。我的爷爷是老毛手抓的第二代传人，他从1915年接班以后，一直经营到1955年。我父亲是老毛手抓的第三代传人，他从小就跟着父亲，跟着我的爷爷，是在卖肉摊上长大的，所以他对挑羊、选羊、煮肉都非常熟悉。但是他们干到1955年，国家政策是公私合营，私人经营的各种摊点一律停止了。那怎么办呢？那时，我的爷爷也上年纪了，他就告老还乡了，老毛手抓就从1955年终止了。这一终止，我的父亲呢，作为国家职工，被分配到一家餐馆工作。那时候的餐馆不叫餐馆，叫国营食堂，到国营食堂当了个服务员，去端盘子上菜。80年代以后，我的父亲从工作岗位上退休了，就试想着把老毛手抓羊肉再开起来，从那时开始，老父亲又重操旧业了！（欣喜地）

吴：真好！ 80年代老毛手抓又复出了。

毛：对！老毛手抓停了那么多年，从50年代一直停了几十年么。80年代又开张了以后，很多对老毛手抓了解、认可的老年人都慕名而来，到老毛手抓羊肉摊上来，再次品尝停业几十年的老毛手抓羊肉。这次开业，一开起来就非常地火。那么我呢，80年代还正在工作，还是领导岗位的国家干部呢。怎么办呢？我就一边上班，一边跟着老父亲学手艺，实际就是帮老父亲去操作。我利用下班时间去帮他，去照顾打理这个小吃摊子，就这么简单。所以我呢，实际上就是80年代跟着老父亲学会的。后来因为老人上了年纪，也越来越干不动了，力不从心了，所以又面临着再次停业的时刻。这可咋办呢？我就给老人做工作，要是不行的话，那我就留职停薪，我来接班吧？要是不接班，这个老传统，老毛手抓羊肉到我这一代就断代了，彻底失传了。老人当时不理解，说什么都不愿意，一心让我继续工作。他说："你是国家干部，端的是铁饭碗。别人想当干部都当不上，想端这个铁饭碗都端不上，你再干我这样的个体户行吗？"因为老人经历过了"文化大革命"，生怕我们走上这个道路再受苦受难，所以说什么都不同意。

吴：就是说，当时下海也不是那么容易的？

毛：嗯。主要是老人思想有顾虑嘛。我就给老人再三做工作，我说，国家政策是改革开放五十年都不变，绝对不会再像以前一样了。我觉得丢掉这个传统，是很可惜的，我下定决心要留职停薪，辞去领导干部的职务，我要接这个班。我对父亲说："您放心，国家政策是不会改变的。"当时单位职工也都为我担心。但是我毅然决然地下定决心，一定要去接这个班！我本身对民族餐饮是很钟爱的，也非常热爱这个工作。前十年虽然我没有亲自去做，但是跟随着老人，通过老人的传帮带，给我深深打下了烙印。所以我觉得民族特色餐饮太好了，可不能把它丢掉，我一定要把它传承下来。最后，老人看我决心这么大，也就同意了我的做法。我给单位上写了停薪留职报告，就去接班了。这一接班，就接到了现在。呵呵！

吴：那老毛手抓和其他羊肉菜肴比有什么不同呢？

毛："老毛手抓"这块牌子是我太爷在光绪十四年（1888年），千辛万苦用十五两银子创出来的一块牌子啊。从我的太爷毛万才到我的爷爷毛伏礼，再到我的父亲毛生明，一直传到我，今天又传到我的后代毛海涛，已经是第五代了。手抓羊肉是宁夏人特别喜爱的一种食品，羊肉本身属于热性，因此不管是凉手抓还是热手抓，都有不同的吃法。凉手抓羊肉容易消化，不容易（吃）坏肚子。热手抓和羊脖子结合起来炖汤，对病人恢复体力、孕妇催奶都有很大帮助呢。老毛手抓为什么具备鲜、嫩、香三特色和不膻不腥的特点呢？就因为在选羊、煮肉等方面都有很多的讲究和方式方法。我们主要选择宁夏南部山区的优质品种羊，要求是六到十二个月之间的绵羯羊。因为这种羊制作出来以后，肉质细嫩鲜美可口，所以深受客人的欢迎。

吴：老毛手抓有什么特点？

毛：首先在选羊上，要选一年左右的羊，山区的滩羊，净重二十八斤至三十斤的羊，不能太壮也不能太瘦。一般一百只羊里面只能挑选出二十只左右，

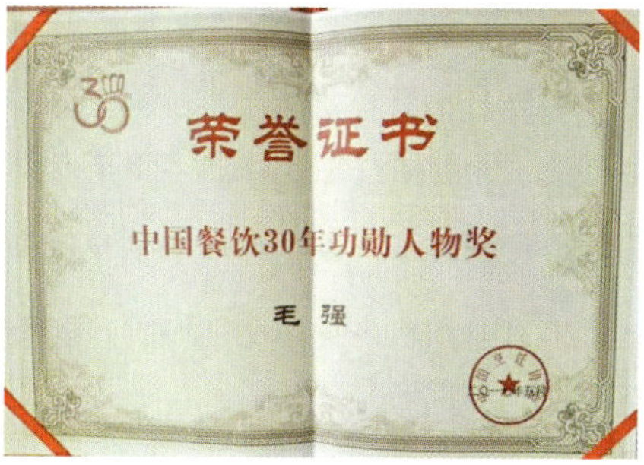

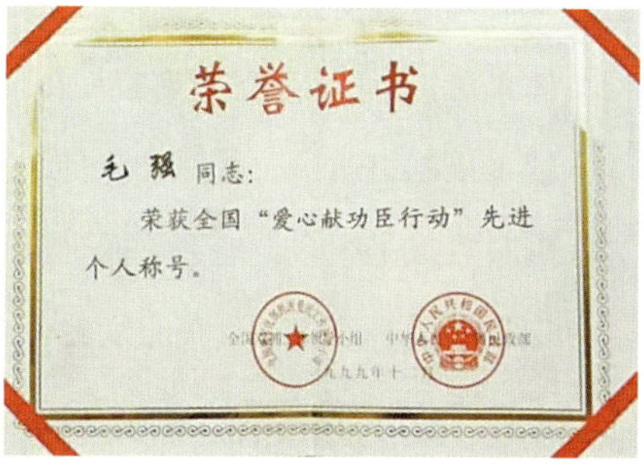

上　荣誉证书（本人供图）

这样的羊肉质地比较鲜嫩。另外在刀法上沿用祖传刀法，切割成四大块，凉水浸泡，温水下锅，大火加热，清去浮沫。开锅后用中火炖，白水煮肉，不放佐料。然后用祖传刀法切割熟肉，蘸料有盐、蒜泥、醋汁、椒盐等。

吴：毛老师，请您简单陈述一下几代人的传承谱系及贡献。

毛：清光绪十四年（1888年），创始人毛万才在街上设点售卖。1915年，第二代传人毛伏礼，沿用第一代的方法和手艺，继承父业。20世纪80年代，（我）父亲毛生明租用吴忠市的一个店面，一张长条桌、一条长凳子，一只羊的肉，加上盖碗茶，老母亲在家里煮肉，中午拿去卖。后来渐渐有了名气，（一天）就卖两只羊。1988年宁夏（回族）自治区成立三十周年大庆，王震（国家）副主席来慰问，自治区领导和银南地区领导到农贸市场视察时与父亲握手，要求发扬光大传统的手抓羊肉。我是第四代传人，20世纪90年代初接班，租用临街六十平方米的一个小店，两张桌子，经营盖碗茶、面食，客人渐渐多了起来，正式起名“老毛手抓羊肉馆”，后来发展到百余平方米的美食楼。2000年开始进驻银川，在西塔附近开了五百平（方）米的店，又先后开了南关店、凤凰南街店。然后开了加盟店，现在保留下的加盟店多在十年以上，菜品上百种。目前宁夏有五个店，鼓楼总店、银川河东机场店、西夏区店、影视城温泉小镇店、大武口店。西安有高新区店、崇业路店。

吴：这些年老毛手抓的影响力很大。您如何看待？

毛：我们先后接受央视二、四、七套（频道）节目专访，还有其他一百多家媒体采访，代表自治区政府、人大、政协接待宾客上百次。2017年受湖南（卫视）摄制组邀请，录制了节目，影响比较大，也拍过专题片。多年来受访资料收藏了很多，老毛手抓也得到了外地人的认可，成了宣传宁夏、认识宁夏、了解宁夏、赞美宁夏的窗口。从2000年开始，我动手创作了“老毛手抓之歌”“敬茶歌”等有关歌曲。

吴：哦。老毛手抓及您本人都获得过哪些奖项？

毛：先后获得国家级、省（自治区）级、市级各种奖项七十多项。其中有民政部拥政办授予的全国“爱心献功臣”行动先进个人称号，以及“公益之星”、“光彩之星”、“自治区改革开放四十年功勋奖”、“中国餐饮30年功勋人物奖”、“五一劳动奖章”“银川市民族团结进步先进单位”、旅游部门的金奖等。我也曾任银川市政协委员，近年来，一直都在做公益，参与爱心捐助、回报社会的活动。

吴：儿女对您的事业支持吗？

毛：儿女从小也跟着学，资料整理全靠儿女，两个孙子的传承意识也很强。

吴：下一步有什么打算？

毛：民族餐饮有一定的局限性，工作人员和厨师难找，下一步要寻找合作伙伴，走出宁夏，把特色带出去，争取做得更好，路走得更远。

回族服饰代表性传承人

杨发祥

杨发祥，1949 年出生，宁夏吴忠市人。2010 年被认定为自治区级非物质文化遗产项目（回族服饰）代表性传承人。

综 述

杨发祥家中祖辈都是当地有名的裁缝。他十三岁起随父亲学习传统的民族服饰的裁剪制作技术。十七岁独立从事服装加工制作，并将祖业传给兄弟。后带领兄弟、弟媳、女儿开办服装工作坊，加工生产、销售民族传统服装。1998年成立了万绨旎服饰有限公司，引进了电脑绣花机，产品产量不断增加，销往国内外。

杨发祥悉心研究回族群众的穿着习惯和消费心理，凭着多年的经验和细心观察，不断探索民族服饰的用料、款式，在设计上不断契合宁夏回族群众的生活需求，研发出具有民族特色和地域风格的回族服饰，满足广大回族群众对民族特色服饰的需求。随着社会的发展，在民族服装的设计上，杨发祥不断进行创新改革。过去，民族服装主要是白色、黑色等相对比较古老的颜色。现在，

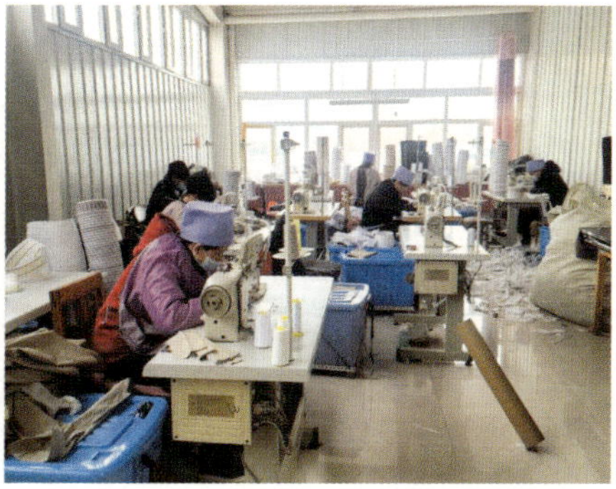

⊥ 吴忠万绨旎制衣车间（张欣蕊摄于2021年4月）

也设计了不少适合当代回族群众生活需要的花色品种和款式。他认为，中国的回族妇女要参加社会社交活动，也要参加劳动工作，有各方面的需求，所以要适合国情进行民族特色服饰的开发设计。

受大环境的影响，近两年公司生产的服装产品销量锐减，效益不好。但是，减员不是他的所为，他左右衡量，不忍心让跟自己干了这么多年的工人失业，而是尽量保留工人，大家一起抱团走出困境。杨发祥也从服装的多样化、拓宽业务等方面进行深入思考，力争转变被动局面。

杨发祥认为，自己这些年来虽然没赚到什么钱，但是帮政府解决了部分人员的就业，而且通过民族特色服装的创新改进，使民族地区人们的穿着有了很大程度的改观和美化，这也算是自己对社会的一点贡献。他认为，活着就要有自己的信仰，心中有别人，别人心中才会有你。做好事积福，才会有善报。

访　谈

被访谈者：杨发祥（自治区级非物质文化遗产代表性传承人）

访 谈 者：吴昕、张欣蕊

访谈时间：2021年3月18日

访谈地点：吴忠市万绨旎民族服饰服装公司

吴：杨总好！自治区文化和旅游厅对自治区级非遗传承人进行采访，准备出书，今天打扰您了。先请问杨总的出生年月等基本情况。

杨：我叫杨发祥，今年七十三岁，出生在宁夏灵武。

吴：后来又是怎么到吴忠的？

杨：九岁时跟母亲过来的。

吴：您的学习经历？

杨：在吴忠读完小学再没读书，就在吴忠公社朝阳村一队在生产队劳动，帮父母干活，后来（吴忠公社）合并到古城乡古城公社。到十八九岁时学开拖拉机、开汽车。我也压过面条、生过绿豆芽，什么都干过。

吴：那什么时候开始接触服装业？

杨：1994年开始搞服装的，因为家族里舅妈（们）都是裁缝。另一方面，我通过四处跑车，看到了南方服装行业的发展情况。我家里女孩子比较多，还有妹妹，所以就开始学习搞这行。正式大量生产是1998年，成立了服装公司。

吴：刚成立公司时叫啥名字？

杨：那时就叫“万绨旎服饰有限公司”，然后逐步做大。

吴：刚开始时不光做民族服装吧？

杨：嗯。普通的大众服装也都做呢。

张：1994年开始是以小裁缝店的形式对外销售吗？

杨：是的。刚开始就是小裁缝店，有一台缝纫机、一台锁边机。给顾客做衣服呀，改衣服呀。后来慢慢做大了，到了1998年成立了公司，就扩展得比较大了。后来就开始做民族服装，民族服装比较宽松，穿起来庄重大方，家里女孩子多，又是回族，所以就朝这方面发展了。

吴：家族里都有谁搞服装？怎么又转到民族服饰上的？

杨：刚开始是老一辈在做，舅妈他们绑在一起干。后来我和妹妹也做，子女长

⊥ 杨发祥接受课题组采访（本人供图）

大后参与进来。开始都是门装，也就是门店里卖的服装，也叫时装。1998年，我们开始倾向搞本民族服装了。2002年开始做回族戴的帽子呀，衣服呀，还是很不错的，挺有影响。当时的市领导还以为我们买来了青海的衣服及帽子，还来厂子里参观了。当年我们还参加了北京“世界妇女成果展”，受到领导的好评。从那开始就得到吴忠市政府的支持，进驻到工业园区。

吴：这块地皮是吴忠市政府给的，自己没花钱吗？

杨：花钱了，政府给的指标嘛，同意在这儿建厂。

吴：这个厂子有多大面积？

杨：十二点七亩地，将近九千平（方）米。

吴：工厂员工有多少人？

杨：最多时有六十五个人，最少也在四十个人。这两年疫情，有的员工回家了，改行了，服装行业也很辛苦，也有断层现象。年轻人不愿受苦，原来的那些人年龄也大了。

⊥ 杨发祥及其公司获得的奖牌（张欣蕊摄于2021年4月）

吴：您有几个孩子？

杨：四个，三个女儿、一个儿子。两个女儿在这个厂子里搞管理、搞裁剪，大女儿在外做工装、舞蹈服、校服。

张：服装设计怎么做呢？

杨：自己设计，我的两个女儿和一个设计师搞设计，大家一起商量，加上每年去南方参观考察学习，看看人家的先进设备、先进技术，学学人家的设计理念、企业文化和管理模式。回族穿的一般比较传统保守，我们在这个基础上多样化、时装化。比如这种白帽子，过去样子比较简单，现在引进电脑绣花。尽管社会上在打价格战，但我们要抓质量，树品牌。

张：怎么销售呢？

杨：刚开始是通过销售点往外卖，后来有留学生往外带货。到了2004年、2005年逐步往沙特等国出口。

张：这些年国内销的好还是国外销量好？

杨：服装、帽子在国内销量好。这两年因为疫情，就不好出口了。

张：门店开了几家？

杨：四家。银川、吴忠都有，吴忠三家，在银川商贸城摆了一年，不太好卖。又把店开在银川，还比较好。

张：有没有考虑在银川市新华街中心位置开个大点的店？

杨：没有考虑，因为投入比较大，我们资金各方面都很紧张。

吴：服装、帽子、衣服销量比例是多少？

杨：帽子、围巾比例大些，衣服因为时装化需求不太大。我们主要抓了品牌意识，价格战方面也不是我们的强项，如果打价格战就无非降低工资，亏了工人。我们做的都是名牌产品。

张：您戴的这顶帽子多少钱？

杨：批发价八块钱，便宜点的有四块钱的。

⊥ 杨发祥公司生产的回族女性花帽（本人供图）

张：太便宜了吧？工钱就得多少钱呢。一个小孩的帽子都得四五十元呀。

杨：我们价格是很稳定的，我们的所有销售店一个价格，他们批发拿去零售卖多少钱是他们的问题。这些年，挣钱是没挣到什么钱，主要是解决了就业问题。另外在民族服装创新上有所提高，过去民族服装主要是白色呀、黑色呀这些比较古老的颜色，现在根据人们的生活需要设计生产各色服饰产品。在花色品种、款式方面也进行更新改进，现在在街上看到的民族服饰就漂亮多了。咱们中国的妇女要参加社会社交活动，还要工作劳动，有各方面的需要，所以服饰也要适合国情嘛。

吴：我们看到当地大多回族中老年妇女穿的都是深颜色的。有这个讲究吗？

杨：嗯。如果按照过去的着装规矩，中老年女性的服饰颜色深点、稳重点，不引起特别的注意就行了。现在随着社会的发展也在逐步向亮色发展。

张：同心那边怎么没有开店？

杨：在那边开店成本比较高。不过，同心那边的基本上都是来这边拿货，包括银川、平罗都有来拿的。

张：您儿子没有帮着做？

杨：没有，年轻人嘛，有他自己的想法。

吴：妇女的围巾、帽子有什么变化吗？

杨：有。过去妇女戴白布帽子、蓝布帽子的比较多。卫生帽不像卫生帽，护士帽不像护士帽。后来宁夏（回族）自治区轻纺厅也支持我们创新改进，现在花色网帽都非常好看。过去的盖头是布的，绿色、白色、黑色、粉色的，现在的花色品种多了，款式也多了。

张：现在那些头巾和花帽都很漂亮，还有镶钻的头巾呢。

杨：（喜悦地）对！还有串珠的呢。样子比较多。

张：您现在还常来公司吗？

杨：来呀！看看都正常着没有，机器有没有问题。这几年很困难，尤其近三年非常困难。

张：民族服饰毕竟受众面小，没有想在其他服装上开拓一下市场？

杨：也想过。但现在服装行业基本上是过剩行业。我们为什么长久以来能坚持下来，就是因为大的公司干这个不合算，也不懂民族服饰。太小的公司又拿不起来，我们就在夹缝当中求生存。

张：没想过设计一些包包之类？

杨：也想过，曾经也搞过，但销量不好。

张：销量上不去是不是宣传不够？

杨：嗯。民族服饰也不好作宣传。

张：抖音、快手这两年比较兴盛，有没有运用这种手段？

杨：也在用。

吴：去年到现在新冠疫情有没有影响？

杨：影响太大了！我们的工人干得最长的有十七八年了，一般也有七八年了。我也在想如何带领大家走出困境，这也是民营企业普遍存在的难处，最让人头痛的事情。工人在吧，有时候没活，付不起工资，养老保险等也不少呢。把工人放回家去吧，有活时又找不上人，不像其他活什么人都能干，这都是技术活嘛。所以，我们召开座谈会，商量如何抱团，共同从困境中走出去。有的中层说，要减员以应对当前局面。我左右衡量，这些工人咋办？跟上你干了这么多年，还是想着尽量保留工人。困难家家都有，特别是农村妇女，没有固定收入，向男人伸手总是困难的，挣工资就是挣点自己用的钱嘛。

张：有没有请老师到乡下培训农村妇女让她们承接服饰加工？

杨：我们有时活紧，也会请其他服装加工厂帮忙，但质量不行，基本上是废品。我们在质量上要求是很严格的，上班时要求工人洗手。如果把加工的服饰活儿发到各家，环境要求达不到要求，好多家里还养着宠物，这方面要严格把关嘛。

张：你们的产品在超市设点销售吗？

⊥ 杨发祥万绨旎公司研发的回族新娘婚礼服（本人供图）

杨：也谈过。一是租金贵，我们定价又低，划不来。前几年还可以考虑，但这三年比较萧条，能立住脚不倒就可以了。

吴：宁夏的民族服饰有什么特点？

杨：要求还是比较高的，服饰的材质要求是不打折、不起球、不能太透，要能遮体。颜色上不能太轻佻。一些原材料，含猪皮、猪毛的都不行。其实，女性穿的稳重也是对社会的尊重嘛。另外帽子、纱巾也防止风吹日晒，保护皮肤。你们看现在吴忠、同心回族人的穿戴，和以前完全不一样了，变得洋气了，这也提高了一个地区的精神面貌嘛。

张：你们有没有考虑怎么突破目前的困境？

杨：嗯。也在想呢。怎么能拓宽销售渠道？怎么能让产品多样化？怎么才能拓宽业务？去年我们试着搞了石墨烯[①]的自然加热的床上用品，但没有推行开。我们还增加了外出用的睡袋，还想开拓帽子市场，包括厚帽子。今年电脑绣花帽子比去年销售得要好，供不应求。在国内市场，我们的质量是最好的，价格上我们也坚持不动。市场上有些商家的做法是，你降一毛我降一毛，你降五毛我降五毛，最后恶性循环。所以我们就抓品牌，大家都公认万绨旎虽然稍微贵点，但质量好。

张：结婚礼服是不是也不错？

杨：嗯。我们研发有回族新娘和新郎的婚礼服。但是，婚礼服也就是结婚这一天穿，以后再没用了。所以大多新人结婚都是来租的。原来照相馆还常来我们这里租用婚礼服，可后来照相馆购置了一批，好的婚纱在三千多元，款式最好最漂亮的是印度婚礼服和马来西亚婚礼服。现在就不租我们的婚礼服了。

张：困难只是暂时的，咱们坚持下去肯定会好起来的。

---

① 石墨烯（Graphene）是一种新材料，具有优异的光学、电学、力学特性，在材料学、微纳加工、能源、生物医学和药物传递等方面具有重要的应用前景，被认为是一种未来革命性的材料。

杨：（微笑）当然，狭路相逢勇者胜嘛。（大家笑）虽然我们不挣钱，但我们对得住工人，带领大家走到今天，也没有把他们抛弃。我们解决了一部分人的就业，减轻了社会压力，对地方整体女性的穿着提升改观也做出了努力。有人说："你咋有这么好的思想呢？"不是我的思想好，而是我有自己的信仰，做好事积福，就会有善报。心中有别人，别人才有你。

吴：好吧。就聊到这儿吧。杨总也给我们上了一课。谢谢杨总！

山花儿代表性传承人

张建军

张建军，1964年出生，宁夏吴忠市盐池县人，大专学历。2010年6月被认定为自治区级非物质文化遗产项目（山花儿）代表性传承人。

综 述

张建军出生在陕西省定边县的一个文艺家庭，父亲多才多艺，擅长各种西北地方戏，戏曲、乐器也是样样精通。在父亲的带动下，家中的“向阳院”一直是周边文艺爱好者聚集在一起自娱自乐的文化宣传阵地。自小生长在“向阳院”的张建军耳濡目染，对音乐特别是西北地方乐曲有着与生俱来的喜爱。带着这份音乐天赋，在机缘巧合下，张建军得到了张静、李东有两位音乐教授的指点，为他今后的音乐道路打下了坚实的基础。

1984年，张建军高中毕业应征入伍，穿上了向往已久的军装，实现了人生的第一个梦想。他的歌声给战友带来了欢乐，活跃了军营的文化生活。1986年张建军光荣复员，分配到盐池县文化馆工作。在文化馆他主要从事文艺集成工作，搜集和整理民间文学艺术资料。同时，积极发挥自己的特长，全身心地投入到歌唱和歌唱教学工作当中。他热爱音乐，喜欢唱歌，每天早晨都练歌、听音乐，把自己唱的歌录进录音机，然后反复播放，从中查找自己声乐演唱中的缺陷，至今，他还珍藏着那台已成古董的录音机。1988年9月，张建军带领两名学生代表盐池县参加宁夏太西杯歌唱比赛，两名学生比赛失利，张建军凭着在部队的那股不服输的劲儿，上台演唱了一段母亲曾经教给他的小调，一举获得了评委的一致好评并获得了大赛三等奖。首次获奖，张建军激动无比，他更加坚定了对民歌的追求。也是在那时，这个嗓音条件出色的小伙子被宁夏歌舞团副团长安妮发现，并收为关门弟子，亲自教授他演唱花儿。

与此同时，张建军为了心中的“花儿”，在以后的几年间，多次到盐池县临近的内蒙古鄂托克前旗、后旗等地采风、求教。在老师们的指引下，张建军刻苦钻研，认真学习各种民歌及其演唱技巧和风格，从中汲取艺术营养，不断提高自己的艺术水平。由于张建军出生并生长在定边县，又在宁夏盐池县工作，所以他对宁夏、陕北、甘肃等地的方言都能运用自如，特定的地域，特殊的方言，特别的韵味，让张建军驾驭起花儿来如天马行空般自如，张建军不仅学会了甘青宁三省区迥异的地方花儿的演唱特色和方法，还学会了内蒙古的“爬山调”和陕北的“信天游”。

从1988年开始，张建军的歌从盐池山区唱到了繁华的银川，唱到了宁夏电视台，参加了宁夏1990、1992、1996、1998年春节联欢晚会。1992年，青海电视台举办电视“花儿会”擂台赛，张建军演唱的《面片片稠稠地捞上》和《脚闪空绊了一身泥巴》两首宁夏原生态歌曲，使他一举获得了“西北青年花儿王”的称号。但他没有沾沾自喜，停止奋斗的脚步。盐池县珍惜和培养人才，1992年，让张建军进到宁夏教育学院音乐系系统学习声乐理论和民歌创作。整整六年的学习中，他时刻没有放松对自己的要求，不仅系统、扎实地掌握了相关的音乐理论，还到各地采风，搜集整理、创作民歌。这段时间的学习，使张建军的人生从一块普通玉石升华成为一块艺术美玉，创作更精美，演唱更美妙。

1998年8月9日，中国西北“沙湖杯”（花儿）歌手大赛在宁夏著名的风景旅游区沙湖隆重举行，场面热闹非凡。来自西北的众多民歌歌手齐聚在这里，大展歌喉。张建军从众多参赛者当中脱颖而出，获得了一等奖，成为唯一一个获此殊荣的宁夏人。从此，“西北花儿王”的美誉不胫而走。2004年，张建军又参加了中国西部民歌（花儿）大赛，“西北花儿王”不负众望，再次获得金奖，获得“西部民歌（花儿）歌王”称号。从此，张建军的“花儿”红遍全国，先后参加了第四届“全国民运会”主题歌演唱，第十三届金鸡、百花电影节在宁夏颁奖晚会的演出，并参加了中华人民共和国成立五十周年进京献礼演出——大型民族歌舞《塞上春潮》的创作演出、2006“首届 CCTV 中国民族民间歌舞盛典"、2017"中国民歌大会"第一季、2019"中国歌曲大会—国庆盛典"等演出，受到中央领导和自治区领导的亲切接见。

花儿本是心中的歌，不唱由不得自家。三十多年的相依相伴，三十多年的荣辱与共，花儿早已渗透到张建军的血液和骨子里。如今，张建军真的是离不开花儿了。总结过往，最让张建军感慨的莫过于传承了。他说，若想让花儿具备长久的生命力，必须要和市场结合，让歌手立得住脚，传承的路才能走得通。

访　谈

被访谈者：张建军（自治区级非物质文化遗产代表性传承人）

访 谈 者：马家媛、张欣蕊

访谈时间：2021年3月25日

访谈地点：吴忠市盐池县文化馆

马：张老师您好，请介绍一下自己。

张：我是花儿自治区级传承人张建军，1964年11月出生。

马：您就是在盐池出生的？

张：实际上小时候生活在定边，我们家是永宁人，那时候黄河发水了，搬到陕西定边的。当兵以后十八岁就又回来了。定边出生的。

马：那您十八岁之前都生活在定边？您小的时候是在农村还是县城？

张：县城，县城上的小学、初中、高中。

马：从小家里面是个什么样的情况呢？

张：文艺世家。

马：您能介绍一下父亲、母亲他们吗？

张：都去世了。我父亲张占全，早期三边剧团领导。他是个木匠，但他又是个文艺工作者，就是咱们现在说的唱旦的，又拉板胡，又唱戏，他各种乐器都通。我们从小艺术启蒙就是父亲，因为父亲技术比较全面一些，包括乐器、演唱。我们姊妹四个就我们弟兄两个继承了，我哥哥张建国最早在盐池剧团。

马：你们家姊妹四人？

张：是的，我是最小的。

马：上面有个哥哥，哥哥是老大吗？

张：哥哥是老二，还有两个姐姐。两个姐姐都没有遗传（文艺细胞），都不爱好这个。

马：哥哥现在在干什么？

张：退休了，原来咱们盐池剧团的乐队队长，就是拉板胡的，最后调到盐池三中任音乐教师。他也是著名的戏剧作家，他的剧本获了几个全国金奖。

马：你们都是受父亲的影响，好像父亲是在戏剧方面比较擅长一些？

张：对，擅长戏剧，西北地方戏，不一定光是秦腔，眉户、碗碗腔这一类的东西（都擅长）。歌儿我确实没听到他唱过。

马：您是怎么接触到花儿的？

张：接触花儿都迟了。我先说一下，我们家最早是个“向阳院”，那个年代的向阳院就是所有搞文艺活动的（聚集的地方），包括毛泽东思想宣传

⊥ 张建军在盐池县文化馆接受采访（何武东摄于2021年3月）

队都在我们家集中。

马：有点像我们现在的文化大院，是不是？

张：对，实际上就是这个。这个时候就集中所有喜好这方面（文艺）的艺人，集中在一块大家自娱自乐。我们受到的熏陶与这个是分不开的。到部队以后，那时候中国刚成立武警部队，把我分到武警上了。刚开始打拳击去了，到第三年武警总队要成立宣传队，这一查资料看到当年招的张建军就是个文艺兵，就把我留下了。我是咱们宁夏武警总队第一任宣传队队长，当时招的十一个文艺兵组队，但是我家里特殊情况，我把这个队伍组织起来以后我就复员了，复员后就到了文化馆。

马：您当时文艺兵是擅长哪一方面考进去的？

张：就是唱歌。

马：这就是受父亲影响，也没有专门学是吗？

张：一个是受父亲影响。二来那个年代从西安歌舞剧院下放了两个老师，一个叫张静是越南人，另一个是李东有。

马：当时是在哪儿跟他们学的？

张：在学校。他们是学校的音乐老师。

马：初中还是高中？

张：小学跟张静学的。初中的时候跟李东有学的。

马：你们小学就有一个越南的老师？

张：对，当年最流行一首歌（是她写的），她是作曲家，又是歌唱家。她是越南人，是陕西歌舞剧院聘任的教授，“文化大革命”时期到陕西定边东关小学当音乐老师。然后她就带我了，那个时候我八岁。

马：这也是历史造成的一种幸运。

张：对，当时（老师）看这个娃不错，就开始教。到初中，又把我交给他的师兄李东有，他是原来咱们陕西歌舞剧院的著名男高音歌唱家。高中的时候他开始训练我，他训练我有个传奇，啥传奇我得跟你讲讲。他带着我一个、李研琴一个、魏岳峰一个，三个人都考上了西安音乐学院，那个时候是恢复高考后的第一次高考，因为定边离西安远，三个学生都考上了，但是通知下来迟了，那个时候我已经到部队半年了，错过了。征求我个人意见，那时候我已经到轮训队当班长了，大学没去上就当兵了。第二年进入教导大队就带兵了，先到教导大队，后来成立了宣传队，刚成立起来因为母亲有病，就回到文化馆了。

马：还是回到盐池了。

张：我们祖上还是宁夏的，我们两个儿子还是听父亲的话都回到宁夏了。

张：到了文化馆就开始接触花儿了。咱们“太西杯”比赛，我带的俩学生代表盐池参加自治区比赛，这俩娃就没选上。我那个时候年轻，有部队的风格，人家领导交给你的任务，一个都没选上我就觉得交不了差，干脆我唱一段，我就唱了我妈教我的一个小调。一唱我的恩师安妮就看上了，人家就把我收为关门弟子。安老师只教了七个徒弟，我是最小的关门弟子。她就开始手把手教我花儿。但是第一次接触我不喜欢花儿，我觉得不好听。老师教我《船姑娘》，也就是《西部之声》上我唱的。安老师教课有个特点，把谱子给你，要画圈儿，画圈的几个地方要引起注意，我就回来唱，那个时候交通也不方便，基本上一个月去一次。练好了自己很满意了，拿着谱子去了，老师钢琴一弹一唱，就给你说这个地方不对，再给你画圈。我第一次记得最清楚，画了七十二个圈，然后越来越少，每次就不一样了。然后听模唱，只能听一遍，你就得唱去，把这个路理好就对了，然后再给你画圈，慢慢你就形成自己的风格，与老师的教导有密不可分的关系。最后画的圈剩四个了，这歌唱得差不多了，老师就把原版的曲子放给你听。我是1986年开始跟安老师学习的，1988年，《西部之声》开始了，是当时西北十一省加新疆生产建设兵团跟意大利合拍的一个片子。人家要求就是你们原生态的，原装的东西，我们在四川成都录的音，我唱的“牛佬佬调”。你现在再唱这个就费劲了，那个时候年轻，调高，张嘴就唱，这就开始爱上花儿了，甚至直接就钻到花儿里头了。那个时候也没有那么明确说这个东西就叫花儿。

马：那个时候叫什么？

张：就叫民间歌曲，正规场合不能唱，只能搞研究的专家教授接触，有些歌舞剧上需要点引子，没有说大庭广众演出的。安老师教了我六七年，安老师教课要求比较严格，最少也得教你五年到六年才能让你上台，当时我只能在家里唱，或者是录《西部之声》或者录什么的。那个时候不知道什么叫非遗，就是个通俗的不能登大雅之堂的东西。只能作为老先人传下的东西研究，然后开始就一直采风。

马：你们怎么采风呢？

张：我们就直接到老百姓家去。还得跟人家搞好关系，因为他也不能在家里唱。长辈人跟前不能唱，小辈人跟前不能唱，不是哪种场合都能唱的。我们好像还有点偷偷摸摸的感觉。采风跟的最多的就是刘同生老师，还有潘振声老师，他们俩领我去的目的是因为他们是外地人，学这个方言费劲，我是西北地区的语言基本都通。因为那个时候都是手记，人家一唱我就能学来，知道唱的是啥，那是最原始的一手资料，那个时候就是80年代的“三套集成”（民间故事、歌谣、谚语）的原始资料。最后我们选了十一首。然后直到1992年《西部之声》在青海搞了一个演唱会，实际上是花儿的演唱会，也是西部第一次搞花儿活动。我跟安宇歌老师两个人去了，第一次电视花儿会，我们就去了，这个时候我

⊥　张建军演出照（本人供图）

就成名了。“花儿王”是一代人传一代人，当时“花儿王”是青海的朱仲禄老师，他是《上去高山》的作者，他在电视会上说了一句话：“我一生所追求的花儿雅俗共赏，只有宁夏这个尕娃唱出来了，他才是咱们西北青年一代花儿王。”一句话说得不要紧，电视直播着呢。回来了以后，青海每年都给我下一个邀请书，叫我到青海打擂。我回来觉得这个不对，当时会唱的也就是十首，打擂就有问题了，然后我就开始系统地学习。这期间宁夏唱花儿有名的就是马生林、张明星、马汉东几个，我最小。张明星没有录过《西部之声》，一个年龄偏大，再一个加上比较低调，还有就是真正的花儿跟音乐合不到一块。也就是我和马汉东能录。

马：您和马汉东老师是同龄人？

张：同龄人，他比我大一岁，是我师兄。我们两个主要是跟着两个老师学习，跟马生林老师学的比较多，学人家的那个味道，具体教是安老师教的，因为安老师的目的还是要让我们上舞台的，不能光蹲到山沟里唱。

马：安老师她是有点学院派的意思吗？

张：也不是，按照现在说就是舞台艺术。她教徒弟的根本目的是要上舞台的。

马：她在原生态的基础上又拔高了，是不是？

张：对，又拔高了。你像《二牡丹令》，中间就没有“二牡丹啊”，“骑呀么骡子，上呀高山，上呀高山望平川，平川里呀有一对呀牡丹”，就这样，“二牡丹啊”那是人家青海的，我们在民间唱就没有这个，咱们最早的就是“骑骡子呀……”舞台化以后把各个曲令加进去。

马：为了就是花儿的艺术表现力更强，是吧？

张：对。

马：我是音乐的外行，是不是我理解的花儿调都是同样的，只是填词的不同而已是吧？

张：你看最早咱们的花儿只有一百三十六首。你说的调就是所谓的令。花儿分三大类，一定要记住，不敢弄错了。青海的叫“河湟花儿”，甘肃出名的

⊥　张建军参加 CCTV 中国民歌大会（本人供图）

叫“洮岷花儿”，不是“河州花儿”，咱们的叫“山花儿”，也叫“干花儿”“尕花儿”。这三类是不一样的，绝对不一样的。现在有点混成一谈了。为啥我要强调这个，因为我参加过两次2006年 CCTV 中国民族民间歌舞盛典，中央台选的是宁夏的山花儿，串味的人家不要的。2017年的时候中国民歌大会，我跟安宇歌老师去了。本来我们就让徒弟去的，把他们的东西都录上，拿过去叫人家专家选。但田青就说这个不是山花儿，河州花儿不是河州花儿，宁夏干花儿不是干花儿，乱七八糟，要选正宗的山花儿。就问了2006年 CCTV 中国民族民间歌舞盛典那俩歌手还在吗，然后就叫我们继续唱这个。当时争议很大，问有啥区别，最后田青老师说把索南孙斌和张建军两个节目放在一块你就听出来了。2008年当时还不叫非遗，2008年就说把我们几个报上，以民间艺人报上。后来慢慢才知道非遗，也没人干这个事，因为这个没人学，不挣钱。

马：您说的花儿三大类我印象特别深，因为我在马汉东老师去世的头一年采访过他，他跟您的想法是一模一样的。马老师不像您善于表达，他可能也怕我听不懂，最后就是说我给你唱一下，你就区别出来了。

张：对，他肯定就给你唱出来呢。为啥要说区别，如果我们再不强调我们的山花儿，我们就叫他们吃掉了，同化了。本来我们当年就有争议，这经过几代人的努力，为啥争议？最初我们西海固就属于人家甘肃地区，关陇地区。人家的关陇花儿是有道理的，但是关陇花儿又是以隆德为中心蔓延着的，隆德又是我们宁夏的。当时我们的所谓的山花儿一共不到七首曲令，也就是我说的《憨肉肉令》为中心的，但是宁夏不叫令，唱啥词歌儿就叫啥名，白鸽子就叫白鸽子不叫《仓啷啷令》。但是人家青海一开始就是总结曲令，搜集的一百三十六首曲令为中心大家换词不换曲。只是速度上的变化，或者语气上的变化，还有助词的运用。这些助词用的位置不对就不是正宗的山花儿。你刚才问咱们和他们的区别在哪？就在这些词的运用上，在哪个地方用。

马：还有说青海的花儿他们加辅助性的东西比较多，我们的更干练一点，是这样吗？

张：对，实际上咱们比较直白，再有一个咱们的为啥叫干花儿，咱们张嘴就来，特别高，直接就走了，没有那么多引子。头跟尾的区别大，尾的收音，咱们一般山花儿的尾音是翻八度的，显得我的腔更高了。

马：戏剧里面也经常用翻八度，比如说秦腔。

张：对，翻八度运用最多的就是洮岷花儿，洮岷花儿是最古老的，洮岷花儿最早是不打擂的，不参加各种花儿会，它就非常独到。再一个它跟关陇地区戏剧结合，就像你说的已经有那个味了，有进行戏剧化的处理了。这两年又开始恢复了，甘肃2017年发现这个问题，就直接找到这个点，可惜年轻人很少，差不多都是老人了，调太高了。为什么我们山花儿面临好多失传的问题，调太高了，现在也引进了河州花儿，何清祥为代表的，有伴奏有光碟，调又低，好学唱。河州花儿进来是好事，现在所说的山花儿已经包括河州花儿，但是我觉得这个路子走差了，把咱们的原装的东西丢掉了、破坏了，调不高了。我刚才给你举例说，牛佬佬调可能中国到目前为止张嘴唱 Hf[①] 的也很少，我现在也不行了，年龄大了唱不了那么高，那是只有咱们山花儿独有的，现在谁这么唱？

马：宁夏山花儿特别高亢是一个特别大的特色，是吧？

张：高亢、直白，不讲令。据我这么多年所了解跟几代人的研讨，宁夏的山花儿应该是西海固的山花儿，以盐池为中心的盐池地区的花儿小调，然后以川区民歌为主，不能说撂掉哪一部分。现在我们所形成的真正的山花儿，应该是宁夏独有的山花儿，就是西海固的纯粹的山花儿、盐池地区（包括吴忠地区）的花儿小调、川区的民歌，这才是宁夏本地的东西。因为好多大师级作曲家来写东西，给咱们宁夏来写歌，他们如果不了解一下就写偏了，一听是陕西的、甘肃的，就不对味了。我们就要把这个路子跟人家讲清楚，人家再写出来这就是宁夏的山花儿的东西了。原来写的好多花了那么多钱，人家唱火了，咱们没火，因为不是山花儿，不是宁夏地区独有的。弘扬民族文化、传播本土音乐应该是每一个艺人应该干的活，但是艺人的方向一定要找准，你在传播一个啥东西，别走偏了，千篇一律那就不对了，口对口才能教出来呢。我刚才讲的是山花儿的走向，要保持住宁夏独有的特色。

马：宁夏为什么没有花儿会？

张：原因很多，这几年可以（有）了，思想都比较开明了，就我跟你讲过我们原来去采风都是关上门偷着唱，因为原来的那个词。从我们这代传承的时候词都改了，它其实最早就是一个表达情感的歌，就是尕花儿、骚花儿么，就是比较煽情相互逗趣。最早这几个字就把咱们宁夏花儿的特点概括了，

① Hf 指演唱中音域的高低。

⊥ 张建军参加2018年宁蒙陕甘青民歌演唱会（本人供图）

干花儿就是高亢，张嘴就来。尕花儿就是调皮的意思了，骚花儿就是表达男女情感的意思。

马：您觉得您的学生里面谁唱得比较正宗？

张：我徒弟马学军唱得正一点，撒丽娜唱得味道也比较正，但是他们也要生活，他们后头唱的改编的也多。有好多歌甚至都是我编的，你上舞台没办法。我给你举个例子，我们去广州演出，第一场原生态观众爆满，不到一个星期，一个人也没有了，听不懂么。没办法，你只能进行改编，你要挣钱要生活，要适应舞台。我在唱花儿的时候加了个形和味，我到国外去演出，外国人咋能听懂，必须要通过你形体的表演，必须要感受你那个味道，情爱是全世界统一的，是人类统一的，你一表演大家都听懂了是那个意思，让人一听就肉麻那种味道，那就是民歌情歌的精华。那么咋能叫人听懂了？据我多少年演出总结出来的经验，就通过表演，来一个飞眼，来一个动作，人家就能明白你想表达的啥意思。

马：所以您这个花儿还不是那种特别保守的，就是我必须保持原生态。

张：我演唱就分成两种，国家需要作为研究、作为资料我就唱原生态，比如说民歌大会这样的，我就唱原生态的花儿让你录。但是舞台上你不能唱这些，必须进行改编，要不你没有舞台效果。

马：花儿还有个即兴编唱的特点，这个您也擅长吗?

张：我最大的特点就是见山唱山、见水唱水，我跟马汉东老师都要去青海去打擂的，就是要有这方面的水平，所以说最后我们的中国山歌大会擂台赛的时候我们就不吃亏，八秒钟不战你就淘汰了，这是山花儿的基本功。

马：编词也是要师父教的吗?

张：这就是一个艺术的一个积累，听的多了收集的多了（自然就会编词）。因为它毕竟有格式化，那规律是一样的，你要掌握那个规律，有些字归不了韵，你要用土话把它归到韵里去，难就难到你要用土话、土字发音。要把山花儿改成普通话那就啥也不是了，所有民间歌曲都是一样，味道就不一样。你这个是不是山花儿，是不是信天游，是不是爬山调，就是咬字上的味道，归韵的那个味道。

马：您当时说您是十八岁当兵二十二岁复员的，复员后才跟安妮老师学的，十八岁以前您都是在定边，您对宁夏的方言肯定不是说自小有一个这样的语言环境，您怎么熟练掌握宁夏方言的呢?

张：我父亲到死都不会说陕北话，他就是永宁人，我打小就说宁夏话，因为我父亲是个木匠，过去木匠是担着担子走街串巷的，所有宁夏地区的话都会说，所以我占一个便宜。回到盐池以后已经十八岁了，这个地方是四省七县的交界处、交汇处。

马：您刚才说的花儿歌会，我们其实现在很缺少打擂的这种氛围。

张：早都没有了，这种太考验现场的能力，不仅仅问你问题，现场就要表演。

马：张老师您现在会多少首（曲令）?

张：也就是个百十来首吧，有时候我就忘了，比如说你要叫我到花儿会上，就都想起来了。好多东西没有留下资料，忘的多了，再加上现在这个东西不是天天唱的东西，没人叫你去唱原生态，这些东西包括徒弟都不愿意学。有些学生这个月比赛呢，这个月天天早早来找你训练，一字一句教会，把金奖一拿，你再叫都不来了。

马：您觉得宁夏山花儿它的发展方向是怎么样的？

张：我在盐池搞了一次山花儿会，我把五代歌手李凤莲、马少云整个都叫来了，那是马汉东最后一次亮相，然后徒弟马学军、撒丽娜都过来，那台才是我们真正的宁夏山花儿。而且我中间有个节目就是即兴的打擂形式的，现编现唱，跟老百姓先说词，然后张嘴就唱。但现在你说走向的问题，你说咱们正宗也不是很正宗，咱们正好是过渡的，比起老先人的东西来说我们已经舞台化了。那么你说现在年轻人走法不对？好像也不能这么说，还是要跟着时代变化，让宁夏山花儿的发展方向正确一点，不要靠近（趋近）甘肃的河州花儿，不要靠近（趋近）人家洮岷花儿，有那么点信天游味、爬山调味，就是最正常了，这样我们应该能传承下去。

马：您觉得花儿更适合什么样的传承方式呢？

张：作为传承人决不能把口传身教这四个字撂掉。

马：那就是您认为这个花儿最好的传承方式还就是口传身教，就像您觉得您最受益的一段求学经历是跟安妮老师这样学习。

张：对，没有她也就没有我的今天。而且她的教学很特殊。再一个就是像马生林老师这样的，他不是教的，就是听的。就我刚才跟你讲过，我们是歌手之间的采风，就听你唱有什么特点。

马：您这些年就一直个别带徒弟，没有进校园教是吧？

张：又给你回到这个主题上，我为啥就金文忠、马学军、卢福安、赵帅这四个徒弟，我为啥教的这么少，我们当年和马汉东我们俩到处找弟子，就是咱们山花儿太高了，唱花儿必须嗓子得高，你才能唱出那个味道。

马：因为我没见过马生林老师，但我听过他的录音，他好像是很低沉的，很悲的，是不是？

张：他是苍凉，不是低沉，调很高，但是声音很苍凉。这与他的生活环境背景有关系，他是赶麦场打工人出身，他就把他一生的悲哀在大山上唱出来。

马：有一种哭腔的感觉。

张：对。我们最早去采风的时候，那山里四十多岁的都找不上媳妇，生活困难得很，在山上人都见不上，只能闭上门唱，在大山上当着羊唱。

马：您现在就这四个徒弟吗？

张：嗯，就刚才说的这四个有特点的徒弟。这几年就还有个史婷婷、成海燕，因为我这边卡得比较严。后面这几个我一直没让报花儿传承人，总感觉还不够正宗，只报了盐池小调的传承人。今年我的思想也变了，社会在发展，还用最古老、最传统的标准要求可能也不行了。

马：撒丽娜也是您的学生吗？

张：跟我学过，宁夏在上海世博会上了八个节目，其中就有我和撒丽娜的对唱。撒丽娜是马汉东的学生，汉东给我交了个任务就是要给她教呢，也是经过多次的演出、交流学习，给教了些东西。

马：您在这边（文化馆）上课是给什么孩子上声乐课？不是花儿吗？

张：我这是以唱民歌声乐为主。

马：就是说您发现了好的苗子才会教他花儿？

⊥　张建军历年获奖证书及奖杯（张欣蕊摄于2021年3月）

张：对，要不你是白白浪费子弹，而且还丢人。我刚才跟你讲，包括我的徒弟去比赛唱啥歌，我要给写好，伴奏带包括服装都给准备好，我们是一体的，音乐、人、表演、歌，你一张嘴就得是正宗的山花儿，要不是就丢我的人。金文忠、马学军、卢福安、赵帅这四个徒弟都获过金奖，这几个其实都唱得挺正点，而他们的出名曲子都是我给改编的。

马：您当时唱花儿也没有用这个挣钱。

张：倒贴了多少，你想干这个东西不可能挣钱。

马：那边都是您获奖的奖牌吗？

张：就是。

马：我们拍一下照。

张：这些都是含金量比较高的。你网上再搜一下“西北花儿张建军”那上面获奖的资料比较全，我也记不了那么清楚了。

马：好的好的。谢谢您张老师，今年和您聊得很尽兴，让我对宁夏山花儿也有了更深的了解。有机会再向您请教。

刺绣代表性传承人

王淑萍

王淑萍，1967年出生，宁夏吴忠市盐池县人。2010年被认定为自治区级非物质文化遗产项目（刺绣）代表性传承人。

综 述

王淑萍爱美、爱生活、爱刺绣，是一个眼角发梢长满了故事却不轻易吐露，一个平凡却又不甘于平凡的女性。她的刺绣作品古朴典雅，又不失现代灵动，多以民间传统图案为题材，巧借生活中常见事物的特点，用谐音、象征等手法勾勒出寓意性很强的艺术画面，绣品有装饰画、门帘、鞋垫、床品等。

王淑萍出生在甘肃定西地区通渭县，父母都是地地道道的农民，父亲常年卧病在床，家中姊妹五个，生活的重担全都压在母亲身上。为了减轻母亲的压力，王淑萍自幼在外婆身边长大。童年时期的艰苦生活在她的印象里并不那么刻骨铭心，回想起来反而满是美好的回忆，这幸福和美好的源泉就是刺绣。据说，她的外曾祖母是给皇上、妃子绣衣服的绣娘，外婆承袭了宫廷刺绣技艺。外祖父是皮影和二胡制作手艺人，并且擅长画画，家里创办了专做社火、秦腔、秧歌服装道具等的小作坊，在当地小有名气。王淑萍从小耳濡目染，特别喜欢这些，便跟着他们学，逐渐从接触刺绣到喜爱刺绣。她说："当时别的兄弟姐妹看见粘鞋垫或者绣花都嫌麻烦，只有我站在跟前不动，看着外婆能用一根丝线做出一幅画，甚至比现实生活中的画还漂亮，感觉太神奇了。"当时受社会环境和家庭条件的限制，刺绣花样、颜色全靠生活的观察积累和想象。王淑萍跟着外婆在山上采中药材，这个时候就是最好的"采风"时机，观察漫山遍野花草的根、茎、叶的纹理、颜色，没有手机和相机，她就靠手画、脑记，这便是民族文化的美在心里面留下的最初印象。

在外婆的熏陶和教导下，七八岁的王淑萍已经能够帮着外婆做一些外面接的刺绣活儿了，比如秦腔剧团的官服补子、嫁妆绣活等。十三四岁时她已经能够独当一面，上学之余凭借刺绣、剪纸手艺为乡邻做嫁妆、画窗子（逢年过节用剪纸装饰窗户）补贴家用。初中毕业后，王淑萍经历了婚变、离乡、创业等等一系列生活的艰难考验，但无论生活多么艰辛她从没放弃对刺绣的热爱和执着追求。晚上孩子睡了，打了一天工的她仍坚持刺绣到凌晨；白天在农药店做生意，手里仍放不下刺绣绷子。除了热爱，绣一双鞋垫八块钱，绣一个苫被单三十元……这些微薄的收入也是她和孩子的重要生活来源。

即使是在生活非常艰难的时候，王淑萍脑海里仍有不同寻常的想法，她觉得刺绣太美了，把这么美好的东西踩在脚底下有点奢侈，她认为这个东西应该挂在墙上让更多的人欣赏。于是，她把刺绣做成四条屏等装饰画作品，一下子吸引了当时盐池县民协主席刘国君的注意，并把她的刺绣作品在盐池解放六十周年大庆展览中进行展出。自此以后，王淑萍和她的刺绣作品就不仅仅是谋生的手艺了，而成为我区优秀非物质文化遗产的代表，多次参加各类非遗展览展示宣传活动，让区内外更多的人了解、欣赏到精美的刺绣艺术。

上 王淑萍接受采访（张欣蕊摄于2021年3月）

2007年，王淑萍成立了盐池县萍之绣手工刺绣坊；2008年，在银川文化城开设店面；2009年，在盐池县三清阁开设萍之绣手工刺绣展示厅；2010年申报成为刺绣项目自治区级非物质文化遗产代表性传承人。这期间，王淑萍在研究外婆教授的传统绣法基础上，遍访宁夏及盐池周边地区乡镇，发现当地有的绣法与外婆教授的挑织绣相类似，是旧时皇宫里用在锦缎类厚衣物上的绣法，绣品结实耐用，在北方地区比较流行。王淑萍用三年的时间悉心研究，把这种绣法进行细化改良，改进了用针方式，解决了针脚松散、粗糙等问题。绣在衣物上紧贴布面，可以洗水，不变形不掉色不起线，美观实用，也就是现在的盐池织绣。王淑萍对盐池织绣的研发不断细化，比如桑蚕丝布料、棉麻布料与织法的不同结合等等。王淑萍把织绣细化之后，做成独立的针法，并结合传统平针绣、飘丝绣、裹针绣、锁绣、点绣等多种针法编辑成教材，在各乡镇培训教学。从2008年至今，她依托当地就业局、技术学校、扶贫办的平台，在盐池及周边地区开设刺绣培训班一百余场次，仅盐池县就有近五千人跟随她学习过刺绣技艺。特别是面向建档立卡贫困户举办的刺绣学习班，萍之绣手工刺绣坊对培训期间学员们的优秀绣品进行现场回收，使她们在培训期间不仅学到了技术，还体会到手工艺为家庭带来的实惠。同时，这样的培训学习，也为非物质文化遗产的传承做出了示范性的带动，加深了妇女对非物质文化遗产的认识。

"对于每一次培训，我都会精心策划和组织。非遗传承人在给徒弟、学生传授技艺的时候，要把中华民族优秀品质也传承下去，这不仅是技艺的传承，更是精神的传承。"王淑萍说，刺绣是一门手工艺术，作为非物质文化遗产，需要被探索和传承。这几年，王淑萍的萍之绣手工刺绣坊通过对非物质文化遗产的传承和精准扶贫培训，既让妇女们的文化素质得到了提升，又帮助她们寻到了更好的就业机会，同时也传承和普及了非物质文化遗产，唤起了人们对精美刺绣和传统文化的更多追忆。

访 谈

被访谈者：王淑萍（自治区级非物质文化遗产代表性传承人）

访 谈 者：马家媛、张欣蕊、何武东

访谈时间：2021年3月29日

访谈地点：吴忠市盐池县三清阁王淑萍刺绣工作室

马：王老师，好久不见，每次见到您都是忙忙碌碌的，也没有时间坐下来聊聊，这次正好利用采录传承人口述史的机会，和您好好聊聊。您先介绍一下您的基本情况吧。

王：我叫王淑萍，生于1967年，是一个“60后”的女人。在我们那个年代对文化的概念是很模糊的，知道上学是去学数学、语文。但那时候我就觉得剪纸、刺绣是我应该做的，是作为女人应该做的，所以从小的时候就开始对民族文化有初步的了解。在我四岁半的时候，因为家里孩子多，我妈妈把我送到我外婆家寄养，我几乎就是在外婆家长大。我外婆恰好就是个刺绣爱好者，她有个自己的绣坊，那个年代好像也不叫绣坊，他们把我外婆的绣坊叫作社火、秧歌道具的地方，就是说那一家子是做秦腔、社火、秧歌这些东西的。

马：道具、戏服这些是吗？

王：对，也做墙上挂画，做民间婚丧嫁娶的衣服这些东西。那时候我还小，也就是四岁半，看我外婆绣的东西很好看，她要是出去干别的活去了，我就

⊥　王淑萍刺绣作品《梅兰竹菊》（冯小媛摄于2020年11月）

给她拿起来一顿乱绣，不会绣么，就绣坏了。我外婆回来一看，开始还打呢，但是我屡教不改，我总感觉这个东西特别好看，是个特别神奇的东西，我就学着她的样子绣。有一次，外婆一个花叶绣了一半，剩下一半让我给绣完了，虽然针脚不太好看，但她看我绣的有模有样的，就觉得这个娃娃喜欢这个，还是给教一下。要不然，第一呢把她东西绣坏了，第二呢天天如此，肯定是喜欢。从那以后，我外婆就开始教我了，怎么样穿针，怎么样起针，怎么样用线，怎么样配色，到怎么样自己画图，就教我一些简单的图案，大概有三四年时间。

马：那是从几岁开始学的？

王：四岁半开始，八岁就挣钱了。

马：八岁就已经出师了啊？哈哈哈。

王：就是，八岁就跟上外婆给别人做嫁妆了。当时我们那十几二十岁姑娘要出嫁要做枕头啥的，别都说谁家那个小丫头会做，就抱上鞋垫、嫁妆鞋、枕套啥的来，我以前做的上马鞋好看得很，我就给她们把图案都画上，我会绣各种各样的牡丹花。那个时候也不给什么钱，主要是给我做衣服，就是她们做嫁妆的时候带着给我做几套衣服。她们去给新娘子扯哪个布料，我就想要，我要的时候，我就揣着那个布料不放手，没办法才给我也扯一点。

马：那时候才七八岁。

王淑萍儿时刺绣作品《双子捧福图》（冯小媛摄于2020年11月）

王：嗯，八岁多。到十二岁的时候，自己就知道搞价格了。

马：从四岁到十二岁这期间，就一直在外婆身边学刺绣？

王：对，从四岁半左右就一直在那儿。

马：您是出生在哪个地方？

王：甘肃通渭，定西地区通渭县。当时我父母家离我外婆家也不远，我就在外婆家，我外婆家既有我爱好的东西可以学，而且还可以吃好吃的。

马：您家中兄弟姊妹几人？

王：我家姊妹五个。三个女孩，两个男孩，我是老二。

马：当时刺绣的手艺外婆就教给你吗，还教给谁了？

王：当时我们表姊妹二十多个呢，还有我姨姨的，我的表亲的，但是我外婆就教了我一个，因为我想学，别人看见那个东西嫌麻烦。粘鞋垫或者粘一些那种绣花枕头顶的时候，我的表姐表妹们都跑得远远的，我就帮外婆，别人都跑着玩去了，我就在她跟前不动，就感觉到好神奇，外婆能用一根丝线做出一幅画，甚至比现实生活中的画还漂亮。那时候我采到外面野地里长的那些野花，就把它揪到手里面看，看啊看啊，看哪个地方特别神奇，把它就画上去。所以我现在的绣花图案花朵上那些好看的、柔软的风姿，都是仔细观察以后得来的。我画的东西没有说是特别象形的，我画的牡丹花，有时候还长的是松树的枝子。我外婆就问我为啥画这个，我说我感觉这个枝干好看，我外婆就笑我，说我总有奇怪的想法。我记得我那时候画了个牡丹花，就长了个松树的树干，把松树树干上像鱼鳞一样的东西都画出来，我们一块试着做出来之后很好看，我外婆说这个图案比真牡丹的图案还好看。

马：您从那时候就知道创新呢？

王：我外婆说我，这个娃娃属于那种喜欢大自然的娃娃，跟别的娃娃不一样。我外婆也是手很巧的，她自己也画图样，她画的水波纹和云纹多一点，原因是她一直住在山里面，有一种向往就是像云一样飘、像水一样流。她没见过大海，也没见过黄河，大山里面只有小溪水、山泉水，她就有时候用脸盆接上一盆水，用指头晃盆里的水。我小名叫红红，她说："红红你来看，可能黄河里面的水流的时候就是这个样子。"我们两个就在那边一起画那个水纹。还有雨过天晴的云，一疙瘩一疙瘩的，很灵巧的样子，我们两个把它画下来，去商量着这个云我们怎么样美化，我们有时候还会给云里面画一个小鸟或者蝴蝶，代表着鸟飞的时候，身边都是彩云，绣云的时候有粉红色的云、蓝色的云，甚至绣那种淡绿色的云。

马：那个时候的衣服啊什么的也没有那么多种色彩吧？

王：没有，全靠自己的想象。我记得我外婆他们家前面有个大山，山上好多野花，每到开野花的季节，我外婆背着个背篓，上山采中药材，比如红花啥的。这时候她就把我领上去，我们两个就在山上采药、看花。那个时候也没手机、也没相机，就往脑海里面印，比如说喇叭花小牵牛花的根部是怎么样过色的，而且根部的小的叶子是怎么样长的。我们仔细看，往脑海里面印，回去的时候一次一次地画。也会把花揪回去，用书夹起来阴干了，色彩还不变，画的时候就可以一次一次看。而且我们还做拼图，就把几种花做成拼图，就用一张纸，摆个这个干花、摆个那个干花，这个造型摆好以后，旁边再放一个树叶或者枝干配起来。那时候更没有电脑、照相机，全靠手，全靠脑子记。

马：您童年就一直在外婆家这样，你们两个一起这样探讨花样的问题?

王：是的，有时候我在院子里面玩，忽然之间想画图，就用土疙瘩在地上画，画完之后就喊外婆，我说姥姥你看看这个图是不是很好看?然后商量绣什么颜色，用什么针绣。但是我外婆也很严厉的，她经常接外面的活，比如说秦腔剧团的有些官服补子，她给我说用这个颜色怎么样怎么样，我中途绣的时候根据我自己的想法就改变了，如果变的好她就夸，改变要失败了，她就用木尺子打手。

马：就是说您八岁以后就能接活了是吧?

王：是的。那时候挣的钱我妈就给没收掉了，那个时候农村的房子就是土坯房子、土坯院墙，我就把墙中间掏个洞，在里面夹上几毛钱或者五分钱，我记得五分钱能买四五个柿饼子，我买回来给姐姐、弟弟尝一点，那个时候吃的也比较匮乏，我记得我弟弟当时看我的眼神就崇拜了。我那时候自己就可以买个好吃的，我有钱。

马：当时家里条件怎么样，父母都是当地的农民吗?

王：父母都是当地农民。那个时候我父亲有病，常年卧床，好像是浑身肿，经

⊥　王淑萍刺绣作品《汉凤图》《麒麟送书》(冯小媛摄于2020年11月)

常喝中药，家里重担全在我母亲身上。我记得我们家对面有酸杏子树，我揪了几个杏子跑到山上迎我妈，我妈背的一大背柴火，她停下以后我就拿杏子给她吃，她跟我说：“红红，给妈吃一嘴，妈实在走不动了。”那个记忆太深刻了，我妈吃了一个杏子之后才把柴火背到家里面，背到家里面也没吃的，她就舀了一马勺冷水，喝完之后缓了一下才给我们做饭。

马：家庭条件真是很艰苦。

王：很艰苦，那个时候不光我们一家，家家好像都很艰苦的。我们吃过苦苦菜，里面夹杂的麦麸捏成疙瘩蒸一下，再就是土豆面加上苦苦菜、苜蓿菜拌上吃。

马：家里这样条件，您当时上学了吗？

王：当时我上学了，我上的比较早，其实我在我外婆家的时候就上学了。

马：四岁？

王：那时候四岁多到外婆家，他们一天给我们上的一个小时的课，那个时候就叫预备，不叫学前班，就是村里面的小学预备班，四五岁就可以去了。

马：有点像现在的幼儿园。

王：哎，好像是了，我从四岁上学就在我外婆家上，一天上一个小时的课，剩下的时间就回家绣花。

马：您的学历是？

王：我上到初中。我爸去世了，后来我妈就改嫁了，带着我们姊妹三个（嫁）到我继父家。后来我妈跟我继父又生了两个。

马：您原来是一直在甘肃，后来母亲改嫁到了宁夏吗？

王：母亲改嫁也在甘肃，在另一个县城，靖远县。我继父家前面还有两个姑娘，两个姐姐，因为我大姐常年也是有病，是肺结核，我妈想那个姑娘有病，就全家都供她上高中、上大学，所以就不让我念了。

马：你初中也是在甘肃上的？

王：是在甘肃。我继父跟我说上学费钱得很，我就使劲挣钱。

马：初中以后您就工作了是吧？

王：也不说是工作，就是家里面干农活。挣钱就是我绣东西，过年的时候给人家画窗子，画窗花给人家贴。几个大队的都找我，开始的时候一个窗户是五分钱，到最后涨到五毛钱，到最后的时候一个窗户两块钱，我就能挣个几百块钱。当时我妈缝衣服给我缝的兜兜好大的，就为了装钱。每次把钱交给她的时候，我爸还是不让我上学。去年前年的时候我还问他，我说爸你骗得我好苦，你让我使劲挣钱。我爸跟我说，你要想通的，再组合家庭就是这样。我那个时候就能知道哪个大的、哪个小的窗花往哪贴，我还会画造型，按照别人家窗户尺寸设计的。

马：那时候应该初中毕业？

王：没有初中毕业，就这过程中就十三四岁了，我爸每天都跟我说不让我念书了。

马：您初中以后就帮家里干农活，然后也是平常闲着就刺绣挣些钱？

王：那个时候挣钱单纯的就是为了上学。

马：您当时在外婆家长到几岁？

王：九岁，从四岁到九岁，五六年的时间。

马：这个时期就相当于一个美术的启蒙，刺绣的启蒙。

王：那是（印象）最深刻的一段时间，也是民族文化的美在心里面留下的最初印象，也是对我影响最深的一段时间。

马：您外婆是甘肃的吗？她怎么那么会刺绣呢？

王：我外婆的妈妈以前是从皇宫里面逃出来的，她是给皇帝、妃子绣衣服的绣娘。

马：您现在来看您外婆的刺绣是不是也有宫廷刺绣的风格和特色？

王：有呢，她喜欢画麒麟、龙、凤图案，都是皇家的东西。后来就是做秦腔戏服，皇上衣服、朝服的补子，她做皇上的戏服很快。

马：她们留下了当时的这些绣片没有？

王：我外婆的有几片，我太祖母的都没有了。

马：当时这个村里面或者当地会刺绣的多吗？

王：不多，甘肃当地很少。村里面也有些跟她学，但刺绣这个东西要有灵性的，不是你学着会绣就行，要有创作。以前就说你自己要会挖呢，你要挖不出来你自己的图案也是白绣，刺绣剪纸那是从内心发出的这种图案。没有确定的图稿，也没有规制性的那种东西，就这么随手画出来，这次和那次可能都不一样，而且绣的每一次的色彩搭配都是不一样的。就按我外婆说的话，就是要会挖出来你心里面的东西，你要绣出心花，你心里面的花都没开，你怎么能绣出来。现在有些绣娘她绣的就是图片喷上去的图案，完了底下还有配色，照着那个样子绣，说白了就是市场化了，这种绣出来，你可以欣赏，但是真正内在含义我个人认为和非遗还有差异（差距）。非遗是什么，我觉得就是这个传承人血管里流淌着的对事物的看法和感受，而不是照这个样子做一样的东西。你假如说我是传承人，我会照着何老师的油画把他画的娃娃打印到上面，照着绣出来，那只是现代仿品，用刺绣来做仿品，也不算费事了。我个人认为是这样的，不知道你们理解是怎么样的，所以我绣的一些东西可能跟别人不一样。我的好多作品就是我自己原创的画，比如我有一个龙凤图，还有凤求凰盘金绣，当时是我听过凤求凰的故事，还有就是有一个谚语叫“栽下梧桐树，引得凤凰来”，我就绣了金凤银凰图，梧桐树我没见过，我从书本上看过它是圆形的叶子，所以我把梧桐树全绣了些圆形的叶子，它会发出光。我没学过一天美术，我也没有上过传承人高院的培训。曾经有一个西安的画家问我说你这是从哪学的？我说我自己画的，我没学过。他说我是搞美术的搞了多少年，但是你的图案我画不出来。传承的图案它是一个平面的图案构思，把所有的东西画到里面以后，出来是立体的感觉。

马：您觉得对传承人进行专业的美术培训利弊在哪儿？

王：我觉得传承人经过专业美术培训后，他会把自己的思想意识异形化，就会

王淑萍刺绣作品《白蝶采福图》
（冯小娥摄于2020年11月）

追求现代感的美感，（但是实际上他对）现代美术的那种印象还是不好（深）的。每个人不同的故事经历和想法，他能表现在作品上，同样是一个花，但是每个人做出来不一样，他画出来也不一样。其实每一个艺术家，他都是用他自己的方式方法表达自己的感觉。我以前做东西的时候也是这种，给姑娘做嫁妆的时候，我首先说我要见见她，看看她性格，我就知道她爱好怎么样，我就能把她的枕头顶子、苫被单子绣个她喜欢的图案。她向往的什么，我给她画什么，所以我那个时候就挺受周围那些人喜欢。

马：这个模式用现在流行的话叫定制的，私人定制了。以前一般好像做这种嫁妆都是年纪大一点的，就像您外婆这种级别的是不是？

王：但是我就是一个最小的，没结婚的一个小姑娘。而且十几岁，头发那个时候又自来卷乱七八糟的，每次吃席的时候又爱吃肉，别人问主家就说嫁妆都是外面那个啃骨头的小丫头做的。

马：那时大概多大岁数？

土：十二岁多。

马：那时候已经离开外婆了是吧，就是基本咱们现在说的出师了是吧？

王：出师了，我基本八岁的时候就出师了。那时候几乎就是做啥东西都不问我外婆了，感觉画得很好，好有成就感的。那个时候我心里有个感觉，离开外婆了，我自由了，我画东西绣东西不用她管着了。

马：您初中以后就工作了吗？

王：初中以后结婚了，十七岁就结婚了。

马：您妈妈是改嫁到甘肃，您是怎么来到这儿的呢？

王：十七岁结婚了，二十七岁离婚了，我就去白银打工，后来开了小餐厅，之后盘了个农药店。每次进农药都从宁夏进，我就想什么时候去宁夏一趟。来了宁夏一趟，宁夏农科院经销部招经营人员，我就去应聘了。后来我在北环批发市场附近盘了个农药店。

马：这期间您就是一个人带着女儿，也没有再婚，一直在创业、在挣钱，还刺绣吗？

王：晚上的时候（绣），白天在店里顾客都好奇怪地说，这个女的一天啥时候进去手里面拿个花在绣，好像是接的人家的订单，一双鞋垫是八块钱，苫被单子是三十元。

马：那时候还有不断的订单，您都改行了，咋还能有人找你绣呢？

王：改行了，走到哪儿你就爱绣那个东西，人家会看，就知道了，以后他们要嫁丫头就找你。

马：您在银川开农药店开了多少年？怎么到的盐池县？

王：2002年的时候来的盐池。那些年东跑西颠地把户口丢了，（从老家出来）也没转，没管这个。2000年的时候人口普查，查不到我是从哪儿来的，我这就着急了，回去找娘家也找不到，原来那家人也把我户口给销了。我就没户口成黑户了，包括我姑娘也是这样。我的店员张彩华帮我在盐池县落了户口，为了孩子上学。那时候卖农药也不挣钱，天天赔钱，也就不干了。到盐池那个时候手里面还有个两三万块钱，就租了个小房子，一天跑到工地上干活。

马：那个时候还没想着把刺绣当成主业去干？

王：不知道刺绣是什么，就知道绣花是自己的爱好，喜欢做。

马：您在工地干什么呢？

王：搬砖、和水泥啥的。

马：那属于苦力活了，您好能干啊。

王：能干，我穿一身旧的运动服，包个头巾去干，比哪个女的都干得欢，而且那时候年轻有劲，干一天二十一块钱。

马：那时候是多大？

王：三十五六岁。早上七点到十一点，中午回来给娃娃做饭，中午一点就上工了，到晚上七点回来。我女儿那时候会自己蒸米饭、拌黄瓜，我回来以后炒点白菜。晚上我去烧烤店给串羊肉串，串上一个多小时羊肉串，一个月人家给三百八十块钱，完了又去县政府广场有个卖炒田螺小龙虾尾的，我给炒那些东西，炒到晚上一点回家。但是不累，回去以后我还绣东西。我女儿还在里面写作业，我女儿太乖了，自己写作业，还给我洗碗，把家里收拾得干干净净的。我说你睡觉我给咱们再绣一些活，绣到半夜三点多，第二天还得早早上工。

马：那个时候为什么回去那么累了不睡还要再绣花？

王：想挣钱，而且还是爱好。一个鞋垫绣出来这就是八块钱。再就是绣的过程中那种高兴，好像你睡觉休息一样。因为绣花的过程中，每一针下去以后感觉太美了。

马：您女儿一直跟着您在一起，她有没有对这个感兴趣呢？

王：女儿现在绣得也好呢，一个是有天赋，再一个耳濡目染，天天看，天天跟着。她考到北京交通大学，在学校有一次手工课，她绣的小东西让老师大吃一惊，第二年去学校的时候带了我的一幅剪纸和绣的一个小包包，他们老师当宝贝呢。

马：您小的时候也没刻意教给她？

王：没有，我绣的时候她上学了，我也没想教她，因为我知道干这一行真不容

⊥ 王淑萍刺绣作品《黄河母亲》（冯小媛摄于2020年11月）

易，没想过让她学。但是她就是趴在那边看，有时候她就像我小的时候一样，我把鞋垫放那边了，她就想绣两针。

马：您2002年到盐池一直在工地打工，大概维持了多长时间？

王：到2006年的时候，我们盐池县民协刘国君主席听说我会绣花他就找到我，他说盐池（周年）大庆，展览需要剪纸和刺绣，你能把你这些东西拿出来展览吗？我就想，让人看那是多好的事，没想过钱不钱的事。从那以后他给我讲了什么是非物质文化遗产，是我非遗的启蒙老师。2007年我就认识了何武东（文化馆非遗专干），他已经开始干非遗工作。那个时候我脑海里就有装饰画的这种概念，因为这些东西太好看了，我认为把绣品踩在脚底下有点奢侈，挂在墙上让人看是最好的，太美了。后来有一次在银川玉皇阁搞展览的时候，我就抱一堆东西去，一天吃两个馒头，喝两瓶矿泉水，就这样生活，但是我坚持把那五天的展览搞下来了，还卖了好几幅作品，卖的价格还可以，把我高兴坏了。2008年初，银川文化城招商户，我贷了两万块钱要了个小店面。2010年的时候我申报成了自治区级非遗传承人，当时靳馆长（自治区原文化馆馆长）看了我的刺绣之后说我的绣法跟别人不一样，我说这是我自己的绣法。以前老人就说挑起来织着绣上，那个绣法绣到衣服上，机洗手洗百洗都不变形。那个针法也就是盐池织绣，总体来说一针有四五个布局，把它绣得紧贴到布面上。

马：您这个绣法是跟外婆学的还是在盐池当地学的？

王：我外婆以前给我教过一点，但是记忆不强，我记得她给我讲过，说以前在皇宫里锦缎类的这些厚一点的衣服就要用这个绣法。这样绣的话可以洗水，不变形不掉色不起线。江南的绣种是用细丝绣的，一水洗花就乱了，所以这个绣法在咱们北方比较流行，绣的东西比较实用一点，这是当时她给我讲的。后来我到盐池，到麻黄山和各个乡去看了之后，他们也有这个绣法，叫挑针绣，也叫缠针绣。但是在盐池的农村，没有人把它深究，针法一样但针脚的长短和绕线的过程减少了，成品还是松。后来我就用了三年的时间慢慢研究，怎么样挑上，怎么样下去，用怎么个长短第二针能搭在上面，才能形成像织上去一样的效果。当时就叫盐池织绣。

马：盐池当地的人像这种绣法它主要用在什么地方？

王：用在农村当地苫被单子、自己喜欢的衣服上，还有门帘上，主要是实用性用品。

马：这种针法它有没有什么局限性，比方只能在什么材质上绣？

王：没有局限性，什么样的花样也行，而且怎么样的面料上面都能绣。这些年，我把它有些针法细化了一下，比如桑蚕丝的布料用什么样的织法，在棉麻的布上用怎么样的织法使它跟布料能结合。现在我培训的时候也会给他们教，这种针法在不同的面料上应该怎么样绣，我都把它做成了教材。

马：除了织绣，您还会哪些绣法？

王：我把织绣细化了之后，做成自己独立的针法，还有以前延续下来的平针绣、飘丝绣、裹针绣、锁绣，还有点绣。点绣是我现在想研发的，它是在花上面绣花。

马：是先绣好一层，在上面再绣一层吗？

王：先绣成一幅画，比如说在叶子上面或者花瓣上面再绣图案，比较复杂比较费事，这个当时我外婆绣鞋的时候，鞋前面有一个莲花，她想着莲花太单调了，看不出来层次，她用一色先绣出莲花来，再在上面用蜡针绣上东西。比如说绣一个荷花的花瓣或叶子，它在花瓣尖上再绣平行四边形，代表着花尖；叶子上绣上水波纹，代表着叶子像水一样往下开，这就慢慢独树一帜做成了点绣了。

马：您刚才说2008年以后就注册公司了是吗？

王：2008年在文化城开了个小店，没有注册公司，因为文化城是集体注册，当时是免费三年房租给我们的。2008年我就开始讲课了，在金羚羊公司，是一个培训机构，培训手工课，请我去给群众包括银南银北那些失地农民讲课培训，一个班五十人到一百人，我讲课一天挣三百块钱。

马：那个时候完全靠您自己培养女儿？

王：那时女儿在六盘山中学上学，我就在银川一个西餐厅洗碗，一个月七百块钱工资。中午两点我就下班了，我就去文化城开门，下午六点再去洗碗到晚上九点半下班。我店也能开，打工也能打，只有这样才能把女儿培养起来。后来我就不洗碗了，给人家讲课当老师了。2009年的时候，我们盐池的三清阁没人看管，文化局局长他们想到我，就把这个地方给我，我就搬进去了。正好女儿也考到北京去了，我就搬回盐池了。我觉得这就是好事，也不用租房子了，电费我都不用掏，那么大的房子可以挂我绣的东西，绣一幅挂一幅，管他有没有人买，哈哈哈。

马：您这样乐观的性格真是太好了，从小就是这样的性格吗？

王：就是从小就这样，要不是这样的性格，我感觉我活不到现在。

马：这么好的性格，福气就在后面等您呢。

王：嗯，现在活得安稳，退休了，退休金不高，一千多，但是够我吃了，再加上喜欢的这些刺绣，生活不愁。我们盐池县文化局确实对我们扶持大，第一房子不要钱，第二电费不要钱，第三我那几个员工还是人家分下来的下岗再就业人员，也不用我多加工资。我就能安下心做刺绣。最近好多想法，人家有时间玩，但是我感觉到我自己没时间，自己把时间安排得满满的。想做盐池织绣的服饰，我想把这个做成一系列织绣品牌的服饰。还有织绣品牌的有些小东西，就是茶垫、茶席这些类型的，反正这种想法很多。

马：您现在应该是属于技艺最娴熟、最顶峰的时期，您现在能不能总结一下您的刺绣风格。

王：我个人认为自治区级刺绣非遗传承人典型的，一个是石梅老师，她专攻服饰点缀盘扣的刺绣，还有于包包老师，她是掇绣图案，就是民间的最原始的图案。我的风格就是纯粹的传统记忆的风格，就是看见每个东西想到他的灵魂。比如说我要是画黄河绣黄河的话，我会把它绣作石头缝里面流出来的山泉，慢慢地分支汇成一片，不像别人画的黄河是哗的一片大水。我喜欢画的图，就是自己的思想怎么样存在于这个画面之中。

马：您觉得刺绣最主要的核心是什么？

王：刺绣最核心的东西是你在绣什么，你在做什么？把人的想法和你的技艺结合在一起。不是你把别人的这幅画绣出来，那叫仿品。仿制跟你的原创不一样，一个元代的青花瓷瓶子，一个现代的青花瓷瓶，也许现代青花瓷更精美，但是他的思想完全不一致。为啥我说于包包我特别佩服她，她做的是自己的东西，虽然很简单，但每个图案都是自己的。曾经有刺绣同行说于包包，你应该绣成这样、绣成那样，于包包光是笑，原因是啥？因为她脑海里面有她自己的图案，她印象中这个花应该是那样的艳丽，然后叶子就应该那么翠绿，你觉得她很土，但是她觉得就应该是这样，这样是最美的。我永远记得要做自己的东西，你把苏州的猫拿来绣，你永远也比不过人家苏州绣的猫。非遗传承是活体传承，传承的是你的记忆和技艺，主要是你的思想和品质。

马：您也在不断地把您的技艺传授给徒弟们，是吧？

王：这几年徒弟好多的，盐池县有五千多人都跟我学过刺绣。最开始是就业局培训，我给他们讲课，到后来转成技校培训，最后就是现在的扶贫培训。

王淑萍刺绣作品《凤求凰》
（冯小媛摄于2020年11月）

给学员上课，我讲的时候把品质道德加到里面，我说你们在学刺绣的时候，比如说婆媳关系不好，婆婆也学了，媳妇也学了，在绣花花的过程中，你会跟婆婆请教这个怎么配色，婆婆会因为你的请教很高兴，调和家庭关系。

马：这些年您带了大概有多少个班，多少人?

王：从2008年开始到现在有一百多个班了，五千多人，剪纸也教，技艺也教。当时不像现在讲课电脑制图，图都是我趴在那儿自己画的。学员太可爱了，我画图有给我喂棒棒糖的，有给我倒水的，累了给我揉胳膊揉肩膀的，她能感觉出来你是真心真意教的，所以会给你回报她的真心。我讲完课好多媳妇会给我送油香，家里晒的枣子、黄花菜、萝卜干。非遗传承人在给徒弟、学生讲课的时候，要把你的品质也传承下去，不光是技艺还有精神的传承。

马：谢谢您王老师，今天和您聊天，让我也学到了不少，了解了您的刺绣艺术，更佩服您的乐观积极的精神状态，向您学习。

民间器乐口弦代表性传承人

丁生林

丁生林，1968年6月出生，小学文化程度，宁夏吴忠市同心县人。2010年被认定为自治区级非物质文化遗产项目（民间器乐）代表性传承人。

综 述

丁生林出生于宁夏吴忠市同心县一个普通的农民家庭。他的太爷爷是制作口弦的工匠，丁生林小时候时常能看到爷爷和父亲的口弦演奏，因而对口弦独特的音色产生了极大的兴趣。

二十岁时凭借着简单的工具和一颗热爱口弦的心，丁生林开启了他的口弦探索之路。他拿着太爷爷留下的一把口弦作为样子，开始尝试制作口弦。探索之路总是漫长而艰辛的，起初丁生林做的口弦发不出声音，他根据父亲的描述尝试着用很多种类的丝做弦（舌簧），直到两年后才成功制作出了音色纯正的铁质口弦。

丁生林对于制作口弦的热爱，近乎到了痴迷的状态。他以前是以做被套为生的，他因为痴迷口弦影响了生意，也导致了婚姻生活的破裂。丁生林说："我爱好这个东西，就爱好到我的心里面、骨子里边。"他最高兴的时候是有人收购他做的口弦，他觉得这代表了对他制作的口弦的认可。丁生林制作口弦的过程很艰辛，得不到家人的理解与支持，还经常烧烂裤子、砸破手，指甲盖在打制过程中不知道脱落了多少次，但他爱好这个东西，疼不疼的不管了。后来他更是不小心伤了食指，导致手不能弯曲，虽然他现在不能做出成品的口弦了，但他还是坚持做，他说能做到什么程度就做到什么程度，等他手好了他还要继续打制他的口弦。

不同于宁夏其他传承人制作的竹口弦，丁生林擅长铁口弦的制作。铁口弦的制作在舌簧的打制上非常讲究，丁生林经过多年的探索，打造出的铁质口弦结实耐用、音色清亮。丁生林虽然没有系统的音乐知识，但音乐天赋极高，随感而发的弹奏节奏鲜明、曲调抑扬，感人至深，具有自己特殊的风格。

丁生林制作的口弦不仅在本地区销售，而且在北京、成都、拉萨等地也有市场。2006年丁生林应邀参加在四川成都举办的国际文化产业交流会，他制作的铁口弦得到了国际友人的青睐。

访　谈

被访谈者：丁生林（自治区级非物质文化遗产代表性传承人）

访 谈 者：吴亚娟

访谈时间：2021年3月16日

访谈地点：同心县非遗展览馆

吴：丁老师您好，我是自治区非遗中心的吴亚娟。今天过来是做自治区级非物质文化遗产代表性传承人的口述史访谈的，首先请您介绍一下个人情况，出生年月、出生地、文化程度等。

丁：我是农民，1968年6月出生。小学文化程度。

吴：小学上了几年？

丁：上到了二年级。

吴：您是哪一年被评为自治区级传承人的？

丁：我好像是2010年。

吴：您出生时候家里情况咋样？老家在哪儿？

丁：家在同心县河草沟。

吴：父母也是农民？

丁：农民。

吴：家里几个兄弟姐妹？

丁：家里是姊妹七个，五个儿子、两个女儿。

吴：您是？

丁：我是最小的儿子，后面两个妹妹。

吴：您出生的时候家境怎么样？

丁：家境一般，农民嘛。

吴：您现在有几个孩子？

丁：我现在有四个孩子。

吴：男孩女孩？

丁：两个男的，两个女的。

吴：好福气啊。您是啥时候开始学习口弦呢？

丁：我是从2003年开始学的。

吴：怎么对口弦感兴趣的？是从小知道一点？

丁：小时候我爹就经常弹口弦。我太爷爷就开始打制口弦了，到我爷爷都会制作口弦。

吴：您的爷爷、父亲闲了都会弹一弹口弦？

丁：对，弹一弹，这给我留下印象。我小时候就喜欢那个东西。从2003年开始正式学。

吴：正式拜师了吗？

丁：没有，我自己摸索，自己琢磨先做了一把口弦，也不知道做了多少，做了好多。

吴：那您现在是既会做口弦，也会弹。

丁：会弹一点。主要是制作。

吴：第一把口弦是啥时候做的？

丁：第一把口弦也就是在2004年、2005年的时候做的。

吴：您能描述一下做口弦的过程以及材质吗？

丁：（我）模仿着老口弦的样子，脑子里反复琢磨，在纸上画了又画，画了很多次，然后找各种材料做口弦的丝，但最终没有成功。

吴：先把它画出来啊，用竹子还是木头做的？

丁：铁，用铁丝。

吴：找的铁丝，口弦不是一般是竹子的吗？

丁：我做的是铁制的口弦。

吴：身子也是铁？

丁：身子也是铁的，弦也是铁的，口弦中间的弦是钢的，周边它都是铁的。

吴：您是2003年，三十五岁了才感兴趣开始做？

丁：嗯，那时开始感兴趣做了。

吴：成功是到2004年了？

丁：做成功大概是到2005年了。开始没做成功，发不出响声。听我爹给我描述说，那个时候好像都拿辐条做的丝，摩托车辐条，我们平常农民家里用的架子车的辐条。

吴：您父亲会做吗？

丁：父亲不会做，他见过爷爷那时候敲敲打打地做。

吴：您开始没做成功，然后呢？

丁：然后就拿那个辐条开始试验，那时候很多次失败的尝试，做了好几堆废的东西，最后2005年成功了。做成功了特别开心，开心到连饭都没心吃了。只要口不干、肚不饿就想不起来吃饭。

吴：做成功那一把花了多长时间？

丁：那一把可能是做了五天。

吴：做成功就开始弹奏了吗？会弹吗？

丁：那个时候直接不会弹，弹不出来声音，也不会控制声音，声音怎么发的也不知道。现在我比原来那时候好些。

吴：最开始是自学成才，后来拜师了没？

丁：后来也没有拜师。

吴：到现在也没有？

丁：没有。

吴：弹口弦是从哪儿学的？

丁：学会弹口弦也是模仿别人的。

吴：也都是自学成才，当时家里面有一定的家族传承。

丁：是我父亲有时弹，我在跟前听一点。

吴：父亲不会做，但是会弹是吧？

丁：会弹声音。

吴：您会弹曲子吗？

丁：不会弹曲子。

吴：但是做得挺好的。

丁：会做。

吴：您觉得在做口弦这一路上，父母、配偶、子女对您支持吗？

丁：我媳妇支持我做，这是很大的动力。那个时候我是以做被套、网棉花维持生活。

⊥ 丁生林演奏口弦（本人供图）

吴：有自己的主业谋生。

丁：嗯，我媳妇挺支持我的，这给了我精神动力。

吴：有精神动力了。

丁：但是最终还是跟媳妇分开了，家也就散了。

吴：跟口弦有关系吗?

丁：跟口弦有关系，有特大的关系。

吴：就是您太沉迷了是吧?

丁：一句话就是，搁这么好的生意钱不挣，你弄的那个也弄不来几毛钱。

吴：有点不务正业了。

丁：这是个给别人搭钱都没人干的活计，特别是我做这个东西的时候，谁要是一打搅，或者家里一旦来客人，我今天本来能下一个料、三个料的，能做三个的，能做几把的，那一把都做不成功了，做出来都是废的。必须我自己安静下来，因为做那个东西，是一点点弦都不能错，一错音乐就出不来了。所以媳妇开始是支持的，后来没有经济收入了，媳妇就不赞成。

吴：都要生活嘛。

丁：说你弄的那是天方夜谭的事情，是能养家还是能干啥？也没有谁资助你、鼓励你、援助你的，你搞这个啥意义都没有的。刚开始的时候，我还给媳妇子扯谎，我说肯定有好处，啥好处？上面的工作人员，一个月、三个月、一个季度还给我两个钱。其实给了吗？没有，一年都没有给，三年五年都没给。但是从2008年开始给补助了。

吴：对，那会儿还没有那个补助金。

丁：在领到补助金之前，我和我媳妇已经离了，给了我很大的打击。当时我已有两个孩子，一个儿子，一个女子。准备给我的儿子、女子把这个东西传承下去，失传的话太可惜了。那时候我朝思暮想的，认识的、不认识的人跟前都去寻找，我想召集几个人把我这个东西积攒下来，让它留存下去，我害怕这个东西以后没人做了，可惜。

吴：怕失传了。

丁：哎，不认识的人直接不想学，认识的人也勉勉强强的。我都是指着儿子、女子、媳妇到我这来说一说，笑一笑，鼓个精神，他们有时候还来陪着我，来看一阵子我咋做的，做完之后我咋弹的。还陪着我弄，看一阵子。除了这一方面，没有一点（精神支柱）。后来儿子不看，女子也不看，一句话直接不学。

吴：就不太感兴趣。

丁：直接不感兴趣。我在烧制口弦的时候用插电吹鼓风机，时间长了女子都厌烦了，给我不帮忙。说你不知道搞的啥，你看裤子也烧了，手都砸烂了，这个那个的。

吴：过程挺艰辛的。

丁：说你弄这个，给你啥好处没有？我说有好处，我给儿子扯谎，说一个月给我个一千块钱。儿子这时候说："你这还差不多，我还以为没给钱，爸爸这么大的精神做着。"那时候娃娃小着呢，他就想着没好处的，你这么成天做着还跟我妈一天干仗着。

吴：确实挺艰辛的。在做的过程中有没有让您感觉到特别高兴或者有喜悦的事情？

丁：我高兴、开心的时候是我这个东西是有人收了，有人买了。

吴：有人买了就是有人认可您了。

丁：这是我开心的时候了。

吴：这个不光是钱的问题，就觉得有一种满足感！

丁：我成功了，得到大家认可了，我是这么认为的。我做的这个口弦有人爱好了，我是这种的感觉。并不是说今天我这个卖了多少钱，不是这么个意思，不是说填补家里面的生活。

吴：被认可的自豪感。

丁：就是成就感。我做的口弦有了音乐感，从那个时候起，有西藏的、新疆的，还有银川的人（来找我）。

吴：都有这些地区的顾客？

丁：有顾客。

吴：他们从哪儿知道您做这个？

丁：他们好像电视上见过我。

吴：电视上，您参加过电视节目？

丁：我参加过电视（节目），是在成都。

吴：成都非遗节吗？

丁：我忘了，不知道，那时候我的客户就是这样说的。

吴：成都是咋知道您的？评为传承人之后知道的是吧？

丁：好像。在成都做过一个节目。节目叫啥名字这个记不得了。

吴：这是啥时候的事情？

丁：这是2006年、2007年的时候。

吴：您觉得从开始做口弦到现在有什么进步？有没有创新、革新？

丁：原来做得比较大一点、笨一点，现在是比原来做的巧妙了一点。

吴：音准都会调吗？

丁：音准主要在音节上调整，如果是中间的弦一旦放错的话，音就发不出来了，主要就在正音节上，在中间的齿上。

吴：宁夏制作口弦的也有几个人，您觉得跟他们不同的地方在哪儿？您的特点是啥？

丁：不同之处主要是，他们做出来的口弦弹起来声音闷闷的。我做的口弦弹起来声音响亮。

吴：响亮，清脆是吧？

丁：嗯，清脆。我后来又组建了家庭，妻子也没听说过我会制作口弦，也没有见过我做口弦。当她第一次见到我时，恰巧中央电视台到我们家来采访。也是她看到我第一次弹，当时她就哭了。我问："你咋了？"她说："我也说不上的那一种感觉，我也从来没听过这种音乐，好像是我把个啥东西丢了似的。”

吴：您当时弹的是啥曲子?

丁：我也没有弹什么曲子，我就平常随便弹的。

吴：随感而发，根据感情自己弹的是吧? 没有弹成型的曲子是吧?

丁：嗯，没有对号入座的曲子。

吴：不是弹成型的曲子，就是随感而发弹的，那就是产生音乐上的共鸣了，感情共鸣了，然后感动得都哭了。

丁：嗯。

吴：那可见您音乐天赋也很高呀。

丁：我一直喜爱音乐，主要是我年轻的时候也爱唱歌。

吴：懂曲子吗?

丁：曲子我不懂。

吴：五线谱懂吗?

丁：不懂。

吴：简谱也不懂?

丁：不懂。

吴：但是天生就会弹，还能弹到把人感动到哭，您这就是天赋。您最好的作品是什么?

丁：原来一天能做五把、四把。现在最多一天做两把，多做出来的音就不准。

吴：您觉得每个作品都很好，都是精品。

丁：嗯。每一把都是一样的，都是呕心沥血做出来的。

吴：您做口弦的过程能详细描述一下吗? 从最开始怎么找铁描述一下。

丁：我刚才跟您说的用辐条做，（辐条）卸下来之后必须得要经过火，拿锤子锤。打铁那样锤，打成四棱子，下好料，七十个、八十个、五十个、三十个不论，下好之后打，打完之后这铁就冰了，凉了。

丄 丁生林制作口弦的工具（吴亚娟摄于2021年3月）

吴：四十个五十个那是啥？

丁：辐条。

吴：一起下四五十个辐条，打成四棱子是吧？

丁：打成四个棱子，所以不一定是五十个，也不一定三十个。冷了之后，搁火上再温一下子，再经过硝，硝是制作熟牛皮、羊皮用的。如果不用硝水就泡不出来它的钢声，这是我根据我父亲的记忆找到的方法。硝泡，泡个一天左右，就是今天下午我打了，泡到明天早晨也行，明天中午我就开始用这个东西。泡一天之后我就开始用，中间的弦不泡，中间弦是火一过就行，火一过一打搓了就行。

吴：口弦的主体是泡的，然后中间弦是不泡的，是吧？

丁：嗯，不泡的。

吴：您怎么调音呢？

丁：调音是在弦上调音的。

吴：您觉得最关键的是啥？

丁：最关键的就是中间那个弦。

吴：丁老师，您现在有徒弟吗？

丁：没徒弟，没人干这个，没人学。

吴：有没有口弦项目的县级传承人？

丁：没有。

吴：您有没有想着发展一下自己的孩子，或者周边的亲属？

丁：刚才就说过，我的一切指望是那两个孩子，结果没有指望上，现在就指望后面这两个孩子，我小女儿好像有这个爱好。

吴：这个孩子现在多大了？

丁：现在九岁。

吴：您现在慢慢让她接受这方面的熏陶了。

丁：她现在还挺爱好的。

吴：那真是好事情。您现在主业是什么？

丁：经济上也没有什么来源，还是农民，然后种点地。

吴：棉花、被套那些再没做？

丁：再没做那个生意，现在除了种地，主要就是做口弦。

吴：做口弦，现在还算是主业之一吗？

丁：现在我生活来源主要是务农，还有看病，现在口弦也有一定的补助了。2011年、2012年西藏、新疆、银川有人来收购我的口弦，那时候是口弦兴旺的时候。

吴：现在收购的人越来越少了？

丁：2013、2014年的时候就冷淡起来了。

吴：到现在一年能卖几把呢？

丁：这两三年一把都没卖出去。

吴：近三年一把都没出，以前的一把卖多少钱？

丁：以前那一把是八十元，批发价。有时候也不一定，那也就是一百元、一百多元的。

吴：总卖出去多少把？

丁：卖出去有上万把。

吴：您觉得最好的传承方式是什么？

丁：这个我也没想过，但是我刚才也说了，我一切希望都寄托在小女儿身上。

吴：也没有外面的人来找您学习的？

丁：没有。

吴：现在销不出去的原因，是不是现在知道您的人比较少？

丁：知道我的估计少。

吴：主要是现在知道您的人太少了，自治区办的活动您也要积极参加，多认识外面的人。被评为非遗代表性传承人之后，您觉得对项目有什么影响？有什么变化没？

丁：对于做制作口弦来说，我比原来更用心了。要负责，做一把一定要做像样的一把，是这种想法。

吴：有没有受到过政府的资助？

丁：2008、2009年开始资助的。开始是一千元，现在是五千元补助。资助不资助，这是我的爱好。一种情怀，一种爱好，不受资助的影响。

吴：您参加过的展览活动多吗？

丁：活动不多，就是成都的活动参加了。我还是希望参与参与，见识见识，多参加各种展览会。

吴：多参与活动也是一个学习的机会，也是一个宣传自己的机会。活动呀，培训班呀等等多参加。

丁：好多消息不知道嘛。

吴：您关注一下自治区文化馆、同心县文化馆的公众账号，有什么消息会发通知的。

丁：文化馆的贺馆长有啥事跟我说我就知道，不说我不知道。

吴：对。反正别人通知您是一方面，自己要积极寻找这种机会，多参加活动。做口弦的过程中，有什么难忘的事吗？

丁：我爱好这个东西，就爱好到我的心里面、骨子里边，就那么爱好。国家补助经费对我制作口弦没有任何的影响。不是说你今天给我补助了，我要怎么做，不补助怎么做。国家对我重视了，也就是补助了，那一天开始我就更重视了。所以我说是跟早前不一样了，做一把就要是一把，一定要做到位，这种的心态思想跟以前不一样了。

吴：您现在觉得最可惜的、最遗憾的是什么？

丁：没有培养出传承人，没人愿意接我这个东西。

吴：以后打算培养女儿传承吗？

丁：我女儿爱好这个。

吴：您不要光寄托在女儿身上，有什么感兴趣的人，您多找几个人，多找几个徒弟。桃李满天下也挺好的，您不要想着等女儿长大了，等女儿长大了万一不感兴趣呢？挖掘一下徒弟。您现在会弹曲子，还是只是这种随感而发？

丁：随感而发的，并不是我弹的曲子。

吴：您觉得能上舞台表演吗？

丁：只要有人给我指导的话，我感觉我能行，我不是那么太笨拙的人。

吴：缺少一个专业的音乐类的老师指导。

丁：能给我指导，我希望有这样的老师。

吴：制作已经很拿手，就是缺少专门的音乐学院老师给您指导。您和同心县文化馆联系一下，提提意见。像同心县文化馆懂音乐的人也很多，看他们有没有可能帮助您。可以先从识谱开始，从基础开始。

丁：我是没文化的人，可能在咱们同心县教口弦的音乐老师没有。

吴：要有基础的音乐素养，就像咱们学字，咱们学字不是拿着一本书开始学的是吧？是要从 a、o、e 开始学的，所以学音乐也从基础学，从识谱开始学，1、2、3、4这样开始学，您说是不是？音乐基础学好就可以按照谱子弹口弦了。

丁：我心里面想要是遇到这样子的老师多好。

吴：要自己积极主动，跟贺馆长也可以沟通一下。

丁：没有沟通过，也还没有想过。

吴：您就想着这么好的口弦做出来了，也要找个机会能用到这个口弦把它弹出来，您说是不？所以说还是任重道远，已经爱到骨子里了，然后拿着自己做的口弦演奏是多么棒的一件事情，是不是？

丁：你说到我的心坎里了。我爱好这个东西。老师，你看这个指甲盖打的，脱了多少次。

吴：疼吗？

丁：疼不疼的都不管了。

吴：就沉迷到制作里面，沉迷到口弦里面去了。

丁：去年的时候，这个指甲打折了，伤了食指，但我还对这个东西喜爱渴望得很。到现在这两年了，我做口弦还是有影响，但是闲了的时候，能打条子就打条子，能打模子打模子。我这样说的意思是我的信心还没有丧失。我自己做出来的（口弦），弹起来是多么好的一件事情，你刚才说到我的心坎里面了。

吴：您评为传承人之后获得过什么荣誉没？

丁：我获得过好像是两个本子，在家里。有自治区的，有同心县的证书。

吴：做了这么多年口弦，有什么人生感悟？给您带来了什么影响？

丁：有恒心做一件事情，就一定能把它做好。信心是越来越大了，无论是我做什么事情，比原来是认真了。做事要认真，我跟我娃娃说。在生活当中做一些活，家里的一些事，跟原来不一样。特别是我刚才跟你说，我手打了，我还不想让手闲下来。这个手，能做到什么程度算什么程度。

吴：您现在成品做的很少了是吧？

丁：这一两年没有成品出来，我这手已经弯不过来了。

吴：您当时去医院接了没？

丁：接了，去武警医院都接不了，后面是想做也做不了。

吴：您现在怎么办？现在手指都握不过来了。

丁：之后慢慢会好一点。

吴：那也是很可惜的，您现在手里有多少把口弦？

丁：现在打成功的有几百把。

吴：然后祖传的有一把是吧？爷爷传下来的？

丁：爷爷传下来的是有一把，那是在我父亲手里。

吴：还在父亲手里吗？

丁：嗯，那个口弦大。

吴：您有照片没？

丁：没有照片，那口弦弹不成了，时间长了，他不注意保护，这个东西是吃了蒜、吃了葱就不能弹。

吴：为啥？

丁：他就腐蚀了。久而久之，就跟那个砖一样，时间长了房子的根基腐化了。

吴：刺激性的食物有腐蚀性是吧？

丁：嗯，有腐蚀性。

吴：还有这种讲究？

丁：不是讲究，是特别的（要注意）。

吴：还有别的什么要注意的事情没？

丁：弹口弦的时候把口要漱了。假如是想弹口弦那你就不要吃葱蒜了，也不要吃醋了。吃了的话，就伤害它，主要伤害的是中间的舌头（舌簧），中间这个舌头就折了。

吴：您和安宇歌老师，还有海原九彩乡何生兰做口弦的区别在哪儿？

丁：人家是做竹子的，我是做铁的。

吴：他们口弦身子是竹子，弦还是铁。您跟她们有过交流没？

丁：我们见过一次面。对于我来说，竹子的要比铁的难度大。

吴：因为您是做惯铁的了。您跟她们就见过一次面，但没交流过？

丁：嗯。

吴：太可惜了，你们算是同行应该多交流的。您今后还有什么打算？

丁：我的手好了，我还是继续做我的口弦，就是我的演奏基本功不扎实，直接没有基本功，这一方面我会加强。还有就是和我的同行多交流，看看人家有什么窍门。

吴：好，今天的采访就到这儿，谢谢您。

舞龙代表性传承人

朱兴龙

朱兴龙，1936年出生，宁夏吴忠市人。2013年被认定为自治区级非物质文化遗产项目（舞龙）代表性传承人。

综 述

“龙”在中国历史文献记载中出现的时间较早。舞龙是中国独具特色的一种民间娱乐活动项目，从春节到元宵节，中国大部分地区都有舞龙的习俗。舞龙最初是作为祭祀祖先、祈求甘雨的一种仪式，后来逐渐成为一种文娱活动，沿袭至今已是逢年过节时常见的一种民间文化活动形式，包含“风调雨顺，国泰民安”的寓意，有“祈年”的意思。

据传承人朱兴龙回忆，早在清末民初吴忠罗家湖地区舞龙就已经十分盛行，上下传承逾百年。

朱兴龙1936年出生在吴忠市板桥乡罗家湖村，祖辈世代生活在这里以务农为生。朱兴龙自打记事起就有舞龙的记忆，当时罗家湖周边村镇汉族居多，盛行舞龙，无论是家中的父母还是村里的长辈，农闲时、年节时最常见的娱乐活动就是舞龙了。朱兴龙从几岁开始就跟着大人在舞龙队里跑来跑去，十二三岁的时候已经基本掌握了一些舞龙技巧，并开始“耍龙”了。提起当年村里舞龙的情景，朱兴龙总是兴趣盎然、滔滔不绝。让他印象最深的是当时村里罗兆年、罗兆大两位，他们的舞龙技巧，不仅在当时村里是数一数二的，即使现在想起来，也不禁要令人竖起大拇指连连称道。舞龙没有正式拜师仪式，基本都是在舞龙活动中自发跟着前辈学习，边看边学边实践，朱兴龙从十几岁开始在村里的舞龙队里玩耍学习，先后从罗兆年、罗兆大、徐师傅那里学习了很多舞龙技巧，加上自身勤于练习，很快就完全掌握了执、盘、抖、卷、翻、缠、跳、跃、戏、转、游等舞龙技艺，并逐渐成长为当地舞龙队的“领头人”。

领头人（执龙珠者）可以说是全龙队的指挥官，配以哨音来辅助指挥龙队动作。舞龙开始前，锣鼓声、唢呐声、喝彩声、鞭炮声响成一片，场面热闹非凡。表演开始后，从双龙上台亮相到滚龙下场，执龙珠者手中的龙珠要不停地旋转，做出翻、滚、卷、转、游、盘、穿、缠、跳、跃、戏、摆等高难度动作，龙身也随之左右翻转，给人以目不暇接的感觉。朱兴龙掌握的传统舞龙套路有“九龙共舞”“双龙出洞”“二龙戏珠”“老龙搭架”“青龙戏水”“四门抖底”“拱龙”等。在朱兴龙看来，舞龙并没有什么特殊的技巧，最重要的一点是喜欢，肯出力。但“肯卖力”这一点落实在实际中却是非常难的，具体来说龙体要舞“圆”，要有速度、有力度、有幅度。游龙穿腾动作、翻滚动作等动态、静态动作都须有力度，有连贯性。

朱兴龙自1967年担任舞龙队主要组织者以来，努力在传统舞龙技艺的基础上不断创新，带领家人和村邻制龙、舞龙，农闲时培训人员、编排套路。多年来，他带领板桥乡舞龙队参加了宁夏、内蒙古等地的三百多场（次）社火展演、大型文体活动，先后获得各类奖项三十余项。在2000年宁夏国际大漠黄河旅游节

⊥　朱兴龙参加文化遗产日宣传展演活动（李勇摄于2015年6月）

开幕式上，板桥乡舞龙队精心编排的“九龙共舞”节目，表演阵容之大、技艺之高，创造了板桥乡舞龙队百年演出之最。2009年，板桥乡荣获中国“舞龙之乡”荣誉称号。

近些年来，随着朱兴龙年事已高，他已很少上场舞龙，但每年社火他都亲自指导本村的三十多名舞龙队员。他最担忧的是现在文化娱乐手段丰富多样，年轻人越来越喜欢现代化的生活方式。农村的年轻人农闲时多数外出打工，对于传统的舞龙技艺传承兴趣不大。他希望能够通过自己和家人的不懈努力，通过政府相关部门的大力支持和宣传，让舞龙继续传承发展下去。

访 谈

被访谈者：朱兴龙（自治区级非物质文化遗产代表性传承人）

访 谈 者：马家媛

访谈时间：2021年1月25日

访谈地点：吴忠市文化馆

马：朱老师您今年多大年纪了?

朱：八十五（岁）了，1936年生的。

马：您先讲一下您的基本情况，姓名、出生地等等。

朱：出生在旧社会，1936年7月出生，（那阵）还没解放呢。出生在吴忠市罗家湖村板桥乡。

马：您家里当时兄弟姐妹几个?

朱：我弟兄三个，老三是做龙的，我是耍龙的，侄儿子都是耍龙的。我有一个哥哥、一个弟弟，还有一个妹妹。

马：您父母都是做什么的?

朱：他们都是农民。

马：他们耍龙吗?

朱：那会儿也玩呢。旧社会我就一直在龙里跑着耍着呢，一直到现在。

马：家里父母也耍龙，也会做龙？

朱：嗯，会做，孙媳妇现在都还做呢。我和我兄弟几个都耍。

马：您最早接触舞龙是几岁？

朱：十二三岁就会玩了，就跟着跑着呢。十四岁时就解放了。

马：你们那时候村里会耍龙的是不是很多？

朱：多，还有老头子耍得好呢。

马：你们村里是不是有这个（舞龙）习俗？

朱：就有这个习俗呢，当时国民党训练兵也耍这个东西呢。

马：当时国民党在这驻兵吗？他们也是跟着村民学的吧？

朱：就是跟着我们学的。

马：以前（20世纪）三四十年代，汉族都有舞龙的习俗。

朱：有呢，当时啥都有呢。天天跟着满街耍，回来吃个馍馍，有啥就跟着吃点啥。

马：您记得当时谁耍得最好？

朱：那会儿罗兆年、罗兆大耍得好。

马：他们是兄弟俩吗？

⊥　朱兴龙参加文化遗产日宣传展演活动（李勇摄于2015年6月）

朱：嗯，兄弟俩。

马：那时候您多大了？他们多大？

朱：我十四岁吧。他们也就是和我爹差不多大，也就二三十岁，是耍的最好的。

马：您当年是跟谁学的？

朱：村里就罗兆年、罗兆大这两个最大，我就跟着他们两个学。我自学么，我们都是一个村的。再还有一个中宁的，后来土改，他是干部，把中宁的龙传给我，教我咋舞咋舞。

马：我看原来资料上还显示有个徐师傅。

朱：徐师傅是我们前面大队上，离罗家湖不远的地方，有个一里多二里路。

马：这个徐师傅也是耍龙耍得特别好是吗？

朱：对，耍得好。

马：周边村镇都舞龙，还互相比试是吗？

朱：嗯，都是一样，都耍呢。

马：各自都有舞龙队是吗？

朱：那没有，都是自发组织的。

⊥ 朱兴龙在整理舞龙道具（自治区非物质文化遗产保护中心提供）

马：一般在什么日子舞龙？年节啊还是什么日子？

朱：过年。

马：主要就是在过年的时候？

朱：对，过年有社火。

马：舞龙最早是祭祀用的，有没有因为祭祀活动或者相关的活动耍的？

朱：旧社会新社会都是一样的，都是正月十五在街上耍，也在戏园子里耍，在戏台上耍。

马：戏台上也可以耍龙吗？

朱：能耍么。

马：那个龙不是挺大的吗，在戏台上能转得过来吗？

朱：能行么，在人这么耍呢么。

马：也是过年的时候耍吗？

朱：也是过年的时候。

马：您是怎么跟（徐师傅、罗师傅等）他们学的？他们都教您点啥？

朱：不，他不教，我自己学。

马：不教？您就自己跟着耍吗？

朱：嗯，我就上去耍，看着耍。

马：没跟您说点啥，传授点什么？

朱：也说呢，啥条件啥条件的。

马：就跟您讲讲什么，有没有什么口诀，队形、套路怎么变化？

朱：这是有呢。比方说四门斗底、双龙出洞。四门斗底，一方一方的，先从哪里耍，后从哪里耍，一环一环的怎么套。

马：就是所谓的套路是吗？这种套路您当时从徐师傅、罗师傅手里学了多少个套路？

朱：现在有点记不清了。一般先耍四门斗底，耍耍拳呢，大拱、小拱，最后站定。这是一套，马：比方说九龙共舞、双龙出洞、二龙戏珠、四门斗底都是套路吗？

朱：这些都是套路。

马：这些套路都一个连一个串联起来要吗？

朱：一个连一个。现在又改了，现在龙多，过去一个龙。现在我都要的九个龙，一百多人呢。

马：您觉得过去徐师傅、罗师傅他们要得好，好在哪儿，他们有啥绝活？

朱：人家从很早的时候就要。

马：他们会的动作多还是套路多？

朱：动作都是一样的。中宁的那个土改干部给我教了些子，给我说搭架咋搭。

马：那动作一样，套路也一样，怎么能看出来谁要得好呢？

朱：龙身子要不触不碰其他东西，要滚得圆。现在的龙你见过吧，三尺长，一节挨一节，咋要呢？这么一走，步子就没有可走的了，动作不好。会要的人家动作走得圆。

马：以前的龙不长是吗，现在的龙越来越长了？

朱：多长都能要，我们九截子，一截子一丈多。

马：现在一次出的龙多了是吗？

朱：还是都一样，你想出几个就几个，有了材料了多几个，没有材料了少几个。现在人都要不成。

马：现在为啥要不成呢？

朱：思想不对头，要钱（才要）。

马：没有动力了？

朱：哎，对了。像我（带队）走银川、西安、乌海都去要，我走，我连（同）你签合同，合同签上要多长时间，我到那你认我的合同，可我几十个人，你跑了我哪找人去呢。

马：以前人都是自发的，就是喜欢这个，所以现在和过去使的力气就不一样，是不是这个意思？

朱：就是，过去力气都朝下摆呢，现在都偷懒呢。

马：您觉得您比别人要龙要得好在哪里？

朱：按规矩走，能卖力就行。

马：一个是经验，再一个就是要卖力。

朱：不卖力不行，要不起来。但是现在人谁给你卖那么大力。

马：您刚才说您弟弟会做龙，您会吗？

朱：原来我也跟上做，我给裁拿呢。

马：现在龙是不是都不用做了，都是买的？

朱：做呢，买的不行。

马：那您过年要的龙都是自己做的？

朱：自己做的。现在就是想办法，让脑子多活动活动，东西做好一点、做轻一点，要得灵活一点。这么胖的棒、钢筋，十几斤重呢，得三个人换着要。

马：原来的龙都是自己做的吧？也没买的？

朱：原来材料比较重。

马：都用啥材料？

朱：用钢筋弯的架子，木头安装的把子。

马：现在还是按照传统方法做吗？

朱：传统的方法做，用轻便的材料。现在一个人掂上，两个人掂上随便么。

马：做的龙和买的龙有啥不一样呢？

朱：不一样，我们这个龙粗，他们那个龙就那么胖胖子，要起来不威风。

马：我们自己做的更粗一点是吧？

朱：嗯，我们的粗。窄的要不成，不威风。

马：龙头有区别吗？

朱：我们和中卫的一样。我昨天看电视上播，一截子三米左右，好长好长，一要凑上（凑到一起）了么，要不开么。

马：舞龙在过年过节要，要龙前或者过程中有没有什么仪式？

朱：有那么点音音子，比如说四个方位，四门斗底就是摆的四门么。

马：四门斗底就是摆的四方土地神是吗？

朱：就是的。还有就是把架搭完了，别人就说搭个架要钻个关呢么，意思就是顺利，顺着钻，倒着钻。

马：钻关祈福的意思吗？

朱：哎，对，就是图个平安。你要一会儿，他（群众）最后非撵着你钻这个东西不行。

马：舞龙舞狮一般好像分不开是吗？

朱：狮子和我们不一样。

马：社火的时候都有是吧？

朱：狮子有的没有。

马：咱们（罗家湖附近）这只有舞龙，舞狮有吗？

朱：狮子没有。耍狮子的有金积的、板桥的。

马：咱们这里为什么流行舞龙呢，是什么原因让舞龙在这里发展流传呢？

朱：这个根基就深了，从清朝时候到现在。

马：为什么喜欢舞龙呢？

朱：那会儿有啥呢，没耍的么。那会儿就耍个狮子、串串子。前二十年，青铜峡开水，专门把我们请去，每年开水耍。那会子找的人多得很啊。

马：现在除了年节，还有找你们耍龙的吗？

朱：现在少了。过去找呢，也有娶媳妇子的，也有念经的，都找我们耍。

马：就是在喜庆的日子热闹热闹。

朱：那会儿找我们的人多得很，一年可多了。

马：你们村里最多舞龙有多少人？

朱：最大的是九条，一百多人。

马：这一百多人都是你们村的吗？

朱：都是我们罗家湖的人。一百多人，在银川市、内蒙古乌海市也耍过，这出

⊥ 朱兴龙带领舞龙队代表板桥乡参加吴忠市社火展演活动（自治区非物质文化遗产保护中心提供）

了省了么。还有马家滩、牛头山上，那里都要过了。

马：去乌海也是别人请你们去的吧？

朱：嗯，请了去的。

马：村里舞龙的这些人，平时就是打工务农吗？

朱：嗯，舞的时候把会舞的找上，出些钱。那也出的不少呢，今天早上我们要，一个钟头两个钟头一百多块钱，还管吃。

马：罗家湖舞龙的传统一直有，现在年轻人会舞的多吗？

朱：会是会呢，学得不精，没有精力么。

马：会走一走，细致的就不学了？

朱：哎，学呢，主要是你要给别人家给钱呢。

马：现在都得雇着人“学”？

朱：对，你这么说对着呢，你不给钱不去。

马：不像你以前都是追着学。

朱：我那会子我就是自己跑着看着学。现在愿意来的就是来挣钱的，不愿意来的来都不来。

马：您掌握的这些套路和花样都教给谁了，谁能接下您的这些技艺？

朱：还有人呢。套路那些都好接，主要是多数人都不爱。以前谁有那么多钱给呢。

马：我们和观众都觉得舞龙的套路和花样挺复杂的，您觉得并不复杂？

朱：不复杂，主要是编排。

马：舞龙有没有什么高难度动作？

朱：没有高难度动作，只要你学，爱那个东西就对了。原来还有女的呢，都老了。

马：女的也可以舞龙？

朱：我教的那会子有呢，一条龙（全是）女的。

马：动作有哪些要求？

朱：要圆，还要把重心抓住。

马：我看还有些“抖”“翻”“跳”“转”等一系列动作呢？

朱：咋都是头领上。我就是拿绣球的，领上走哪就走哪。领头的心里就要有数。

马：领头的绣球手上有动作吗？

朱：有呢，我领着脸朝这边打上，龙就跟着翻来翻去。我喊一声跪，就跪下，喊起，后头就跟着起来，头起来就跟着一个一个起来。

马：这些基本的要领还是要给教是吧？

朱：教，领着的人必定得会。

马：狮子有上桌子的，有斗舞的，龙有吗？

朱：龙也有呢，现在不敢上了。耍好耍差，就在你这个头呢，后面的人都好好听这个人的话，就没问题。耍龙就最主要的是要耍出龙的精神。

马：舞龙的鼓点是怎么样的？

朱：有鼓点呢么。

马：都是传下来的吗？

朱：嗯，传下来的。谁上去，就是那么个死（固定）的。

马：是不是要不同个套路鼓点会不一样？

朱：一样一样。鼓点都是个死的（固定）的，谁都会打。要得紧就打紧（快）一点，要得松就打松（慢）一点。

马：那么舞龙的节奏主要是看领头的，再一个在打鼓的人。一个舞龙队都有哪些部分组成？

朱：鼓、小镲、大镲。锣有了就打上，没有就算了，主要在打鼓上呢，鼓最重要。

马：鼓点最重要哦？

朱：嗯，鼓最重要。什么东西，嘴能哼上，就能打上，打的是“咚咚咚、咚咚咚”。今年过年要的时候，（有人）说是我不会打，我就给说你嘴里先打，嘴里先囔“咚咚咚、咚咚咚”，你看“锵起锵起、锵起锵起锵起”。

马：一直传下来就是这个鼓点？

朱：嗯，船鼓就是船鼓，狮子鼓就是狮子鼓，要龙就是要龙的鼓。

马：要龙基本就是这个鼓点套路？

朱：嗯，你要想编个一般的也行，也能编呢。

马：要一套龙大致有哪些程序能给我们讲讲吗？

朱：这个咋讲呢，打起来、走起来、拎起来他（后面）就随上。领头的走的时候就喊呢，走个啥啥。

马：主要看领头的这个人。

朱：比如说二龙戏珠，这是一条龙，那是一条龙，那个蛋蛋在头里一合。

马：罗家湖舞龙有没有什么传说故事？

朱：没有啥，就是要个啥学个啥。

马：现在罗家湖的舞龙队有多少人？

朱：原来有一百多人，现在也就是三十多人，能要两条龙。

马：主要就是由您在组织？

朱：嗯，我组织。下面还有人呢。

马：还有您的徒弟和家人是吗？

朱：哎，就是的。

马：跟您学的有多少人？

朱：村里这些都是跟我学的。

马：您现在徒弟里，你觉得谁能领这个龙了？

朱：有呢，都有呢。

马：有几个这样的人？

朱：三四个，五个都有了。

马：现在做龙的还有没？

朱：也都是咱们罗家湖的，也有姓朱的。

马：那是您的什么亲戚？

朱：我媳妇子。用机子踏着呢，踏好再安上，鼻子眼睛都给安上。

马：这个龙怎么做也是你们给教的吧？

朱：就是的。

马：做这个龙头有啥讲究吗？

朱：肯定有规矩呢么。脸蛋贴的壁纸，壁纸裁的花子贴上么。龙角上用海绵裁好包上，再装饰点假发。

马：龙头的架子是竹子的还是铁丝的？

朱：现在都是铁丝的，人现在都想朝轻里做，好耍，但花钱多。把好东西做到里头，它轻巧，那个眼睛是拿唱戏的颜料画好。

马：您觉得现在舞龙这个项目传承下去有没有什么困难的地方？

朱：一句话，困难啥都离不了经济，离了经济不顶了。耍龙的是人越多越好么，现在你喊人来都要钱呢。你比方说我的那个大队有钱，大队书记说好好领上学，你学好了要好了钱给了就学呢，不拿钱年轻人不学，思想的问题。

马：现在不像以前热爱，就是喜欢就学了。

朱：就是，以前拿上了，一天学不好学两天，两天学不好学五天，基本功就能拿起来了。基本功拿不起来就不行。我耍了六十多年，今年八十几了，解放时我就在队伍里面跟着跑着呢，啥东西都在我家里放着呢，我家里就是库房，我也不要钱，思想不一样。

马：今天我们采访就到这里，感谢朱老师您给我们讲的这么多有关舞龙的事儿，谢谢您。

舞狮代表性传承人

魏 银

魏银，1946 年出生，宁夏吴忠市人。2013年被认定为自治区级非物质文化遗产项目（舞狮）代表性传承人。

综 述

传统的舞狮活动在宁夏地区呈现出全域覆盖的传承分布特征。宁夏全区五市及二十二个县区均有社火表演和舞狮活动，其中以六盘山地区、中卫市的中宁县和海原县、吴忠市金积镇为重要的舞狮传承分布地。经过百年传承，各舞狮队基本形成了以村落为单位的传承群体分布模式，逐步形成风格各异的特色狮队，拥有较为完整的传承谱系。吴忠市金积镇、中卫市中宁县、海原县舞狮传承体系清晰，多以村落或家庭传承为主，参与者众多。宁夏舞狮均与武术相糅合，可分为文耍、武耍两种表演形式。

吴忠市位于宁夏中部，地处宁夏平原腹地，是宁夏沿黄河城市带核心区域。吴忠市各乡镇都有舞狮表演队，尤以魏家车门舞狮较为突出，其传承历史较长，表演形式多样。魏家车门舞狮由吴忠市利通区金积镇关渠村魏姓家族六代人相传，目前以第四代传人魏银、第五代传人魏学祥为主要代表。魏家车门舞狮以武耍为主，将武术、器械穿插于舞狮之中，气势威武，氛围浓烈。以武术表演与狮子配合对打为特点，引狮人手持绣球将两头武狮子引入场地，锣鼓响起，武士分别持大刀、五尺棍、九节鞭等器械上场，演练各种武术套路，同时逗耍狮子做出腾跃、翻滚、扑跌等惊险动作。魏家车门舞狮有九套表演套路，每套中还分出若干支，共三十多套。表演时，一般需要四头至八头狮子出场，四头狮子需要八个人舞狮，外加耍绣球的两人，再加上武术、器乐等，一台舞狮表演需要三四十人参加。魏家舞狮以家族方庙为活动阵地，此处也是魏家车门舞狮平时训练的固定场所。该庙宇是佛教之地，常有信徒在此许愿祈福。每年春节，当地家家户户都会请舞狮队上门表演，驱灾辟邪、祈求祥和。其经典套路有耍刀枪棍、狮子滚绣球、上高桌等，都需要表演者具备深厚的武术功底。

魏银受家族熏陶，自小就喜欢舞刀弄棍，并随同父亲和叔叔们学习武术。经过多年勤学苦练、钻研探索，已经完全掌握了各种刀棍技巧及魏家舞狮的经典套路，并培养了十余名传承人。20世纪六七十年代，舞狮的部分道具都是自行加工制作。改革开放以后，大多在西安等地市场上购买。舞狮全套道具需要四万多元，一般使用三到四年就需要更换。魏家人热爱传统舞狮，不愿让老一辈留下来的好东西失传，长年以来都是自家承担舞狮道具的更新换代费用，以保证舞狮活动的正常进行。多年来，魏家舞狮一直活跃在当地民间社火表演和比赛中，深受当地百姓的喜爱。由魏银参与指导的舞狮活动多次获得自治区、吴忠市各类社火、舞狮比赛一等奖，为传承魏家车门武舞狮作出了积极的贡献。

上　魏银演练舞狮击鼓技艺（本人供图）

访 谈

被访谈者：魏银（自治区级非物质文化遗产代表性传承人）

访 谈 者：吴昕、张欣蕊

访谈时间：2019年6月19日

访谈地点：吴忠市文化馆

吴：魏老师好！今天打扰您了，感谢您在百忙之中抽空接受我们的采访。我们是《宁夏非物质文化遗产代表性传承人口述实录》吴忠课题组的成员，也是自治区非遗保护中心的工作人员。首先请魏老师介绍一下自己。

魏：我叫魏银，1946年出生，吴忠市利通区金积镇人，现住在利通区，是魏家车门舞狮第四代传人。

吴：请给我们介绍一下魏家舞狮的家庭传承谱系吧。

魏：魏家车门舞狮到现在已经有六代人（传人）了。第一代是魏邦礼，1904年出生，八十四岁去世的。我家祖先起初以看家护院为目的，创立了魏家武术，确立了“魏家车门拳”。第二代传人以魏唐、魏川、魏勋等为代表，

⊥ 魏银的自治区级非遗传承人证书（本人提供）

现已去世四十多年。第三代传人以魏廷贤、魏廷龙、魏廷仁、魏廷德、魏廷训、魏廷祥、魏廷虎、魏廷风、魏廷智、魏廷玉等为代表，现已去世多年。前三代传人将拳与武狮结合起来，创立了魏家车门舞狮。改革开放以后，第四代传人以魏江（已去世）、魏海（已去世）、魏银、魏尧、魏宝、魏明夫等人为代表，将魏家车门舞狮发扬光大，2008年魏家车门舞狮被吴忠市人民政府评为第一批吴忠市非物质文化遗产项目，2012年魏家车门武狮被评为自治区级非物质文化遗产项目。我作为魏家车门舞狮第四代传人的代表，2013年被评为自治区级非遗传承人。第五代传人以魏学祥、魏国平、魏学锋、魏学宝、魏自龙等为代表，魏学祥2017年被评为自治区级非物质文化遗产项目代表性传承人。第六代传人以魏磊、魏瑞、魏昭等为代表，继续在传承魏家车门舞狮，他们都还年轻，正在为新时代社会主义新农村精神文明建设贡献着自己的青春。

吴：真好！代代相传，后继有人。请魏老师介绍一下自己学习舞狮的经历吧。

魏：我十二岁开始学习舞狮，在学习中也进行一些动作的改编。作为农民，平时以务农为主，农闲时在家练一练，逢年过节时聚起来进行表演，娱乐身心，也能增加节日气氛嘛。

吴：您的父亲是第三代传人吧？他的名字是？

魏：父亲叫魏廷贤，是第三代传人。

吴：您是跟谁学的？父亲还是叔叔？

魏：我从小看着爷爷、父亲和叔叔们习武耍狮，也就跟着学，慢慢地参加一些表演，就会了。

吴：舞狮的道具是买的还是自己制作？

魏：20世纪六七十年代，我们的狮子和部分道具都是自己进行制作的。改革开放以后，就以西安等地市场上购买为主了。全套下来得四万多块钱呢。大概使用三到四年就得换一批，这笔经费也没有办法解决。我们舞狮人以自娱自乐为主，几乎没有收入，道具更新换代的费用基本上都是自己承担，我们自己爱好嘛。更重要的是，不能让老一辈留下来的好东西在我们这代人手里失传了。

吴：（叹气）唉，像舞狮这类项目在传承中要想有收入也确实很难。一是表演队伍人数多，开支就大。如果出行路途远，还要产生运输交通费用呢。二是这类项目是有时间限制的，并不是天天都可以表演，大多只有春节要社火的时候才会上演的。三是如果不是特定的时候，表演主力有可能凑不齐，年轻人大多在外地打工。所以坚守下来确实很不容易呀！谢谢魏老师的多年坚持。

魏：（感慨地）就是这样的。

吴：那一般都什么时候有舞狮？

魏：每年正月十五是中华民族的传统节日，各地都有社火表演，其中就有舞狮表演，这时候表演团队多，观众也多，走村串户，非常热闹。政府也重视，还组织社火比赛。还有一些商业活动，如开业典礼、企业活动开幕等，也会请舞狮队去助兴。

吴：报纸上还报道过您家的舞狮呢！

魏：（微笑）对！你们看这张报纸，是2014年1月21号的《宁夏日报》，那天是农历腊月二十一，再过几天就是春节了。我们全家三代人都参加舞狮了，有侄子，还有我的小孙女，才六岁。照片最中间穿绿色演出服的这个人就是我。呵呵！

吴：你们是在哪儿表演的？

魏：就在吴忠市利通区金积镇关渠村，也算是春节前的社火演练吧。

吴：真不错！一家三代人同时上阵舞狮。请魏老师介绍一下魏家车门舞狮的风格特点。

魏：魏家车门舞狮以武耍为主，以武术表演与狮子配合对打为特点，引狮人手持绣球将两头武狮子引入场地，锣鼓响起，武士分别持大刀、五尺棍、九节鞭等器械上场，演练各种武术套路，同时逗耍狮子做出腾跃、翻滚、扑跌等惊险动作。魏家车门舞狮主要有九套表演套路，每套中还分出若干支，

社会·法治 08
2014年1月21日 星期二
三世同堂舞雄狮
第五代传人在表演刀术。

⊥ 《三世同堂舞雄狮》报道（本人供图）

⊥ 魏家社火队获得的荣誉锦旗（本人供图）

共三十多套。出台时活泼、可爱、柔美，一般要四头狮子到八头狮子，四头狮子就得十个人舞狮（含持绣球的二人），再加上武术、器乐队等，一台得三四十人参加表演呢。

吴：你们招收外面的人吗？

魏：我们是家族传承，不招外面的徒弟。

吴：魏老师，听说你们还给部队培训过舞狮，是吗？

魏：（自豪地）就是的。我们进到青铜峡特种部队、炮团、消防队去给官兵们教舞狮，对他们进行培训，很受欢迎的呢！也算是我们为军民共建贡献些我们的微薄之力。

吴：请聊聊您家里的情况吧。

魏：我老伴今年六十八岁了，我们有四个孩子，三男一女，干个体呢。我们这个家族在金积镇有三百多口人，是个大家族。

吴：哦？三百多口人，确实是个大家族呀！

魏：嗯！人多热闹，人气也旺嘛。呵呵！

吴：儿女有没有跟您学习舞狮的？

魏：三个男娃上到初中、高中，从小也跟着耍，也都会呢。后来都自谋职业，现在干的还可以。女儿上了医学院，现在在医院工作。

吴：老伴和儿女都支持您吗？毕竟舞狮带不来什么收入，还要投入不少钱。

魏：支持呢！但有时候也有埋怨，说是挣不来钱，还要投进去不少钱买道具。呵呵！

吴：近些年你们都在哪里表演？

魏：银川飞机场开业时我们去表演过，内蒙古乌海市去表演过三次，太阳山、红寺堡去过四次，还在宁东中心区等地表演过。再就是每年正月十五参加吴忠市全市社火表演。

吴：儿孙中有没有跟您学习舞狮的？

魏：（欣慰地）有呢！我有七个孙子，其中有五个都跟着我学习舞狮呢。呵呵！

吴：最大的多大？最小的几岁？

魏：最大的十四岁了，上初中三年级，最小的五岁多。

吴：真好！后继有人。下一步您还想怎么样传承下去呢？

魏：首先还是做好家族传承，家族的东西不能丢掉了，还可以健身强体。另外，只要部队、学校需要，我随时到，义务为他们传授。

吴：谢谢魏老师对舞狮的热爱，对非遗传承尽心尽力。也希望魏老师保重身体，健康快乐！

⊢ 魏银及其舞狮道具（本人供图）

剪纸代表性传承人

田宝林

田宝林，1956年出生，山西平遥人。2013年被认定为自治区级非物质文化遗产项目（剪纸）代表性传承人。

综　述

宁夏吴忠地区南高北低，东部紧邻鄂尔多斯台地，东北接毛乌素沙漠，西部群山环绕，沟壑纵横，是古时羌、戎、匈奴等古代游牧民族逐水草、牧牛羊的天堂。兼容并蓄成就了这座城市独特的民族特色，也形成了文化的多样性。这也是田宝林老师得以将山西与宁夏文化特色融合到剪纸作品中的重要原因之一。

田宝林老师从小跟随外婆和母亲学习剪纸，由于外婆是山西人，所以他的剪纸风格带有山西民间剪纸粗犷、简练的特点，题材主要是人物、动物、草木、花卉，其中龙、蛇、鱼、蛙的纹样较多。他将山西剪纸的特征与吴忠地区的民俗特色结合起来，在剪纸技巧和风格上有所创新，创作作品二百多幅。2010年在第六届全区“群星奖”暨第四届全区群众文化专业岗位技能大赛中，他的论文《吴忠地区剪纸漫谈》荣获金奖，剪纸作品获银奖。

⊥ 田宝林在社区展示剪纸（本人供图）

访 谈

被访谈者：田宝林（自治区级非物质文化遗产代表性传承人）

访 谈 者：吴昕、张欣蕊

访谈时间：2019年6月20日

访谈地点：吴忠市红宝宾馆

吴：田老师好！谢谢您接受我们的采访。请先介绍一下自己。

田：我叫田宝林，1956年3月出生在宁夏吴忠市利通区，祖籍是山西省晋中市平遥县，现在已经退休了，是我们家族的第三代剪纸传承人。

吴：家里父母、兄弟姐妹的情况？

田：我的父母已经不在世了，家里兄弟姊妹三人，大弟在吴忠市网络公司工作，小妹是自由职业者。

吴：那您是怎么学会剪纸的？跟谁学的？

田：我自幼在外婆和母亲的熏陶与引导下学习剪纸艺术的。你们肯定很好奇，为啥我一个男同志要学习剪纸？1959年，我的母亲响应当地政府号召，到宁夏西海固地区去支教当老师。由于当时工作条件艰苦，无法把我带在身边，只能将当时年幼的我托付给外婆照顾。外婆的女红手艺娴熟精细，在我们当地小有名气，经常帮助附近的乡里乡亲做些针线活，像剪纸、扎纸、纺线、打门帘、纳鞋底等手工活，都做得很好。因为过去家里生活都比较贫穷，我们小时候也没有什么玩具，生活比较单一，所以我经常跟着外婆去张家李家做针线活，看她们剪纸。在外婆的耳濡目染和影响下，我也慢慢学会了剪纸，经常帮着外婆一起剪。过去的剪纸，就是问别人借来纹样，然后拿煤油灯烤着熏，用油烟把样子熏出来再剪，大家基本上都用这种土方法。

吴：那时候主要是模仿吧？

田：对。小时候，我就是看着老人怎么剪，就学着她们的样子，照猫画虎地学着剪。随着年龄增长，每逢过年过节，或乡里乡亲结婚的时候，我就和外婆一起为乡亲们剪窗花等。等自己上了小学、中学、吴忠师范后，因为自己的这一技之长，同学们经常会让我剪一些他们喜欢的东西，逢年过节还会剪一些窗花之类的装点节日气氛。

吴：田老师，您是哪年从吴忠师范毕业的？

田：我是1975年从吴忠师范毕业的，之后，被分配到陈袁滩公社当了一年老师，综合性的，什么都教。1976年就调到了吴忠市文化馆。那时候文化馆的干部都是复合型人才，要求一专多能，吹拉弹唱样样都得会。工作中要经常下到乡镇，加班加点，可是大家的工作积极性都非常高。我现在回想起过去，觉得年轻时吃过的苦都是宝贵的生活财富啊。因为自己掌握剪纸这门技艺，到文化馆工作以后，同事们经常找我帮忙，剪着剪着就小有名气了。

田宝林剪纸作品《和美》（本人供图）

吴：田老师说得真好。您是哪年退休的？

田：我是2016年退休的。

吴：兄妹三人只有您跟着外婆学会了剪纸？弟弟妹妹都没有学？

田：嗯。因为我从小跟外婆生活在一起，受到外婆的熏陶和影响比较多，所以学会了剪纸。弟弟妹妹没有学过，也不会剪。

吴：您的剪纸有什么风格吗？

田：我通过多年的自画自剪和不断地学习积累，熟练地掌握了山西剪纸艺术技巧。山西地区剪纸风格与黄河流域其他省份的剪纸一脉相承，是集北方地区粗犷、雄壮、简练、豪放于一体。但是，因为地域环境、生活习俗、审美观念不同，又存在差异，既有粗犷质朴的单色剪纸，又有婉约典雅的彩色点染剪（刻）纸。老百姓们常常借着生活中常见的事物，通过谐音、象征等手法，构成寓意性的艺术画面。

吴：您的剪纸创作内容以什么为主？

田：在我大量的剪纸作品中，主要以"龙""蛇""鱼""蛙"为内容的纹样最多。因为我认为中华文化中以龙、蛇为图腾是最大的特征。而吴忠地区剪纸因其特有的地域及民俗特色，没有细致地对于线条的精雕细琢，剪纸线条较为粗犷，有时甚至肥胖，具有强烈的视觉冲击力，粗犷壮美，给人以厚重之感，传神写意，浑然天成。回族剪纸的题材大都是草木、花卉、花瓶。

⊥ 田宝林和剪纸爱好者切磋技艺（本人供图）

⊢ 田宝林剪纸作品《福》
（本人供图）

我从吴忠师范毕业参加工作后，在多年的工作和学习过程中，通过耳听、眼见和不断地思考探索，将自身已经掌握的山西剪纸艺术风格与吴忠当地风俗特色融会贯通，在剪纸技艺上大胆创新，创作出了大量的剪纸作品。我的剪纸作品既保留了山西剪纸的特色，又具有浓郁的宁夏地方特色。从题材上，一是民间寓意系列。如：白菜寓意发财，石榴寓意多子多福等。二是喜字的衍变系列，由传统性的折纸剪法，衍生出形态多样的喜字。三是红色专题系列。如：为人民服务、打虎上山、红灯记、大海航行靠舵手、万物生长靠太阳等。同时，我还收集整理了大量具有丰富文化内涵和历史保留价值的纹样，曾为宁夏民族民间文艺研究所提供了大量的剪纸纹样。自创作品多次在各类展示活动中展出，并刊登在《吴忠日报》《宁夏日报》等主流媒体刊物上。目前，我保留下来的自创剪纸作品有一本，共二百余幅。

吴：您的获奖作品有哪些？以及获奖经历？

田：在长期的创作过程中，我不断总结经验，并撰写发表剪纸艺术相关论文。在2010年第六届全区“群星奖”暨第四届全区群众文化专业岗位技能大赛中，我撰写的论文《吴忠地区剪纸漫谈》荣获金奖，剪纸作品《剪锥花》《蛇盘兔》《年年有余》荣获银奖。论文《吴忠地区剪纸漫谈》被宁夏（回族）自治区级刊物《艺林》以“论文具有科研价值”为名征集并发表。2013年，我被认定为第三批自治区级非物质文化遗产代表性传承人。

吴：田老师，您退休以后都在忙些什么？带徒弟吗？

田：退休后，我仍然不遗余力地为非遗传承工作发挥着余热，除自创自剪以外，还十分注重发掘和培养年轻剪纸爱好者的兴趣爱好，经常向年轻剪纸爱好者讲授剪纸技艺，鼓励并带动他们一起参与各类社会公益活动。通过这种传帮带，越来越多的年轻人加入剪纸爱好者大家庭中。2019年春节期间，我受邀在吴忠市利通区胜利镇举办的“廉洁清风进万家　文明祥和迎新春”居民联谊会活动中，创作剪刻“廉洁秦渠您我同行”廉政系列作品五十余幅。同时，在各种文化交流活动中，我还经常性地将自创剪纸作品赠送给国外友人，引发他们对剪纸艺术的认同、理解、关注与喜爱。

吴：您有几个孩子，有没有跟着您学习剪纸？

田：我就一个姑娘，她没有专门跟着我学剪纸。但是她长期看着我剪，慢慢地也学会了。

田宝林剪纸作品《丰硕》（本人供图）

⊥　田宝林参加“廉洁秦渠您我同行”活动（本人供图）

吴：现在有几个得意的徒弟？情况如何？

田：我带出的众多学生中尤其以吴海霞、吴金梅两位最为突出，她们二人既会剪纸也会刺绣，都是吴忠市级传承人，非常优秀，经常参加活动，她们也带学生了。我们都非常重视剪纸技艺的传承，共同以剪纸“进校园”“进社区”的形式，开展剪纸技艺培训，把这门技艺传播给更多的剪纸爱好者。我也非常希望我的学生们能够早日评上自治区级非遗传承人。由于我个人年龄和身体状况原因，今后可能参与的社会公益活动较之前会有所减少，但是我对于剪纸技艺的热爱丝毫不会减退。今后将会把精力主要用于对学生的传帮带上，并鼓励自己的学生去带动更多的剪纸爱好者将剪纸这门技艺传承发扬。

吴：您的愿望会实现的，也祝您身体健康！

刺绣代表性传承人

赵秀霞

赵秀霞，1961年出生，宁夏同心县人。2013年被认定为自治区级非物质文化遗产项目（刺绣）代表性传承人。

综 述

“花随玉指添春色，鸟逐金针长羽毛。”刺绣，讲究色彩考究、针法细腻、形象逼真、情景生动。有这样一个人，几十年陶醉在刺绣的世界里，用自己的坚守绣出了万千世界，她就是自治区级非遗（刺绣）代表性传承人——赵秀霞。赵秀霞姐妹六人，自小看着在煤油灯下精心刺绣鞋垫和枕套的母亲的身影长大，很早就学会了刺绣。赵秀霞是家中的三女儿，十岁开始跟随母亲学习刺绣技艺，经历半个世纪的创作历程，如今刺绣技艺娴熟，绣品技艺日臻完美。她最擅长挑绣（掺针绣），其工艺技法讲求巧、利、妙、灵，绣出的作品栩栩如生、鲜活灵动，极具动感和立体感。多年来赵秀霞先后创作出刺绣作品千余幅，代表作有《饮中八仙》《西施浣纱》《昭君出塞》《贵妃醉酒》《貂蝉拜月》等。她曾赴沙特阿拉伯、南非、阿联酋等国家进行文化交流，作品在香港、澳门、深圳、广州、大连、海南、青海、上海等多地展出、参赛，并多次获奖。

⊥ 赵秀霞刺绣作品（本人供图）

访 谈

被访谈者：赵秀霞（自治区级非物质文化遗产代表性传承人）
陈栋亭（赵秀霞的丈夫）
访 谈 者：吴昕、张欣蕊
访谈时间：2021年3月17日
访谈地点：同心县非物质文化遗产展览馆

吴：赵老师、陈老师好！谢谢你们夫妇一大早赶过来接受采访。我们今天来是受宁夏文化和旅游厅、北方民族大学《宁夏回族自治区级非物质文化遗产代表性传承人口述实录》课题组委托，对吴忠市的自治区级非遗传承人进行采访。我们随便聊聊，先了解一下赵老师的基本情况，再请陈老师补充。

赵：我叫赵秀霞，1961年3月出生在同心县下马关镇，退休前是同心县下马关中心小学的教师。

吴：你们兄弟姐妹几个？

赵：七个，一个哥哥，六个姐妹。

吴：怎么学的刺绣？

赵：自幼受母亲熏陶，喜欢刺绣。在我小的时候，母亲每天晚上就在炕上放一个小方桌，点上煤油灯，开始做一些针线活，比如绣鞋垫、枕头套之类的，几乎天天如此。每天面对这些事情，耳濡目染，时间长了我们姐妹几个也就渐渐产生了兴趣，开始偷偷地学着绣。有一次，趁母亲不在，我就接着

⊥　赵秀霞及其获奖证书（吴昕摄于2021年4月）

绣母亲还没绣完的那个鞋垫。听到母亲快回来了，又连忙放下，吓得不敢吭声。可是母亲还是看出来了。不过倒是没有批评，反而说："这是谁给我做的，做得好呢！"听到这话，我才敢承认是我绣的。得到了肯定以后，就一发不可收拾，一有时间我就绣，一直绣到现在。遗憾的是，我本人身体不太好，做了四次手术，到现在身体也比较弱。即便这样，我对刺绣仍然特别地钟爱和痴迷。只要身体状况稍微好点，我就沉浸在刺绣当中。我妹妹赵桂琴和赵秀兰也是特别喜欢刺绣，她俩都是自治区级非遗传承人，是有名的"绣娘"，她们的事业做得比我好，名气比我大。呵呵！

吴：你们姐妹都很不简单。

赵：近些年来，国家非常重视文化建设，学校也很重视学生的全面发展，通过举办各类特色班、兴趣班来提高学生的综合素质，所以我也抽空去学校给学生教刺绣。有趣的是，有的男同学也要求学，结果绣得还不错呢。这是刺绣在学校的传承情况。另外，身体条件允许的情况下，我也会去红寺堡和我妹妹赵秀兰一起办培训班，向刺绣爱好者传授技艺，促进刺绣技艺薪火相传。

吴：你们家六姐妹都对刺绣感兴趣，现在仍然坚持从事刺绣的有三人吗？

赵：其实，其他三个姐妹也会绣呢。不过，我和赵桂琴、赵秀兰三人特别喜欢。我是老三，赵桂琴老四，赵秀兰老五。我们三个人到一起了，还经常互相探讨，比如讨论一幅作品哪点绣得特别好，哪点绣得不太好，应该如何改进，等等，就爱谈论这些。每当这时候，要是有其他姐妹在旁边，就会嫌我们烦，主要是她们不是那么喜欢，而我们几个就特别喜欢。

吴：我有赵秀兰的微信，有时候看到你们家六姐妹给老母亲过生日，都穿的旗袍，非常漂亮。拍的照片是那么其乐融融，挺让人羡慕的。

赵：（笑）就是的，不仅喜欢刺绣，也喜欢穿漂亮衣服。

吴：你们都很美，手也很巧。您刚才说已经退休了，是吗？

赵：我2018年就退休了。

吴：你们三人分别是哪年评上的自治区级非遗传承人？

赵：赵桂琴是2008年评上的，她最早，然后是我，2013年评上的，赵秀兰是2017年评上的。

吴：在刺绣方面，有没有印象特别深的故事？

赵：因为我的本职工作是教师，退休前还有教学任务。所以刺绣对我而言，只有闲暇才能做。我妹妹和我的情况就不同了，刺绣就是她们的工作嘛。不过，她们接到订单忙不过来的时候，我们都会帮忙绣的。有一次，赵桂琴的一幅画已经绣成了，但是花瓶旁边稍稍有点瑕疵，为了更完美，就想拆了这一处重新绣，可是一拆布烂了，结果一幅作品就全毁了（叹气），前功尽弃，太可惜了。后来，我们几个就赶工，重新绣了一幅。还有一点，就是有时候因为时间紧，白天晚上绣，休息不足，导致眼睛都花了。

吴：您带的学生里有没有特别出色的？

赵秀霞及其绣品
（本人供图）

赵：比较少，下马关有几个绣得还可以。其实学刺绣不难，但是要想把刺绣学精，还需要一颗匠心，守得住云开，才能见月明。年轻人往往耐不住寂寞，熬不过艰辛，就会陆续放弃。只有把兴趣、勤奋、悟性、坚持集于一身，才能成为优秀的绣工。

吴：说的是。（转向赵秀霞的丈夫）请问陈老师在哪里工作？

陈：（微笑）我叫陈栋亭，下马关中学政治老师，再过十个月我也要退休了。

吴：陈老师一直以来对夫人的刺绣是支持呢还是反对呢？

陈：我支持过，也反对过。早年我是支持的，觉得干这个活挺好的，既能陶冶情操，还可以装点生活。她手术以后我就开始干涉了，因为身体不支持她这样做了。十五年间做了四次手术，都是心脏大手术，在北京就做了三次，银川一次，一年总要住几次院。刺绣很费心思，而且她们对作品要求又比较高，不仅仅完成还力求完美，这就需要用心，也耗费时间。重点是兴趣来了，就没有时间界限，一直想干下去。我担心她身体吃不消，所以干涉过。但是也干涉不住，一是兴趣，二是妹妹们忙不过来时，她就得帮忙赶工，有时候培训班也叫她去辅导。她一个人去我又不放心，还得陪着。这十五年间可以说我们是形影不离，她心脏病说犯就犯，有时候我会跟妹妹们强调："你们把人领了去，要保证把她安全送回来呢。"她们又不干，非得我陪着走，因为都知道她是大病号嘛（笑）。所以三个孩子后来也不支持她干下去。

吴：你们有三个孩子？

陈：嗯。一个女儿，两个儿子。他们经常说："我妈的爱好我们支持，但是她的身体不支持呀。"三个孩子都争气，女儿是银行职工，女婿在法院工作，大儿子和儿媳都是公安民警，小儿子在环保部门工作，小儿媳在儿童福利院工作。

吴：三个孩子都很优秀，不让你们操心。

张：那您女儿也绣吗？

赵：也会绣，但是绣得不多。

陈：（微笑）女儿没有她那么执着热爱，想干就挑两针。不像她们姐妹几个那

⊥　赵秀霞刺绣作品（本人供图）

么执着，全身心投入到里面。

吴：赵老师经常参加县市区的非遗活动吗?

赵：身体允许的情况下我都会参加的，遗产日活动、县市区展演展示活动等。但是到外地去不行，身体不允许。而且我要去的话，他（陈老师）还得请假，影响工作。

陈：昨天从外面赶回同心，她就不行了，一坐车就累，心率就不正常。今天早上监测心率正常，才带她过来的。我们家里有制氧机、血压器，随时监测随时吸氧。这几年孩子大了，儿媳都很乖顺，她心情好了，身体也就好多了。前几年孩子们的工作问题、成家问题，对她影响很大，动不动就犯病。

赵：其实，我也喜欢热闹，和大家一起参加活动，说说笑笑，一起外出学习还可以增长见识嘛，但就是身体不允许。

吴：嗯。心有余力不足呀!

赵：毕竟爱绣嘛。有一个阶段他不让我绣，我趁他出门，就偷偷地绣，一听见脚步声，就赶紧收起来。

陈：其实我也知道她偷偷在绣。她有时候一低头就会头晕，我就想把她的绣花架子扔掉，可不知道她给藏到哪里去了（笑）。她这些年晕过去好多次呢。最危险的一回是2012年，宁夏附属医院连续下了几次病危通知书，我硬是把已经坐不起来的她带到北京治疗，当时全家三十多口人来送行。我找到北京阜外医院世界级心脏外科专家姚焰教授，硬是把她从死亡线上拉了回来。回来后，附属医院的医生都叫我“疯子”。因为当时在医院里，她不光坐不起来，稍微往起一拉就没气了，又怎么能坐飞机去北京呢！

赵：（深情地）我走一步路他都跟着，形影不离。有时候别人和我开玩笑："你的保镖来了没？"然后又肯定地说："保镖当然会来了。"（笑）

吴：（感慨地）你们结婚多少年了？

赵：快四十年了。

吴：老母亲多大年纪了？

赵：八十五了，跟我哥哥在下马关住着呢。

吴：您一般喜欢绣什么内容的作品？

赵：有花草、人物、动物等。主要以平面绣为主，用掺针绣、乱针绣、盘金绣、打籽绣等十多种针法。以前不会双面绣，现在也可以绣了。

吴：绣线从哪儿买？

赵：一般从苏州买，色彩比较丰富，一根线最多能劈开二十几根，而且线越细绣出来的作品越逼真。

吴：图案是自己画的还是买来的？

赵：简单的自己画，有时请专门的人画，也有买来的图案。我们三姐妹绣了两套"金陵十二钗"，第一套绣出来卖了五万元，那时候工资还没有过千，这笔钱已经很多了。第二套卖了十二万元。

陈：她们一看这个东西还能卖钱，也就是从那个时候，把三姐妹的积极性调动起来了，干劲十足。

吴：有没有自己创作的宁夏元素的作品？

赵：有呢。枸杞、沙湖、芦苇、人物、动物等体现宁夏地域特色和民俗风情的题材都绣过，主要以风景为主，风景绣简单些，人物绣比较费心劳神。

吴：好的。今天赵老师已经很累了，就聊到这儿吧。谢谢你们！下面我们要把你们带来的作品拍一下。

赵：好的。

二毛皮制作技艺代表性传承人

周永红

周永红，1962年出生，宁夏吴忠市盐池县人，中专学历。2013年被认定为自治区级非物质文化遗产项目（二毛皮制作技艺）代表性传承人。

综　述

1982年，二十岁的周永红嫁给了当时正在盐池县皮毛厂上班的冯安，她也通过招工进入盐池县皮毛厂工作，由于她好学、好强的性格，很快成为厂里的技术骨干。勤奋努力地工作，使周永红两口子感到格外的踏实。正当他们憧憬美好未来的时候，1992年，由于工厂倒闭，夫妻二人双双下岗，顿时生计都成了问题。生性好强的周永红不甘心贫穷，更不甘心自己的手艺被荒废，夫妻二人从银行贷款、亲戚朋友处筹借，用学到的手艺在自家创办起二毛皮制作加工作坊，从选皮、熟皮、洗皮、铲面到裁剪、缝制，夫妻二人分工协作、亲力亲为，一步一个脚印地开始了艰难的创业之路。逐渐的，家庭作坊已经不能满足市场需求，夫妻二人先后在盐池县老羊肉市场附近、解放公园附近开办了“美雅”皮毛加工店。有了店面的宣传，订单需求和生产规模也随之逐渐扩大。2003年，店里招收了六名工人，从小加工店变成了皮毛加工厂，加工场地也由原来的不足十五平方米扩大到三十多平方米。这期间，周永红一边研究市场，一边改进自身产品，产品种类不断丰富，服装款式不断更新，周永红和她加工的二毛皮产品名气越来越响，慕名而来的人多了起来，周永红接到了一个又一个的订单，企业在她的带领下蒸蒸日上，“美雅”渐渐地成为盐池重点特色加工企业，县政府多次鼓励周永红带上自己的产品到区外参加展销会、交流会。在2005年大连举办的首届扶贫农资洽谈会上，“美雅”的一百余件产品一天售空，深受消费者的喜爱，一位大连的老板还专门来电话说：“做了这么多年的生意，没有买过这么地道的皮货。”他也成了周永红长期合作的客户之一。

为了进一步发挥盐池滩羊资源的品牌优势，在继承二毛皮传统制作技艺的基础上，周永红一步步进行摸索和实践，对制作技艺进行优化，并不断对滩羊皮产品进行深加工。她积极参加各类皮毛制作、服装制作等培训班，先后赴大连、长春、内蒙古、海宁等地学习交流。特别是她通过不断努力，改进配方，改掉了传统二毛皮发黄、有膻腥味的缺点。在她的带领下，企业由小到大、由弱到强，1992年挂牌成立“宁夏盐池美雅滩羊裘皮有限公司”，2009年，盐池县人民政府为扶持企业发展，在工业园区划拨一万一千平方米土地为其建设新厂，2010年新厂落成，现有综合楼八百六十二平方米，生产加工车间九百八十平方米，工人三十余名，其企业已成为自治区重点龙头企业，注册的“花马池”品牌成为宁夏著名商标，产品远销俄罗斯、美国等地。

作为一名从偏远农村走出来的姑娘，周永红对农村、对农村妇女总有一种割舍不掉的感情。正是有了这种感情，在她招聘员工时，她十分注重选用农村妇女。目前在她企业工作的女工大多数来自农村，她们吃苦耐劳、勤勤恳恳，周永红与她们同吃同干，一同钻研二毛皮制作技艺。周永红还经常组织员工进行技术培训、工艺交流。当员工生活有困难时，周永红又向她们伸出援助之手，解了她们的燃眉之急，正如员工郭素丽心怀感激：“跟周姐这样的人干活，心里踏实！”正是凭借着人性化的管理，凭借着“顾客就是上帝”“以信用和质量谋发展”的理念，凭借着“坚持传统，不断创新”的传承精神，周永红赢得了顾客的一致好评和赞誉，为宁夏二毛皮技艺的发展作出了积极的贡献。

访　谈

被访谈者：周永红（自治级非物质文化遗产代表性传承人）

访 谈 者：马家媛、张欣蕊

访谈时间：2021年3月25日

访谈地点：宁夏盐池美雅滩羊裘皮有限公司

马：周老师您好，今天和您见面主要是有一个课题，武宇林教授和自治区非遗中心合作对自治区级非遗传承人进行一个采访，然后形成传承人口述史。今天咱们就聊聊天，您给我们讲讲您和二毛皮的一些故事。

周：嗯，好的好的。高兴你们能来，马老师你是第一次来我们厂子吧？

⊥　马家媛对周永红进行采访（张欣蕊摄于2021年3月）

周永红公司二毛皮产品（张欣蕊摄于2021年3月）

马：我来过您这里好多次了，不过都是和领导一起来的，有时候是督查，有时候是参观，您可能没注意我。

周：哦，就是就是。

马：周老师，您给咱们介绍一下您的基本信息，您的姓名、出生年月等。

周：我叫周永红，出生于1962年9月3日，实际应该是10月1号，身份证上是9月3号，就按9月的吧。

马：嗯，出生在哪儿？

周：就出生在盐池，盐池县王乐井乡。

马：您在那儿出生，也一直在那儿读的小学、中学吗？

周：初中也在王乐井乡，小学是在石山子村上（读的）。

马：您的学历是初中学历？

周：不是，我又上了高中，高中毕业后上了农广校，就是农业广播学校，是个中专。

马：您家里当时是什么情况？是住在村里面吗？父母都是农民吗？

周：父母都是农民。

马：家里都没有做二毛皮的吗？

周：嗯，跟二毛皮制作可以说没有关系，可能就是平常家里头做活了，比如说有皮子请一个皮匠来给制作一下。

马：就是说您的父母是不会做这些的？

周：嗯，不会做。我这个传承是这样，我以前是皮毛厂下岗工人，我干这个都干了四十年了。

马：您是中专毕业了以后就到了皮毛厂了？

周：嗯，皮毛厂那时候招工，我是招进去的工人。我的这个传承是企业的那种。

马：那么您就是跟工厂里的师父学的？

周：哎，对，就是。其实是企业的传承，跟上一代的皮毛厂的师父学的，那都是老师父了。

马：您到皮毛厂是多少岁？

周：二十岁。

马：进了皮毛厂是跟着师父学什么工种的？

周：那会就是缝皮，就是最基础的，手工缝皮，用针线手工缝。

马：盐池以前有个皮毛厂？那个是国营的是吗？

周：其实是集体企业，那会儿的集体企业其实也属于国家的那种集体企业，不像现在都是私营的。

马：当时就是因为盐池这个地方有滩羊，所以皮毛什么的都比较丰富和便利是吧？

周：不是说当时，盐池这个滩羊要说起来（历史就远了）。就说近的，战争时期盐池还用滩羊支援过红军，那些时候都冻得很，穿个那个皮毛滚滚子，那时候都叫二毛皮滚滚子。

马：滚滚子是马甲吗？

周：不是马甲，就是不吊面子，直接就皮子和皮子缝起来，直接缝个衣服就这么穿。

马：那就是说盐池滩羊的历史好久了，是吧？

周：嗯，好久好久了。

马：当时皮毛厂招工您去了以后最初学的就是缝皮子，女工是不是一般只做这些缝的工作？

周：不是，都是一步一步地学。进去一开始都是缝皮子么，最后你就可以开始学别的工序了。那个工序太多了，比如说配货，配货是啥意思呢，两个皮子要做一件衣服，两个皮子的毛路都要选成一样的。

马：就是它的纹路什么的是吗？

周：哎，就是纹路、皮板子的软硬度等等都要选的一模一样，这就叫配货。配到一起才能做成一件衣服，才好看。必须要一步一步学呢，配货之后裁货。裁货就是拿刀子裁剪皮子，裁剪好了还经过一次缝呢。

马：您刚说的是皮毛厂衣服制作的过程，那像皮毛鞣制啊这些工序和工艺呢？也都教给你们吗？

周：鞣制的这些工序都是发展了的，我们小的时候还没有皮毛厂的时候，那时候的鞣制工艺是在炕上，把炕烧的热热的，把米碾成面，再经过发酵以后，抹到皮板子上面，这就是熟皮子。最后发展到用缸熟，现在我们都是用滑槽熟。

马：现在鞣制还是用手工吗？

周：一半机器一半人工。

马：有人工需要经验操作的东西吗？还是说只需给机器定好时间就可以？

周：也有定时间的，比如温度要升到一定的温度以后，达到这个温度的时候还要有时间限制，看在缸里头停留多长时间，熟皮子这个也都是技术工。

马：刚才您说二十岁，也就是1982年就到了皮毛厂了，之后在皮毛厂干了多少年？

周：在皮毛厂干了十多年，1993年，应该说是1992年下岗的。我们夫妻两个以前都是皮毛厂的，都下岗了，我们就一起在家里头弄个缸开始熟皮子，最早是小作坊。

⊥　历年所获奖项（张欣蕊摄于2021年3月）

马：开了个店吗？

周：没有，就是在家里头皮子熟好，再开始制作，裁剪缝制。我在皮毛厂可以说就有这个一技之长，已经就把这些手艺手工都学好了，所有的流程都会了，我们两个人就在家里头开始干。

马：那么您当时销路呢？当时是怎么销售？

周：当时皮毛厂倒闭了，肯定还有一部分原客户呢，我们原来厂长们啊都去给介绍呢。

马：在皮毛厂学的十几年时间里，您是跟几个老师父学的是吧？他们是谁还记得吗？

周：有一个赵春香，还有一个王道元。赵春香是成装车间的，就是吊面子、布料裁剪这些。裁皮子是跟王道元学的。

马：您在厂子里面学技术有没有什么记忆深刻的故事吗？进了这个厂就爱上这个工作了吗？当时有什么想法？

周：还是爱这个工作的，可以说我这个人要学啥我也比较执着，当时想着既然到了这个地方就认真学。我那会上进心比较强，赵春香还属于车间主任，就做那些样品活都是我做。而且当时不像现在条件都好，制作啥有啥工具，那会就没有工具，我们做床罩上的块块（花样）都得用手工画，再用熨斗烫平再踏（缝）上。

马：我还想着二毛皮制作工艺前期熟皮的这些过程比较复杂，但在您介绍的过程中，好像介绍裁剪后面的这些工序比较多？

周：嗯，这些我接触的多。

马：您爱人是做哪方面比较擅长？

周：当时他就在熟皮车间。

马：哦，那男的一般可能做熟皮的多？

周：哎，就是的。

马：因为这个味道也不好是吧？

周：这味道倒不说，因为它是体力活，女的一般都干不动。女的一般都是裁剪、吊面子这些。

马：您二位正好一搭配，全部流程都熟悉是吧？

周：哈哈哈，嗯，对。

马：您爱人现在还在厂里面做吗？他没报传承人？

⊥　展厅（张欣蕊摄于2021年3月）

周：在呢，反正他把熟皮子那一方面干了，就再不管其他了。他没报传承人，当时也没有那个意识，我们原来都还不知道（非遗）这个概念。

马：您觉得二毛皮制作技艺，哪些工序最核心最关键？

周：在我看呢，哪一个工序都关键，都重要。比如说皮子熟不好了，手感、味道各方面也就跟不上。再一个现在条件好了，要是面子吊不好，客户也挑剔呢。干每一件事你都要认真面对它，每一个工序都不能放松。

马：您觉得宁夏的二毛皮滩羊皮，它最大的特点是啥？

周：滩羊皮尤其是我们盐池滩羊皮，必须要有九道弯，这是盐池皮子的一种特色。另外皮子熟出来比较柔软，它的张子（面积）没有其他地方的大，可是它的弯子必须要达到（九道）。

马：它这个张子不大，是不是也是因为羊不大？

周：羊也不大，羊选用的是本地三十天到四十天左右的羊。

马：三十天的时间应该算是小羊羔，是羊羔毛了。

周：是羊羔皮，再不能时间长。

马：选皮还有什么讲究呢？

周：选皮收皮也是比较重要的，这个事就像啥？弯穗要达到九道弯，毛长十厘米左右。就是过去老一辈人说，捏着四肢头上毛一点尖尖，就是长度刚好，长度要合适。

马：像咱们宁夏的二毛皮，没有味道也不生虫，这好像也是我们一个特点是吧？

周：这个不生虫子的问题也是变化的，你像过去用米面熟的皮子为啥就生虫，因为它里头有粮食，现在不生虫是因为现在用的（东西），比如说盐、硝这些本身就不会生虫，而且盐本来就是有杀菌的作用。

马：您现在用的这些原料和手艺都是沿用厂里的吗？现在有没有创新或者是改进？

周：都是传统的，现在也有不断地创新，可是传统的东西也要保留。

马：刚才您说现在半机械化，那么作为非遗的一个项目或者非遗的传承人，您

⊥　二毛皮床罩（宁夏非物质文化遗产保护中心提供）

要保留这个项目最核心的传统的东西是什么呢?

周：最核心的你比如说咱们在选料这方面，必须要选好，在鞣制这方面也得要做得好。

马：我去过很多二毛皮厂，他们现在基本都是机械化的设备了。

周：但这个鞣制也有手工的操作，其实很重要，因为它还要放很多的各种料，这个过程中都有核心的技术和经验在里面呢，就像我们现在做标本，我们就用缸熟皮着呢。

马：你们这个料有没有什么秘方，或者秘不外传的这些东西?

周：肯定有秘方呢，你比如说做这个羊的标本，我们肯定也有秘方呢，里头应该下啥东西，它容易有伸展度，皮子不是那种倔倔的（硬硬的）搋不动弹那种。

马：那这些秘方都是教给厂里的员工，还是您夫妻二人掌握?

周：基本上现在这些就我家老公（做），这必须自己要掌握呢，还是得保留一部分。

马：这些秘方或者这些配料的经验应该就是你们核心的一个部分是吧?

周：不管机器怎么代替它，你用料肯定要凭人的经验呢，比如说放盐应该放多少比较合适，温度加到多少比较合适，这个也是不断创新、不断摸索的（讨程），当然也有咱们过去老辈传下来的经验，这样才比较结实、比较有根基。

马：您爱人这方面应该是专家了，在熟皮工艺这些方面，他的师父是怎么教他的？

周：那都是在皮毛厂老师父教的，就是口传的，再加上实际干着，慢慢就会了。

马：现在这些关键的工序还是您二位在掌握，您的后代呢？

周：我有两个儿子，只有一个儿子跟上我干着呢，也是去年才开始干，以前不愿意干。

马：这些工厂的技术人员他们独立干还是不行是吧？

周：肯定不行，就在放料的一点点关键上呢。我们也有规定就是各种料放多少，都是让工人称一下，但因为皮子不一样，有时候不一定说完全按照标准，我们还要凭经验再调整。

马：家里是大儿子还是二儿子跟着您干呢？

周：二儿子跟上我干呢，大儿子在盐池县工程处上班着呢。

马：那您将来技艺就传给二儿子？

周：那他干开了就传给他么。

马：您还有其他徒弟吗？

周：其他徒弟有呢，其他徒弟做成装（成衣）的比较多，裁皮子的比较多，就是边带工人也教学徒。就像这些工人学的话，你就必须给说下该咋干。

马：作为非遗传承人，您肯定在核心的非遗技艺方面要进行一个传承，但是您现在作为一个企业的厂长来说，要批量化，要有盈利点，要有效益，对不对？所以这两者有没有矛盾，您是怎么解决的？

周：这个矛盾的确是有呢，反正需要区分呢，比如说订单订货要走快的话，我必须就要用机子做呢。如果有些东西比如这些个作品，能用手做尽量用手做，手工做出来就平整，缝出来的就好。

马：那这样的活儿一般是供给什么样的客户呢？

周：也有定制这样纯手工的，你比如说我们做的那个小羊，是立体的，机子就肯定放不进去，肯定要手工做呢。

马：您现在厂子订单主要是来自哪里？

周：现在厂子订单主要是对外出口，这两年从去年开始有一部分走浙江海宁。

马：咱们熟出来的皮子，咱们的皮料和南方海宁这样比较成熟的皮料产地有什么区别吗？

周：肯定有区别，主要还是在用料上。有的地方就是你刚才说的，熟出来的皮有那个味道，你看我们这个，你刚才进来不知道你注意了没有，没有啥大的味道。

马：是不是跟选的原料也有关系？

周：那肯定是有关系呢，然后跟鞣制也有关系。

马：我们这个厂是什么时候办起来的？

周：刚才给你说我们1992年下岗就在家里头，就用缸开始干。刚开始没有注册公司，后来口碑也好，有了个皮毛店。

马：当时订单多吗？

周：当时有个啥订单么，还是少得很，几件件。都是我爱人熟皮子，我和我妹妹搭上做（缝制）。我妹妹现在也在这干着呢。当时就是维持生计，家里的经济来源全靠这个，两个儿子上学也全靠这个。当时那个条件就是一般吧。从有了这个皮毛店（条件）就开始好一点了。你想我们刚开始在家里熟皮子，第一年就卖了几十张皮子么，慢慢的销路、口碑各方面都好了，最后才开始大量生产了。

马：在家里这样干了几年？

周：在家里头就干了两三年。

马：您最早的店是在哪儿开的？

周：在盐池过去那个老羊肉市场那边开了个小门面，有个门面宣传力度各方面就提高了。你在家里头（干）毕竟是家么，我们原来住的那个地方也比较偏，有了门面别人就都知道这是做皮子的。

马：当时款式什么的多吗?

周：那会做的就是二毛皮围巾，再就二毛皮马甲，马甲多。当时马甲都不是现在这种活里活面的，都是死面子的，不能洗。老年人穿得多。后来款式不断增加创新着呢。

马：盐池当地人有穿马甲的传统?

周：当地人买的多，那会子家里头也都不好，取暖各方面也跟不上，穿得多。

马：是哪一年办的厂?

周：在羊肉市场那干了可能有五六年，又搬到烈士陵园（附近），现在咱们的解放公园那里，搬到那边还没有注册公司，还是个店面，在那干了七八年，2009年搬到这里的。

马：您现在厂子有多少员工啊?

周：现在厂子基本也就三十几个人。一年的订单都是这些长期工做，有时候订单多了顾不过来也找临时工。

⊢ 产品礼盒（张欣蕊摄于2021年3月）

马：刚才您说现在厂子的销路是供应海宁那边是吧？主要是供应原始皮料还是成品？

周：有原始皮料也有成品，要原始皮料的多。原始皮料也必须有规格大小，比如说他让我给他裁个一尺长的，就给他做成一尺长，看客户要裁成多大的。

马：代加工的你们也做吗？代加工的订单是品牌的吗？

周：代加工品牌的少。

马：以前你们出口都是销往哪些国家？

周：以前出口都是俄罗斯、美国比较多。

马：这些订单客户是怎么找到您的？

周：这些还是以前的客户，以前我们在皮毛厂的时候就有出口的单子，长期合作的。他们那会也是定半成品的多，叫我们给裁多大就多大，裁成60×120 cm的多。

马：您觉得咱们和海宁他们做出来的皮料有没有很大的差距？我们的工艺有没有不如他们的地方或者赶超他们的地方？

周：南方毕竟是大城市，他们引进的技术比较多，总体来说比偏远的地方技术要先进一点，但是我们传统的技艺比较多。

马：周老师，您介绍一下工序吧，咱们一个个成品出来都要经过哪些工序？

周：这个成品出来，从选皮开始，然后往皮子上面抹盐，还要晾晒，这就三个工序。再就是鞣制，鞣制第一步是用水浸泡，第二步要放盐啊什么的（原料），鞣制就是软化的过程，软化了之后还要把皮子上面的油脂和肉铲掉，这叫水皮，水皮完了之后还得要泡到缸里头，天天要加料、加温，泡一个星期之后就可以取出来晾晒了，不敢晾干，订到板子上晾。最后还得再铲一层渣子。熟的好的皮子柔韧性就好，有些皮子是硬的，就有点没熟好的感觉。晒还不能晒得太干了，有时候要板子对板子把皮子捂住，保留一些湿度才能铲皮呢。这些工序完了之后就可以上裁案了。配料的人这个时候就可以开始配料了，比如说要做一个大床罩，用十几二十张皮子的，你就要选一模一样的皮。然后就是裁剪和缝制了。

马：您现在厂子里的产品大概有多少类？

周：现在这个厂子里的产品有二十七八种，除了服装、家居床上用品、汽车用品，还有就是旅游文化产品，小的纪念品。

马：开发这些产品的都是你们专门的设计团队吗？

周：这些产品要能适应本地的实际情况，有时候请的设计团队在你这个地方不一定适应性强，要有地方特色的都是我自己设计。设计团队都是从外地请的，还不了解当地这些市场需求。

马：咱们当地哪种产品销量比较好？

周：当地现在还是围巾和披肩卖得好，再就是背心。现在的背心和过去那种不一样，样式、面料都有所更新。

马：现在这些各个工序跟原来相比，跟您原来在厂子学的那些，在您二位的手里有没有改进创新的地方？

周：有呢么，肯定有改进和创新。比方说熟皮子的时候，咱们以前就用的盐跟硝，以前的皮子的柔韧性不是很好，味道也去不掉。现在还加入了别的东西，能够让皮子更柔软，凭自己的经验摸索，加点这个、加点那个，光泽度和柔软性都比原来提高了。原来厂子里面生产的多多少少还有一点味道，现在基本没有，现在要是有羊膻味人肯定都不穿了。还有现在做马甲的时候，以前做成死里死面子，现在咱们就做成这种活里活面，现在人家比较讲究，好拆洗。这些都是改进的方面。还有裁围巾的时候，传统的围巾尺寸就很宽，现在就得根据个人的需求，毛长得太宽了就显得臃肿，就裁窄一点，现在必须跟市场接轨，慢慢改进。

马：好多衣服，还有产品都是您设计的哦，真厉害。您会画这些样子是吗？

周：我还是比较好学，有时候看电视上面有些好东西，比较流行的样式，比如说中央电视台播音员过年肯定要换这种中式立领盘扣的衣服，咱们就还得要学人家，看了就赶紧给拍照，在脑子里想怎么做。

马：您身上这件衣服就是你们自己做的吗？

周：嗯，自己做的，外面这个刺绣是机子绣的。

马：其实可以和我们刺绣传承人合作嘛。

周：手绣的成本高，现在就是这么个，所以说这个矛盾就在这儿了。就像咱们纯手工做出来这个东西，现在工价高得很，人家工人一天必须要挣到至少一百块钱的工资，这一个绣片成本好高，我去年让传承人给我绣了这么一个小花花，就五十多块钱，太高了。

马：您现在有品牌吗？

周：有品牌，我们这个是宁夏著名商标呢，宁夏名牌产品，我注册的是“花马池”。在各大商场也有呢，在银川特产店里也有，在特产店主要不是卖皮衣，主要还是卖二毛皮，咱们的特点还是二毛皮。

马：咱们现在有没有网店，电商？

周：也有呢，我们现在有一个淘宝网店，还有一个快手直播店。这些都是公司里面的人去给操作的。这些网店每年占销售总量的百分之二十，剩下的基本都是像海宁这些多年合作的客户。

马：现在经营方面或者在传承方面您觉得有没有什么困难？

周：对这个项目来说，经营方面现在市场东西特别多，竞争也大，比如说去年有一段时间，还没等你的产品大批量生产呢，人家仿的就出来了，人家仿的造价低。原皮也是，我们的二毛皮现在都有仿制的，仿制的都是南方的。他们仿的就不是羊皮，但做出来样子就像羊皮，毛毛子那样卷卷的，还成本低，市场上竞争特别激烈，就打价格战。现在就得走量，薄利多销。

马：您觉得您的产品或者在这个项目传承、公司运营方面哪些方面还能再发展，还能做得更好？

周：我每年必须要开创一个新产品。今年我就想做一些文创产品，想在旅游产品、文创产品上多发展发展，用手工制作的东西比较多，而且不能说光是二毛皮，我还想要和其他的（项目产品）进行拼接融合。

马：您尝试过这方面的一些探索？

周：我已经做了一些，你看我们自己做的滩羊皮画，在滩羊皮上面画的画，这也是一种艺术品。再一个就是滩羊皮拼接的靠垫，通过颜色的搭配对比，产生高低起伏的立体感，这个就是我自己设计的图案，三羊开泰，这是细毛羊和二毛皮的混搭，这都是纯手工做的。这些还是不能形成一个产业化，我现在也承担着社会责任，最起码你要给工人发工资呢，你要靠纯手工的还是不行。咱们只能说是把这个东西能够保留下来，在这个基础上创新，营利还是不能靠这些。这就是用二毛皮为原料，显示出我们的特色和特点。

马：这些文创产品有销路吗？

周：这些销得还好呢，就是手工慢，不能批量生产。

马：像这种面料（印花皮料）也是你们做的吗？

周：这是我们和海宁一家公司合作的，比如今天要染这一缸皮子，就是这一个设计师设计出来的，我们两家共用。这些技术也是从海宁学的，彩色印花，做这些咱们都能做。我就想着以后这些传统的要做，还要搞一些有特色的东西。

马：好，周老师，今天就聊到这儿吧。祝您事业蒸蒸日上。

回族杨氏拳代表性传承人

杨文玺

杨文玺，1964年出生，宁夏吴忠市人，杨氏拳第六代传承人。2013年被认定为自治区级非物质文化遗产项目（回族杨氏拳）代表性传承人。

综　述

杨文玺出身于武术世家，自五岁开始秉承家传绝活，随父辈学习杨氏拳，五十年来悉心研练，已完全掌握了杨氏拳的武术精华。其父曾是学校教师，在教诲杨文玺习武的同时，也重视并督促他学文，努力完成学校各科学业，杨文玺顺利考入大学，于1986年毕业于宁夏大学教育学院历史系。其后，他从事过教师及企业的中层干部等工作。其间，他一直没有放松对武术的钻研与追求，还经常撰写武术及杨氏拳相关的文章，发表在《吴忠日报》等报刊上。杨文玺努力宣传并呼吁全社会重视及保护传统武术文化，整理完成了《灵州回回刀》《汤瓶七式》《杨氏教门拳》等著作。2006年，出于对杨氏拳传统文化割舍不下的情节，他最终辞去了稳定的企业工作，开始了专职的杨氏拳传承事业。2006年7月8日，杨文玺创立全国首家武术文化学校——吴忠市传统武术文化学校·传统武术文化研究会，从此，一心一意探索传承杨氏拳传统文化之路。其武术学校经历了创办初期学员少等艰难，一路风雨，前行至今日。杨文玺勇于开拓进取，打破传统武术传男不传女的规矩，将祖传武术传给了两个女儿，并吸收了大量的中小学学生参加武校的习武活动。同时，他积极参与非遗进校园活动，把传统的武术引进学校课程，免费培训中小学生四万多人。

2009年，杨氏拳被几位来到宁夏调研的中国老一代武术家认可，并被推荐入选中央电视台《星光大道》节目，这是西北地区第一家亮相央视舞台的武术拳种。其后，杨文玺被央视《武林大会》栏目聘请为专家评委，参与各种武术

⊥　杨文玺为小学生教授拳术（本人供图）

赛事评选活动。2010 年，杨氏拳参加宁夏第七届少数民族传统体育运动会，杨文玺的两个女儿表演的双人功夫扇获得银奖。十多年来，杨文玺创办的吴忠市传统武术文化学校成了新一代传统武术后人的培训基地，培养了成千上万名热爱传统武术文化的中小学生，促进了广大青少年的身体健康，弘扬了中华传统武术文化。该武术团队还积极参与当地的春节社火表演，用传统武术的方式，为群众带来欢乐。2016年6月，宁夏文化厅授予该武校“非物质文化遗产优秀传承基地”称号。目前，杨文玺培养了两个女儿杨澜和杨婕为接班人，她们是杨氏拳第七代传承人，女儿杨澜已被评为吴忠市级非物质文化遗产传承人。

在杨文玺的奋力开拓下，杨氏拳的名声越来越大。2009年，杨文玺和他的武术团队跟随中国代表团到新加坡进行展演，第一次把杨氏拳展示在国际舞台上。近年来，杨文玺及其团队先后随中国代表团出访巴西、马来西亚、印度尼西亚、韩国等国家表演传统的杨氏拳，参加国际武术比赛活动。在一些国际武术赛事上，杨文玺团队有九名学员分别获得过冠军，在海外弘扬了中华传统武术文化，也宣传了宁夏，宣传了吴忠。

2017年，杨氏拳团队二十八人代表中国宁夏吴忠，参加了在马来西亚吉隆坡举办的国际武术大赛，共取得十七块金牌、六块银牌、八块铜牌的优异成绩。其中，杨文玺的大女儿杨澜在此次国际武术大赛中，以精彩的杨家枪表演荣获金奖。美国、英国的一些武术爱好者也慕名来到宁夏吴忠，找到杨文玺拜师学艺。2018年2月5日，具有浓厚的民族艺术特色的杨氏拳，参加了“2018中国民族春节联欢晚会”的节目表演，被中国民族春节联欢晚会组委会评定为优秀节目奖，并颁发了荣誉证书。

杨文玺的杨氏拳在吴忠市有很大的影响力，已经成为当地的一张亮丽的文化名片。为了更好地传承杨氏拳这一非物质文化遗产，吴忠市文化馆在馆内开设有“杨氏拳传承基地”，几间大展厅内，摆放了众多的杨氏拳祖传武术器具，并展示有该家族几代传承的珍贵拳谱及其在各种赛事中荣获的诸多奖状、证书等，反映着杨氏拳的历史及发展进程。

⊥　杨文玺的武术团队（本人供图）

访 谈

被访谈者：杨文玺（自治区级非物质文化遗产传承人）

杨 澜（杨文玺之女，吴忠市级非物质文化遗产传承人）

王海红（杨文玺之妻）

访 谈 者：武宇林、张万静、杜丹、张淳

访谈时间：2018年12月20日

访谈地点：吴忠市文化馆

武：杨老师，还有夫人和女儿，你们好！我们是北方民族大学非物质文化遗产研究所的，我们正在完成宁夏文化和旅游厅的一个委托项目，就是和宁夏文化馆合作，共同对宁夏前四批一百七十六名自治区级非遗传承人进行一个抢救性记录，杨老师也是其中之一。本来，按照分工，吴忠市传承人由其他课题组采访。我们今天正好来到吴忠，吴馆长热心推荐先采访您。你们全家出动，夫人和女儿也都来了，好重视啊！谢谢你们！

杨：（微笑）应该的。能接受访谈，我们全家都很高兴。

武：那我们就围绕你们杨氏拳的传承，好好谈一谈。请问您的出生年月？

杨：1964年1月8号。

武：您老家就是吴忠吗？

杨：对。就是吴忠市区里。

武：哦。那1964年，很快就是“文化大革命”了，当时家庭是什么情况？

├ 杨文玺家族的武术器具
（张万静摄于2018年12月）

杨：当时父亲是教师，爷爷是贫农，所以没有啥大的牵扯，就是那些练武的各种器材，当时被当作牛鬼蛇神的工具啥的。

武：就是说，因为有练武的这些器具，也遇到了一些麻烦？

杨：嗯。我家那会儿就把那些东西藏来藏去的，不过也保存下来一些东西。

武：那你们这么多练武的器具，包括刀、枪、棍、棒等等，都是祖上传下来的吗？

杨：（微笑）对对对！

武：是从爷爷辈？还是更早？

杨：更早，更早。

武：哦。是一代一代传下来的。那到了“文化大革命”，这些东西受到批判，所以你们就把它东藏西藏。

杨：就是的。东藏西藏，一直保护到现在。

武：当时，你们都藏了哪些东西？

杨：主要藏的是刀、剑、枪、石锁，有很多呢，有几百件吧，其中还有老拳谱。

武：这个拳谱可是太重要了！

杨：对！我家老拳谱都快要翻不起来了。

武：那就是说，年代久远，纸张已经破旧得很严重了。那你们现在把它重抄了没有？你们家里现在有文化人了，把它重抄一遍多好啊。

杨：还没有抄。不过，我自己根据那个老拳谱，整理了一本书，还没出版呢。

武：这个想法好啊。您说那时候父亲是教师？

杨：对。我父亲是教师，教书匠，是国家的教员，小学、初中、高中都教过呢。

武：哦。父亲一直当教师，那妈妈就在农村吗？

杨：对。妈妈一直在农村。

武：那你们兄弟姐妹几个？也都跟着母亲在农村长大的？

杨：对对！我们兄弟姐妹六个，三男三女，我是老大。

武：父亲是教师，您排行老大，那一定念书了吧？念到什么程度？

杨：嗯。我念到大学，也算本科吧。宁夏大学教育学院。

武：哪一年毕业？

杨：1986年吧。

武：1986年毕业的，那就是正规考进去的嘛！是哪个系的？

杨：（笑）对，我就是考进去的，历史系。跟秦文忠教授学习，他是搞体育文化的，是我的老师。

武：那宁夏大学历史系毕业以后呢？

杨：到吴忠市的三四所学校教书。

武：当老师？是历史老师吗？

杨：嗯，边当老师边教武术。后来又调到企业干了十几年。最后企业又不干了，回来成立了武术学校。

武：武术学校的名字叫啥？

杨：传统武术文化学校。

武：那请您给我们介绍一下怎么和武术结缘，大概是从几岁开始练武？主要是跟谁学会的？

杨：我主要是受家庭的熏陶，因为爷爷、父亲都是练武术的。我五岁就开始学习杨氏拳，一直到现在，五十年了。

武：就是说，您家的武术是祖传的？父亲跟着爷爷学会，您又跟着父亲学会？

杨：（笑）就是的，祖传的。爷爷跟着爷爷的父亲，爷爷的爷爷的爷爷，一代代传下来的。

武：最早能追溯到哪个年代？

杨：最早能追溯到清朝同治年间，1778年。

武：那您从五岁就开始学武术，是不是学得很苦啊？

杨：嗯。当时因为年龄小嘛，也是不愿意学习。无论大人还是小孩子，人都有懒惰思想。特别那时候还小，父亲、爷爷逼着打着叫我学。

武：是拿棍子打着练吗？

杨：对对对！现在看来，过去父辈啊祖辈啊，他们是对的。

武：他们考虑得长远，不能一时心疼，一味地迁就孩子。

杨：就是，这样才能把优秀的文化传承下来。

武：的确，武术也得从娃娃抓起。那当时主要练什么功夫呢？要早起吧？

杨：嗯。每天早晨四五点就起来，练基本功。

武：具体有哪些基本功？

杨：踢腿啊、拔筋啊、旋子、旋风腿、二踢脚这些。现在这些也是武校最基础的东西，那会儿都练过。

武：那就是说，现在武校练的这些，也都是祖祖辈辈传下来的基本功，而不是后来谁给创造出来的？

杨：不是的。创造出来的也有，那是国家竞赛的那些项目，比如像杂技那样的空翻啊、旋子360（度）啊，都不算传统的，那是他们以后根据这个表演的观赏需求、国家竞赛套路的需要，有关人士给搞出来的。

武：哦，明白了。比赛套路是后来搞出来的。

杨：对。像2009年咱们中国最老的三位武术家来宁夏，还来到吴忠。中央电视台不是搞了一个《武林大会》的栏目嘛，他们要打这个擂台，就到全国各地区挑这个拳种。我过去有个徒弟，他就练过这个竞赛套路，我就把他叫来参加，打得很漂亮，连着能翻三四个跟头呢。一翻跟头，人家那个武术家马上叫停，说："这个别打了，别打了。这又不是传统的东西。"他就是不认同嘛。

武：那他们是来挖掘传统的武术来了？

杨：对啊！我们杨氏拳一打出来，人家就说："这个好！这个拳种可以上！"就把我们给选上了。

武：是2009年的时候吗？你们到哪儿去演出了？

杨：（笑）对！2009年上北京《星光大道》摄影棚，比赛了七个星期，我们拿了一、二、三等奖。

武：哇，囊括了三个大奖！你们的成绩好突出啊！

杨：嗯。我也被他们中央电视台第五频道《武林大会》聘为专家评委。只要有时间，打比赛我都要去呢。

武：真棒！得到了中央电视台的邀请，太厉害了！

杨：2009年，西北地区的武术第一次走出大西北，走向中央电视台，在央视播出。

武：那在2009年之前呢？

杨：之前一直没有过，从没有机会出去过。

武：没有机会展示，也没有出过宁夏？只是在本地表演吗？

杨：对，没有走出过宁夏。不过，民运会参加过，金奖、银奖、铜奖都得过呢。

武：那是宁夏（回族）自治区少数民族传统体育运动会吧，金、银、铜奖都得过，也很不简单呢。那您刚才说家里有兄弟姐妹六人，三个男孩三个女孩，那您家三兄弟都学过杨氏拳吗？

杨：对，都学过。但是，他们不从事这个职业，都干别的了。只有我是专心搞这个杨氏拳的传承。

武：那您家两个弟弟还有妹妹也都念书了吧？

杨：弟弟和妹妹都上学了，但最高的上到高中。

武：哦。您不但书念得好，武术也传得好。那父亲还健在吗？

杨：在呢。

武：父亲一定为您的成绩，您的出色传承而感到骄傲，感到自豪。

杨：（欣慰地）对对对！

武：杨老师能够让杨氏拳走出宁夏，在中央电视台亮相，您父亲是怎么说的？

杨：他呀，过去就说过："咱们要把咱家的这个杨氏拳，推向全国，推向世界。"

武：这是父亲的梦想，不仅走向全国，还要走向世界，理想真的很远大。

杨：（自豪地）他说的这个（梦想），我都已经给他实现了。因为2017年马来西亚举行了一个国际武术大赛，我们代表吴忠，也代表宁夏，一共去了二十八个人参赛，得了十七块金牌、八块铜牌、六块银牌。这是宁夏，也是西北地区历史上第一个把西北的武术打到国际上。我是第一人，我做到了。

武：太好了！杨氏拳走出国门，而且获得了这么丰硕的成果。那又是什么契机走出国门的呢？

杨：也是传统文化的魅力吧。有些人说好像这个东西怎么样，实际上不是。我们宁夏的传统文化底蕴很深，从很早的时候就传下来的，名声本来就很大，只不过我们是接力的人而已。

武：嗯。你们是传承者。那这次走出国门，具体是什么原因，对方是怎么知道你们的？

杨：就是我刚才介绍的，咱们通过积极参加中央电视台《武林大会》的打擂台，中央电视台第五频道、第九频道、第三频道都播过我们的杨氏拳。

武：中央电视台播出后，国外就知道了？然后主动联系你们？

杨：（笑）对对对！在新加坡啊，马来西亚啊，他们也能看到我们中央电视台的节目呢。

武：哦。怪不得呢。媒体的宣传力量真大呀！

杨：就是的。2009年，我们跟着中国代表团到新加坡去进行过展演呢。

武：那时候也带了不少人去的吧？

杨：嗯。那次带了十几个人，当时也是引起了小小的轰动。

武：那是你们第一次出国吗？

杨：嗯。是第一次出国。

武：十几个人坐着飞机出国去表演武术，一定很激动吧？感触最深的都有哪些事？

杨：（笑）当时也年轻嘛，很高兴，也特别激动。感触最深的就是中国功夫。咱们吴忠的这个武术，是中国的一个文化名片，深受外国友人的欢迎，我们如果穿一身唐装走到大街上，他们就会用英语说“Chinese 功夫”，就觉得很厉害呢，谁也不敢惹。我们心里面就会有一种自豪感。

武：觉得自己国家很强大，中国的武术很厉害。

杨：嗯。我觉得外国人对咱们中国的武术确实很崇拜，特别是咱们具有地方民族特色的武术，他们非常喜欢。看完表演完以后就想学，我现在外国的徒弟好多呢。再过几天，可能美国要来十几个人跟我学武术呢。

武：是来拜师学武术的？

杨：（微笑）对的。

武：他们也是通过中央电视台的节目？

杨：是的。还有微信平台。通过这些，他们知道得也多呢。

武：那美国的学生要来的话，是不是还要通过咱们自治区外办等有关部门？因为还有接待、住宿等问题吧？

杨：嗯。我打算跟吴忠市的领导报告一下，到时候请他们安排旅游公司去接待，我只负责教就行了。

武：对对对！通过旅游公司接待是个好办法。杨老师，您现在是名声远扬了。

杨：（微笑）这都是大家支持的结果。这几年，一年出国两三次，也就没有第

⊥ 杨氏拳传承基地及其器具（张万静摄于2018年12月）

一次出国那么激动了。

武：哦。那请您说说，一年两三次出国，都去过哪些国家了？

杨：像马来西亚、印度尼西亚、新加坡、韩国等国家都去过了。

武：嗯。这些国家都有武术的传统，也都很重视武术。那他们也有一些相关机构会对口接待你们吧？

杨：对对对！都是各国的武术协会和我们联系的。

武：那么，你们到这些国家后，有哪些难忘的事情？

杨：比如说马来西亚，接待的规格是非常高的，可能是国家小的原因吧。他们的首相都要出来欢迎我们，参加欢迎宴会，我觉得这个规格是相当高的。作为中国人也觉得很自豪。

武：是的。这也反映了对中国传统文化的重视和尊重，我们强大的祖国是坚强后盾，你们也为国争了光。

杨：嗯。也是宣传咱们宁夏、宣传吴忠。

武：好好好！今天，你们的杨氏拳之所以能够取得这么辉煌的成就，和当年的努力，以及五十年持之以恒、坚持不懈的坚守也是分不开的吧。俗话说，台上一分钟，台下十年功。想必一路走来，肯定也不容易，有过很多的曲折吧？

杨：嗯。（沉思）提起小时候练武术时，吃的那个苦呀，就是说三天三夜也说不完呀。

武：哦。请给我们具体说说。我们都完全不懂武术。

杨：比方说，像我们的手掌，作为练武的人，要求是这样的，手掌伸出去时，大拇指要弯下来，绝对不可以张开拇指。可是，那时候小呀，动不动就忘记，不由得就把拇指伸开了。有一次我正练功着呢，大拇指没有合拢，我就这样（比画）。结果我父亲拿了一把木刀，是木匠做的小木刀，就用那个木刀一下子把我这个手指头差点给砍断了。

武：哦。父亲用木刀砍您的大拇指，是为了让您长记性，永远记住吧？那又是因为什么呢？是一种防身术吗？

杨：对！就是一种防身术。如果作为练武之人，大拇指不合拢的话，遇上对方的刀呀、棍呀，削下来以后，稍不小心指头就会被砍掉。

武：哦，原来如此。怪不得父亲要严厉要求呢。

杨：嗯。你们看我现在坐着也好，站着也好，这个大拇指的手指头都会这样（收拢）。

武：已经养成习惯了，随时都有防护意识。

杨：对对！反正练武是很苦的，每天四五点就被逼着起来，踢腿啊、拔筋啊，很苦，也很枯燥。

武：也练对打吧？一般是和父亲呢，还是和其他学员？

杨：嗯。有时和父亲练对打。父亲还教了好多徒弟，我们也一起练习对打。

武：互相陪练。那您一直还要上学呢，学业不会耽误吧？

杨：（微笑）没耽误。实际上，现在好多家长就像您刚才说的这样，说是练武术耽误学业。对这种说法，我是最持反对意见了。因为在我这儿培训的学生，大部分都是学习好的，得了世界冠军的全考到一流大学去了，练武术实际上是开发智力。

武：哦。请给我们讲讲，这是为什么？

杨：越练脑子越好使啊！

武：而且反应快，眼疾手快，动作协调。

杨：对对对！练武术那么苦都能坚持下去，学习和武术比，还能有多苦？！

武：有道理！您本身的成长就很有说服力，既练成了武术，又没有耽误学业，还考上了大学。

杨：对呀！所以说这个不耽误学习，反而促进学习。我们的武术免费进校园活动，已经坚持了十三年了，培训了四五万人，没有一个学生说是因为学了武术耽误学习的。

武：哦。都培养这么多人了。那请再给我们讲讲你们的武术学校，是哪一年开办的？是什么情况下办的，发展现状怎么样？

杨：我们的武术学校是2006年创办的。那一年，我写了一篇文章，就是关于咱们杨氏拳的历史呀、拳的特点呀，它的传承与发展、将来的展望等等，发表在《吴忠日报》上。当时的市委书记看到这篇文章以后，认真地读了好几遍，觉得（杨氏拳）很有文化底蕴，他就把我叫过去说这个事。就像您刚才问我："学了多长时间？你这个拳都由什么组成的？"最后他跟我谈完以后，觉得这个东西应该传承。就对我说："这样，你干脆给咱们办一个培训学校，学校办好后就招生，大量传承孩子。让更多的人学会这个东西，让更多的人知道这个东西。"他就是肖云刚书记，后来是宁夏（回族）自治区人大（常委会）副主任。

武：哦。是当时的吴忠市委书记支持你们办的这所武术学校。

杨：对！在吴忠市委书记的支持下，就用了三天时间，咱们这个学校就注册成功，注册成功以后就开始招生。当时，又赶上在宁夏举办中国和阿拉伯国家的博览会，阿拉伯国家的一些国际友人都涌向宁夏，他们非常喜欢咱们这个具有民族特色的武术，后来每年世界各国的外国人都来参观学习，引起了不小的轰动呢。特别是新闻媒体一做宣传呀，就有更多的人来报名学习武术。

武：那你们这个“吴忠市传统武术文化学校”2006年开办，一开始学校招了多少学生？

杨：最早招的人不多，刚开始不行嘛。2007年沙特王子来了，我们表演了一些硬气功等武术。电视新闻一播放，报名的学生就越来越多。后来知道我们学校的人也越来越多，咱们吴忠市区的一些学校也邀请我们过去教学生。

武：那是非遗进校园活动？2007年以后，宁夏就开始倡导非遗进校园了。

杨：对对！杨氏拳2008年被吴忠市评定为市级非物质文化遗产保护项目，2012年杨氏拳又被自治区评定为省级非物质文化遗产保护项目。我们一开始就进了两所学校，现在发展到六所学校：利通一小、利通十五小、利通十一小，还有银川兴庆十八小等，我们都进去过。

武：现在是六所学校，从小学到初中、高中生都有吗？

杨：都有都有，而且都是免费的。

武：好好好！前前后后大概培养了多少学生？大多数是男生吧？

杨：四五万人，男女生都有，男生多一点。

武：最小的多大？

杨：最小的六岁吧！

武：那就是从小学一年级，六岁就开始了。那孩子里边能坚持下来的多吗？

杨：一直坚持下来的也有呢。

武：嗯。就算是阶段性的习武，也能强身健体，培养孩子克服困难的意志。您觉得练武术的好处都有哪些？

杨：首先呢，是培养孩子的武德，上武术课我们先上武德课。

武：哦。也属于德育教育。

杨：先上武德课，就是要求孩子有好的德行。假如武术练好了，没有德行，欺负人可不行。然后才开始基本功的训练，前些年学生的学习负担没那么重。现在初中高中的学生负担特别重，课余出来蹦蹦跳跳呀、宽宽胸呀、踢踢腿呀，对身体素质，缓解压力都有很大的好处，也可以强身健体呀！

武：说的有道理，请接着讲。

杨：还有的学校里有欺负小同学呀，敲诈钱财的这些不良现象。有的孩子练武术以后，他们就不会受欺负，武术还能防身自卫，而且呢，还传承了优秀的传统文化。

武：说的是。武术的确有防身自卫的功能。那么家长对孩子学武术是什么态度？

杨：（欣慰地）家长、社会、领导，反正是欢呼声一片呢。现在，我走到哪里都很受欢迎的。因为第一是免费的，第二是对孩子身体都是有益的。起码呢，经常练武的孩子感冒也没有了，得病少了。

武：嗯。从小练武的孩子身体要比一般孩子好很多。而且，儿童时期打好了健康基础，一生都会受益。那么，杨老师从五岁练武，孜孜不倦，坚持了五十年，夫人肯定也特别支持？

杨：（笑着指妻子）她的支持力度是最大的。每次搞武术活动的镜头里面，全是我和女儿，都没有她，因为她是摄像师嘛。呵呵！她专门负责秘书工作，照相呀什么的。我们前几年出国去比赛，她就在那角落里，准备吃喝呀、资料呀，还要考虑比赛场地在哪儿合适。

武：哦。夫人是贤内助，也是后勤大总管啊。那女儿会英语吧？

杨：（自豪地）会呢！去年英国来了一个小伙子要学咱们杨氏拳，虽然他带了翻译，但是武术有些专业术语他翻译不过来，还是我的女儿给翻译的。

武：哇，女儿好厉害！叫啥名字？

杨：杨澜。

武：兰花的兰吗？

妻：名人杨澜的澜。

澜：波澜壮阔的澜。

杨：女儿去年被吴忠市评为非物质文化遗产传承人了。

武：哦，祝贺！是吴忠市级非遗传承人了。那也是您的传承人啊。

杨：嗯。（微笑）我的两个女儿都会武术。杨澜是大女儿，还有小女儿，在银川上大学，叫杨婕，2017年7月，在马来西亚国际武术节上拿到了金奖呢。

武：多好啊！两个女儿都是武术新秀。刚才说到家人的支持，夫人的支持力度是最大的。

杨：是的。我们什么时候外出参加活动，她经常都跟着去。

武：对呀！今天接受采访，你们一家三口都来了，一看就是全家人拧成一股绳，就像一个团队。真好！你们的两个女儿也是从小就练武功吗？

杨：对！她们俩都是五岁开始练功的。小时候也是不愿起来，也逼着打着起来练，最后都练成了。（指着大女儿）她是枪式的国际冠军，在马来西亚国际武术节上得的冠军。

武：杨澜也是国际冠军呢！真是人不可貌相，看起来文静秀气，没想到还是武林高手呢。还有杨婕也了不起。

妻：杨婕在他们学校体育活动中也获过奖呢。她是银川矿业大学的。

┤ 杨婕的金奖证书
（张万静摄于2018年12月）

武：那大女儿是哪个大学的？

杨：上海师范大学，今年刚毕业。

武：哦。上海师大，你学的什么专业？

澜：财务管理。

武：怪不得会英语呢。上海师大的大学生，英语一定是很棒的。

杨：嗯。那天领导还说，美国人来了谁来当翻译呢？实际上，我心中有数。让我女儿翻译不就行了。他们还担心说是没人当翻译，实际我早就知道女儿能行呢。

武：嗯。再加上女儿本身就会武术，会这些套路，把它翻译成英语也是轻而易举的事情。比起一般英文专业的翻译，自己又能表演武术，教武术，又能直接翻译，多好啊！

妻：（遗憾地）可惜就是没有儿子。

武：巾帼不让须眉嘛。

杨：那天，宁夏大学来了一个教授，看了我们传承了二百年的东西，他非常感兴趣，就使劲地拍照呀，记资料呀，他说下次全国少数民族传统武术体育运动会时，要把我请到宁夏大学，去给他们搞一台武术表演，要去参加。我说："再看吧。到时候看时间。"反正现在也很忙，有四五所学校需要武术进校园，我现在得亲自给娃娃教，上武术课。我是传承人，要自己教嘛。

妻：宁夏医科大学，我们以前也去给表演过呢。

武：好啊！杨老师，你们把女儿也养育得这么好，不光漂亮，从小练武术，个子挺拔、高挑，神闲气定，气质真好！

妻：（满足地）女儿乖，听话。养女儿就是福气，要是养儿子可能调皮点，我估计还不好管呢。

武：那夫人是怎么看待杨老师的武术呢？

妻：我刚一开始也不太理解，心想一个男人嘛，现在是经济社会，咱们要以挣钱为主，人家孩子穿的是几百块钱的衣服，咱们几十块钱的衣服都买不起。

他的武术不挣钱，刚开始的招生都是免费的。说是人挺多的，可都是免费上课。我说："那咋生活呢？"心里也不痛快。哎呀，看看人家，都过上好日子了，咱们又不是不如人嘛，为啥生活条件不比人家好呢？最后，他就跟我说："你看，传承这个东西，传承了几代人了，要是到我这就失传了，那就是对不起老祖宗，也对不起下一代。"耐心地给我讲道理。慢慢地我也就想通了，这样也对，应该支持他。

武：哦。原来想不通，后来慢慢理解了，有个思想转变的过程。

妻：嗯。我想，大不了就是别人的孩子多吃点好的，我们把肚子吃饱就行了。到后来，政府也重视非遗了，不管是经济上的支持，还是精神上的支持都有了，各方面都还可以。再说女儿，我妹有个姑娘，比我女儿大一岁，那个感冒可多了。可我们两个姑娘从来都不感冒，身体素质特别好。我就让我妹那个姑娘也到学校来练武术。练了一段时间后，她家姑娘也不感冒了。我就感觉到，这是给后辈人积福的事，眼前你看不出来，好像你就是个教武术的，实际上过个几十年以后，你们家孩子身体素质好，家长要跟我说感谢呢！呵呵！我还跟家长说："你们的孩子就算考上北大清华，要是没有好的身体素质，也是不行的呀。"过去我认识一个孩子，考上了清华大学。当时，各大院校都来人了，车都排队，邀请这个孩子报他们学校。最后那孩子还是报了清华大学。可是，去学校之后被劝退了，说是孩子性格不开朗，身体素质也不行。所以，我说孩子身体素质是很重要的。

武：对呀！练武术，孩子们常在一起切磋武艺、交流，可以培养开朗的性格。

妻：就是的。我们还有一个孩子前年来的，刚开始来，连"谢谢"都不会说，啥都不会说。每次老师讲课，他会了都不敢举手，胆子特别小。我就跟家长说："要增加你的孩子的自信心，就让他好好练练。"最后，那小孩嘴可会说了。其实，不是孩子不会说，是胆子小。他的父母经常吵架，把孩子压制得不敢说话。可是，来到武术学校后，我们给了孩子自信心。我经常说："孩子是夸出来的。赏识教育很重要。"我就是夸嘛，夸夸夸，那孩子每天跟到我屁股后面，可听话了。我想，孩子的身体素质很重要，自信心也是很重要哦。

武：说得真好！杨老师讲授武术，夫人讲授武德，你们可是黄金搭档啊！

妻：嗯，就是的。我们给孩子上武德课时，还给孩子们讲《三字经》呀、《弟子规》呀，要求孩子们背，背完我再给解释。我还让孩子们讲讲自家都有啥家规？武术不是单单学武术，身体素质好了，孩子们也知道礼貌了，见了大人会称呼了，见到小孩知道爱惜保护了。

武：您是当老师出身吗？

妻：（谦虚地）不是不是。他刚开始是老师，最后就到企业了。企业干到中层，可他还是感觉就爱武术，丢不下这个武术。没办法，他就把工作给扔了，属于辞职。

武：辞职？那时候杨老师多大年龄？

杨：四十岁左右。当时是吴忠仪表厂的正科级。

武：吴忠仪表厂，那可是宁夏有名的大厂子。当时又年轻，又是中层干部，还有大学学历，也都舍弃了。

妻：嗯。他都给扔了。（微笑）他还能写呢。国家级刊物上发表了很多文章，他属于文武都能行的人。这个老公是个好老公。

武：文武双全，这么高的评价。

妻：就是不太会挣钱。呵呵！不过，现在我也想通了，只是挣多挣少，给咱们后代积福就成。你们看我的女儿多俊呀！

武：就是的。亭亭玉立，很美。

妻：我那个小女儿也挺好的。我就感觉她们好（幸福地）。

武：真好！真幸福！请问您原来在哪儿工作？

妻：我原来是社区干部，就是爱说嘛。

武：口才多好呀。原来是社区干部，后来全力以赴帮助杨老师？

妻：嗯。他一忙我就帮着干嘛。顶多就是照个相啥的。

武：还帮着做管理，做学生和家长的思想工作，对吧。你们同心协力把这个武术学校搞到今天，都十多年了，真不容易。“军功章”里也有您的一半儿呢。每一个成功男人的背后都有个好女人在支持。

妻：谢谢！不管来多大的领导，市文化馆吴馆长每次介绍的时候都说：“这是杨校长，还有他的夫人。”我的心情啊，真的特别高兴。心想，馆长把我拉到人前面说出来，我感觉真的很欣慰。

武：一个好汉三个帮。一个人单枪匹马什么都难成，特别是离不开家人的支持。

杨：（笑）是是是！

妻：姑娘现在也特别支持我们的武术（事业）。说实话，我们毕竟打字还是慢了点。昨天，教育局要个资料，我姑娘打到晚上十一点交给我们。那个资料我上报了三次都没有通过，最后我姑娘打了一遍就过了。你看看，年轻人的支持也是了不得的。

武：嗯。姑娘不愧是名校出来的大学生。那么，下面请杨澜给我们说说，你从

杨文玺指导女儿杨澜练武
（张万静摄于2018年12月）

小什么时候开始练武术的？你在这个过程中是怎么想的？在大学里你的武术才华是否得到施展？

澜：小的时候肯定是不理解嘛，觉得一个小女孩应该跳跳舞、弹弹琴。但是，家里面是做这个的呀，从小就耳濡目染。我觉得还是有一定的兴趣，也有遗传基因吧。它对我是有一种吸引力的。

武：哦，真的吗？

澜：（认真地）对！真的有吸引力，那是一种深入骨髓的。所以，也就没有很排斥。但是，就像我爸刚说的，人都是有惰性的，再说五六岁的小孩儿，哪能早上那么早就起来练，哪有那种毅力啊！根本没有的。都靠我爸来督促监督，然后就让我和我妹妹两个人一起练武术。小时候也没有什么平台去参加比赛呀，都没有。但是，有一个很深的体会，那就是身体很好，筋很开，从小就拉筋嘛。还有，站有站的样子，坐有坐的样子，比一般小孩儿有精神。到后来，有了参赛平台之后，我们才知道，人外有人，山外有山。大家都是做这一行练武术的，大家都练得非常好。所以，我们就只能更加刻苦地去练习，比小的时候还要更加下功夫去练。

武：哦。开始是父亲要你们练，后来是你自己要练。那第一次展示是什么时候？

澜：第一次展示是很小很小的时候，上小学三年级，九岁，在宁夏的全区民族运动会上。

武：是跟着爸爸去展示的吗？

澜：对。那时候，表演的是功夫扇。

武：是带有一些舞蹈元素，和武术糅合在一起的？是你爸爸给编排的吧？

澜：对！我爸编排的，刚柔结合的那种。

武：你一个人吗？还是你和妹妹？

澜：我和妹妹两个人，双人功夫扇，得了银奖。

武：哇，真是首战告捷。从此以后是不是就更有信心了？在那么大的场合，第一次展示。

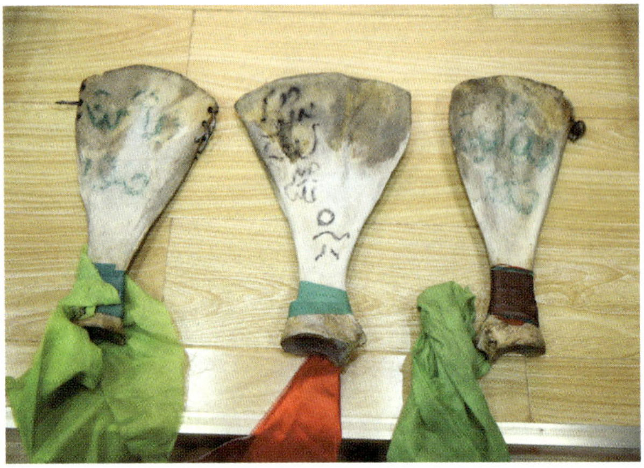

杨氏拳器具之一羊响板
（张万静摄于2018年12月）

澜：嗯。那时真的特别多人。

武：之后呢？后来你们在中学、大学也都有展示吧？

澜：初中那时，已经很重视学业了嘛，因为要中考。所以我们只有初一初二的时候有时间就去练一练，有比赛就去参加，赛前会集训。但等到初三中考的时候，就得全力以赴考学。

武：哦。那你们姐妹俩主攻的是什么武术？

澜：我主攻的是枪，红缨枪。妹妹是羊响板。

武：羊响板？我一直以为羊响板是回族舞蹈的器具呢。

杨：实际上，羊响板最早就是武术的器具。2017年我们去马来西亚，女儿杨澜表演了杨家枪，杨婕表演的是羊响板。那些世界各地练武术的武术家们，都没见过这个东西，就觉得很奇怪："这是个什么东西？"我们就给做了介绍。当时，我们让媒体啊，那些武术家啊，围得是水泄不通。咱们的一个是拐棍，另一个就是羊响板，他们都争相来学。

武：这多好呀，真不错！那杨澜是哪一年出生的？

澜：我是1995年出生的。

武："90后"呀，还小得很呢，才二十三岁。作为杨氏拳的后人，今后有什么打算，说说看。

⊥ 课题组成员和杨氏拳家人合影（张万静摄于2018年12月）

澜：我觉得现在自身的程度还远远不够，还要加强学习。以后的方向就是让它（杨氏拳）不要失了传统的特色。但是，又要跟上年轻人的思想，让年轻人都去接受它，都去喜欢它。这个是我的目标，也是我的想法。

武：你现在已经大学毕业了，今后，在有一份正式工作的情况下，还要继续把你家祖传的杨氏拳事业传承下去吗？

澜：对！因为我是吴忠市级非物质文化遗产传承人，我一定要把它传承下来。这是我的使命，不能辜负了非遗传承人的这个荣誉。

武：对对对！说得不错！今天就先谈到这里。谢谢你们全家！下面，我们还要去参观你们的传承基地展厅呢。

杨：好的。欢迎参观！我带你们过去。

剪纸代表性传承人

井春霞

井春霞，1966年出生，宁夏吴忠市同心县人，大学本科学历。2013年被认定为自治区级非物质文化遗产项目（剪纸）代表性传承人。

综　述

井春霞的母亲十几岁时随父母从宁夏逃荒去了内蒙古临河市乌兰图克乡，后来在当地结婚生子，井春霞就出生在那里。井春霞从小跟随外婆和母亲学习剪纸刺绣，当地的民间艺术也给予她很大影响，使她深深喜爱上了民间剪纸艺术。井春霞高中毕业后来到宁夏同心县投奔姨妈。她热爱剪纸，经过美术专业的培训，1984年被同心县文化局吸收为临时工，1985年7月考入同心县城关文化站工作，2007年调入同心县第二小学任美术老师，2014年退休。同年10月，吴忠市文化馆成立了井春霞剪纸工作室，工作室也成为自治区级非遗传承基地之一。

1991年，二十五岁的井春霞在同心县税务局举办的“春光杯美术、摄影、书法比赛”中，其剪纸作品获得一等奖，受到县文化馆的重视，她开始正式进入剪纸行列。1998年、1999年、2001年，井春霞在同心县、银川市和吴忠市成功举办个人剪纸作品展，这在她的剪纸生涯中有着重要的意义。她在传承前辈传统剪纸技艺的基础上大胆创新，融合渗透了多种文化元素，将中国传统剪纸技巧、地方民族文化元素及现代美术有机地结合起来，作品构思新颖巧妙，构图严谨、清丽脱俗、含蓄凝重，手法细腻流畅，造型独特，有南方剪纸的灵巧，也有北方剪纸的粗犷，两者有机结合，具有浓郁的乡土气息和地域特色，带给人强烈的视觉冲击力和艺术感染力，在剪纸圈内独树一帜。内容上，井春霞的剪纸作品以歌颂祖国、歌颂家乡为主题，反映民风民俗、民族团结。题材以红

⊥ 井春霞部分获奖证书（张欣蕊摄于2021年4月）

色文化、黄河文化、现代人物和古代仕女、山川人文、四季花卉、丰收喜悦、吉祥平安等为主。作品《花儿》获全国剪纸大赛金奖，《馨》获宁夏回族自治区剪纸精品大赛一等奖，2019年被作品《花开吉祥平安中国》获自治区第九届文学艺术奖二等奖（民间文艺类）。2019年被评为吴忠市文艺名家。2020年获全区剪纸大赛二等奖。

井春霞善于学习积累和自我反思、总结经验。2001年以来，其作品在传统基础上加进了较多的现代元素。她认为："传统的东西要传承，不传承就没了、丢了，我们这一代不往下传承，有些传统就失传了。我们这一代人还有这些记忆，后代只有通过我们留下的剪纸作品，才能了解过去人们的生活及作品中蕴含的吉祥寓意和美好愿望，一代一代传承，坚决不能丢掉传统。当然，可以在传统的基础上融入现代元素。"2007年到2014年任教期间，她把民间剪纸引入校园，给一至六年级的小学生教剪纸。当年的小学生现在有的上了大学，有的已经走上工作岗位，但至今仍有近二十名学生在向她请教学习剪纸。2014年后，井春霞有了自己的剪纸工作室，跟她学剪纸的人更多了，在众多的徒弟中，她得意的几位学生如今都能独当一面，马文莉能够代替她在同心特殊教育学校教

⊥ 井春霞带徒授艺（本人供图）

孩子们剪纸，马淑萍在吴忠市特殊教育学校进行剪纸培训，杨晓梅在韦州中心小学代课，并因剪纸才艺调到韦州文化站，专门从事剪纸创作和传承工作。井春霞以传承民间剪纸为己任，每年多次应妇联等部门的邀请，深入盐池、同心、红寺堡、青铜峡等地，为乡村妇女、搬迁移民进行剪纸培训，在居民社区进行剪纸传承，让他们学到一技之长，助力新农村建设，丰富城乡群众的文化生活，同时也宣传了党的政策，传承了传统文化。

如今，处于创作高峰期的井春霞在努力整理一直以来收集的大量剪纸纹样和图案，准备编辑成册。她最大的心愿是能够评上国家级传承人，她期望有更高的平台、更多的机会，为保护和传播传统文化发挥自己的光和热。

访　谈

被访谈者：井春霞（自治区级非物质文化遗产代表性传承人）

访 谈 者：吴昕、张欣蕊、吴亚娟

访谈时间：2021年3月18日

访谈地点：吴忠市文化馆井春霞剪纸工作室

吴：井老师好！今天我们来是对自治区级传承人进行访谈的。首先想了解一下井老师出生年月、出生地。

井：我1966年9月30日出生在内蒙古临河市乌兰图克乡。

吴：父母亲还在吗？有几个兄弟姐妹？

井：父母已经去世了。我们兄弟姐妹四个，我是老大，一个妹妹在同心五小工作，两个弟弟都在银川，都是搞个体的，做建材生意。也是因为我回来了，弟妹也都回到宁夏了。我高中毕业回到同心姨姨家。

吴：您母亲是哪里人？

井：她是中卫市中宁县鸣沙镇人。

吴：父亲呢？

井：父亲是内蒙（古）临河人。

吴：母亲是怎么去的内蒙（古）？

井：我母亲和外婆、外祖父逃荒去了。到了内蒙（古），被我父亲家收留了，当时我父亲家条件还不错。后来母亲就嫁给了我父亲，我就出生在那里。

吴：后来怎么样？

井：2001年父母亲一起回到了宁夏贺兰。母亲2007年去世，父亲2015年去世。当年母亲为了生计逃荒出去，遇到了父亲，结婚、生子，等我们成年以后又都回来了。母亲十几岁时去的内蒙（古），我们十几岁时又都回来了。作为异乡人，她的心愿就是生活好了以后，有条件了，把我们都送回家乡来。

吴：她的心愿也都完成了，可以安心了。

井：比较圆满吧。当年她离乡背井吃了很多苦，为了活下去就嫁到那里了，当时外婆家也不同意。我小时候和外婆生活在一起，外婆手很巧，我跟她学会了刺绣和剪纸。先学的是刺绣，因为刺绣实用，可以做鞋。我给外婆搓麻绳，在腿上搓，记得腿都搓烂了。然后做鞋，鞋上要绣花，先剪一个纸样子贴上去再绣。剪比绣简单些，在纸上可以随便剪，绣麻烦，时间长。就是在那个时候接触的剪纸，还有当地本身就有民间艺术的氛围，每年春节时，家家都剪窗花、贴窗花，我也帮忙。外婆和母亲做针线活时我也帮着干，就这么学会的。

吴：您母亲也是跟外婆学的吗？

井：（微笑）嗯。我妈手很巧，那时候也爱美，用火钳烫头发，弯弯的很好看。还给村子上我的小伙伴也把头发都烫的卷卷。剪纸、刺绣都会，那时候生活当中也用得上这些。后来我上学了，接触这些活计少了，剪的、绣的也就少了。

吴：几岁上的学？

井：比较迟嘛。记得我都七八岁了才上学，一直上到高中毕业。

吴：哪年高中毕业？

井：1984年。

吴：高中也是在内蒙（古）上的？

井：嗯。内蒙（古）临河上的。高中毕业后，我先回来，第三年我妹也回来了。

吴：回到哪里？

井：回到宁夏同心县，落脚在姨姨家。我姨父给找了个美术老师，送我在文化馆学习画画。当时我们吴忠的田坤（现为宁夏回族自治区级民间绘画非遗传承人）正在上中学，在美术班上我们就认识了，跟马瑛、苏克荣老师学习素描，我们都特别喜欢绘画，也特别投入。1984年底，我姨父把我推荐到县文化部门，说："这个女孩会画画，爱剪纸，挺爱学的。"确实，我从小就太喜欢剪纸了，剪的东西经常受到人们的夸奖。记得小时候，妈妈在油灯下纳鞋底，一边唱着花儿一边流眼泪，我问："妈，你为什么哭呢？"我妈说："我也不知道为什么哭。"我觉得她是想起自己是离乡人的缘故吧。她总是说："我一定要把你们送回老家，不能在这儿待。"害怕我们长大了像她一样成了离乡人。

张：那井老师后来上大学没有？

井：（欣慰地）上了。其实我特别喜欢学习，一直在学习。回到同心后，又把高中的课程进修了一遍，原来在内蒙（古）上的是乡村学校，同心是县城学校，水平高一些。1985年考银川师专没考上，结果姨姨说："姑娘大了应该先成家，成家之后你想学什么再学。"在亲戚家嘛，姑娘大了，姨妈也不放心，尤其晚上要去上课。所以1987年1月，我就结婚了，丈夫叫苏少宁，当地人，那时候他刚从部队复员，也在宁大成人教育班进修，在县税务局工作，现在已经退休了。

吴：井老师有意把剪纸作为自己的艺术事业是什么时候？

井：其实刚开始剪纸只是喜欢，拿上剪子就爱剪，这么剪，图案是这样的，那么剪，图案又变成那样的了，感觉很有神秘感。真正有意识地剪纸是在1989年、1990年，儿子上幼儿园了，我又拿起剪子开始剪纸。1985年7月考到同心县城关文化站工作（现在和丁塘镇合并了），一直在乡下，写标语呀，搞计划生育呀，种树呀，其实那时群众文化艺术工作还不是主要的，乡镇文化站服务政府工作嘛，需要你做什么你就做什么呗。但在下乡的同时我还采风，关注民间手工艺，访问艺人，吸收民间传统工艺的养分，收集民间工艺品，这对我以后的创作打下了很好的基础，我在村上也对一些乡村妇女进行过培训。那时候也开始参加一些比赛。1991年县税务局举办“春光杯”美术、摄影、书法比赛，我报送了剪纸作品，得了一等奖。县文化馆开始重视我了，自己也从此开始正式进行剪纸创作。1993年又获得自治区妇女职工美术、摄影展三等奖，那以后，就开始对剪纸着魔了。

⊥　井春霞剪纸作品《黛玉葬花》（本人供图）

吴：井老师剪纸事业的起步应该是20世纪90年代初吧？

井：嗯。那时，我从内蒙古回来后认识的人也少，朋友也少，剪纸和画画就成了我的心灵安慰。后来，孩子上学后，他们学习我也学习，一直在学习，接受各种培训，到现在还在坚持做学习笔记，每天剪，每天记笔记。后来孩子们长大了，又有了自己的孩子，我也帮忙照看，现在孙子也都上幼儿园了。

吴：那井老师还有什么人生计划吗？

井：有。我想把原来在文化站、文化馆收集的小针扎、剪纸等资料和老图案汇集成册子。

吴：挺好的计划。请讲讲个展（个人作品展）情况好吗？

井：（微笑）好的。1998年专门搞剪纸的人还不多，同心县委宣传部、同心县文联、同心县文化馆、城关乡政府主办了“井春霞剪纸作品展”，在同心县文化馆开幕，展出剪纸作品一百幅，引起了轰动，这在同心县历史上还是第一次呢。之后，吴忠市、自治区文联开始重视。1999年自治区文联民间艺术家协会主办了“她从回乡走来——井春霞剪纸作品展”，在银川市群众艺术馆开幕，民协的马青、杨永圣同志亲自协调布置，上凳子挂画，很让我感动。这次展览影响也很大，《宁夏日报》《新消息报》的记者都相继采访报道。2001年在吴忠市主办的“西部十四省区市商品交易展”，我也参展了。2009年同心县委宣传部、县文联、县文化馆第二次举办了“中华巧手女——井春霞剪纸作品展”。连续几次办个展很累，要不停地创作作品。1998年的展览在技艺上不怎么高，模仿的多，作品一般，不是很精细，但是很有意义。现在，我的有些学生比那时候的我要剪得好。但当时剪纸的人少，搞刺绣、针扎的还比较多。一步步走来，重要的还是喜欢，如果不喜欢就坚持不下去。

吴：说的是。井老师，请再把您的学习经历和工作经历捋一下好吗？

井：好的。我高中毕业后，进修宁夏大学美术专科，后又考上宁夏大学成人美术教育本科。工作经历是，1985年7月考到同心县城关文化站工作，2007年在同心县第二小学任美术老师，2014年退休。2014年10月吴忠市文化馆开设“井春霞剪纸工作室”，这里也是自治区非遗传承基地。

吴：哪一年取得传承人称号？

井：2013年被评为自治区级剪纸传承人。

吴：您有几个子女？他们现在干什么？

井：我有一儿一女，现在都是公务员了，也都成家了，女儿也会剪纸。我在家

⊥ 井春霞剪纸作品《枸杞红了》（本人供图）

一边带孙子，一边搞创作（喜悦地）。

吴：多好啊！生活得很充实，很有意义。

井：是啊！我有时候还出去参加培训，充充电、散散心、采采风，搜集些资料，回来再继续构思创作，我的时间从不浪费，安排得当。（满足地）我也没有其他爱好，有空就剪纸，挺充实的，挺好的。

吴：您评上传承人之后，尤其2014年退休有了大量的时间，您在剪纸艺术道路上都有哪些重要的大事？请给我们讲讲。

井：主要是那几次个展对我的提升成长影响很大。2007年至2014年主要在学校传承剪纸，学校把剪纸定为校本课程，每周四有一节课，另外在大课间，各年级的学生都轮流参加培训，培训一至六年级的学生，过一段时间再换一批学生。校长要求我们学校毕业的每个女学生都要学会剪纸。我现在还保留有当时上剪纸课的照片呢。学生特别多，而且男学生比女学生剪得好，因此我们学校被评为全国百强学校。

吴：真不错！那这些学生里现在有多少人还在剪纸？

井：现在仍然有将近二十人在坚持剪纸，当年我教过的小学生好多都是大学生了。有北师大的，有宁夏医科大的，还有的走上了工作岗位。他们有时候在剪纸方面需要帮助时，仍然会找我的。还有一位从国外回来休探亲假的在我这儿学了好长时间呢。也有从银川专门到吴忠找我学习剪纸的，至今还在学。我们建立了剪纸爱好者微信群，在群里切磋技艺，并推荐他们参加剪纸活动。这帮学生很优秀，剪得也特别好，在有些活动中也获过大奖。

吴：好！这是您任学校剪纸老师期间的传承，那2014年退休后，建了工作室，又有哪些传承活动？

井：我从2014年退休后，就一直在吴忠利通区一小分校搞剪纸培训，培训学生的同时也培训老师，带了两三年后，老师也就学会了，就可以教给学生了。在吴忠十五小、吴忠市特殊教育学校也开展剪纸传承。特别是特殊教育学校的马淑萍老师，已经剪得相当好了。我传给老师，老师再传给学生，这样就方便多了，传承的范围也大。马文莉老师是我在同心一手培养起来的，她在同心县特殊教育学校给孩子们传授剪纸，同时她还学会了用手语教孩子们学剪纸。韦州的杨晓梅老师也因为学会了剪纸，从学校调到了文化站发挥专长。所以剪纸给我们带来的好处还是很多的。我当初也是因为会剪纸来到了文化站，后来又调到学校任专职美术老师。另外，这些年每年还经常下乡到盐池、同心、红寺堡培训当地妇女，跟随妇联到扁担沟培训，到青铜峡为搬迁移民进行剪纸培训，并回收学员的作品，增加了搬迁移民的收入。也在社区进行剪纸传承，让居民学到一技之长，丰富他们的生活。同时也宣传了党的政策，传承了传统文化。

吴：井老师在传承方面做了大量的工作。请再谈一下您剪纸艺术上的成长过程，包括剪纸内容、剪纸技艺方面的进步。

井：最早是盲目地剪，喜欢什么就剪什么。后来喜欢传统的东西，人到一定年龄，小时候的事情就记得特别清晰，小时候看到的姥姥和妈妈剪的图案，过去窗子上贴的窗花都能回忆起来。我就反复画，画出样子，恢复传统的纹样，再把传统的美好寓意蕴含其中。比如喜鹊寓意喜上眉梢等。早期大多剪一些小图案，如小盖碗、小猫、小花等。后来融入专业美术视角的审美、装饰美等，形成传统加现代的风格。2001年之后在传统基础上加进现代元素的作品比较多，主要反映当地的地域特色、风土人情等。我比较擅长人物剪纸，一是当地妇女形象，二是仕女图，如《红楼梦》《四美图》（四大美女）等古代女性形象等。最近这几年在思考，传统的东西要传承，你不传承传统的就没了、丢了，我们这一代不往下传承，有些传统技艺就失传了。所以在传承过程中有意安排传统图案教给学生。我们这一代人还有这些记忆，后代只有看到我们留下的东西才能了解过去，一代一代都是这样传承下来的，所以坚决不能丢掉传统，在传统的基础上融入现代元素进行创作。

吴：井老师这些年获得的各级各类奖励很多，主要的有哪些？

井：这些年我从县、市、区（自治区）一步一个脚印一直往前走，这个过程中获得过很多奖项，也在不断成长。现在是宁夏工艺美术大师、中国民协剪纸艺术委员会委员、宁夏剪纸协会副主席、吴忠民协副主席。1995年，《和平万岁》等十四幅作品入选世界妇女大会并参加各国巡回展，荣获“中华巧手女”的称号。1998年在同心县举办百幅个人剪纸作品展。2001年在吴忠市举办“春霞剪纸展”，获吴忠市“建国50年优秀创作者”荣誉称号。2002年3月，作品《剪出心花》入选少数民族风情大赛，同年9月在中国民间文艺家协会、北京民间艺术家协会主办的“华夏之韵·剪纸精品展”获银奖。2004年《绣》等四幅作品在中国剪纸艺术节博览会第七届全国剪纸艺术节暨2004中国剪纸艺术博览会获银奖。2005年获宁夏“十大女杰”提名奖，同年被宁夏妇联评为“三八红旗手”。2007年作品获全国师生优秀作品铜奖。2008年，《花儿》获全国剪纸大赛金奖，《馨》获得宁夏文联主办的2009年全区剪纸精品展一等奖。2009年代表宁夏前往香港参加了第三届中华民族文化周活动，在2009年第五届全区“四小”比赛中获“优秀园丁奖”。2010年获全国书法、美术、摄影大赛一等奖，2013年被中国书画研究院授予“书法美术百杰”称号，2013年被认定为自治区级非物质文化遗产项目（剪纸）代表性传承人，2014年成立井春霞剪纸基地。2016年在

黄河系列作品《一杯黄河水 酿出鱼米香》之一《凤与牡丹》（本人供图）

黄河系列作品《一杯黄河水 酿出鱼米香》之二《鱼米香》（本人供图）

宁夏剪纸创意大赛中与学生均获得“金剪刀奖”，作品入选中国人民对外友好协会文化交流部征集的《中国民间美术精品集》和文化部举办的中国传统工艺（剪纸）大赛，并被收录进《中国传统工艺（剪纸）大赛成果集》。2017年，在全国非遗进校园研讨会暨剪纸展中被评为“非遗进校园先进传承人”，“井春霞剪纸传承基地”被评为优秀传承基地。2018年，作品《花开吉祥　平安中国》获中国民协举办的第三届中国民间艺术博览会金奖，该作品于2019年获自治区第九届文学艺术评奖二等奖（民间文艺类）。2019年被评为吴忠市文艺名家。2020年在自治区“非遗进万家　文旅展风采”活动中，《一杯黄河水　酿出鱼米香》获得二等奖。我用一个杯子为造型，寓意一辈子，杯中牡丹、荷花、五谷丰收也寓意一杯水的恩情，作品表达了对黄河母亲的感恩之情，套色作品色彩润泽、清心素雅，以此表达美好心愿。

亚娟：您作品上的题字都是谁写的？

井：刚开始我是请当地书法家写，后来都是我自己写的。小时候学书法，把水兑到墨汁里面，然后在玻璃上写，写完以后洗到盆里，留下来可以反复用，节省嘛。这是我自己想出来的办法。那时候可穷了，在玻璃上练字不怕费

黄河系列作品《一杯黄河水　酿出鱼米香》之三《麦谷飘香》（本人供图）

井春霞剪纸作品《绿孔雀》（本人供图）

材料嘛。过去剪纸的老辈人可智慧了，用煤油灯熏纹样，留下了黑白阴阳效果图。还有纸钉，用纸搓成纸捻扎进一摞纸里，捶打平整，剪的时候不走样，跟现在的订书机效果一样。这些重复的事情年年做、反复做，一到春节时，就和小伙伴看窗花，跟主人说好，每年换新窗花的时候，把旧窗花留给我们。然后拿回去和小姐妹们一起熏窗花、剪窗花，就爱干这些，特别高兴。外婆和母亲每当想家的时候，就给我讲家乡（宁夏）的生活习惯、穿戴服饰等，给我留下了对家乡的神秘感。回来后，看到了真正的当地人生活，激发了我的创作灵感，剪出了许多当地风土人情和美丽的妇女形象。我常常把我积累的剪纸图案给家人、同事看，结果他们翻一翻就不看了。我就想不通，这么好的图案咋就不喜欢看呢？（大家笑）我让人家再往后看看，人家说："行了，挺好的。"我心想后面还有好的呢，你应该再翻翻嘛（笑）。

吴：（笑）井老师好可爱。您要给人家讲这个蝙蝠寓意福气，这个葫芦寓意福禄。如果这么讲，人家可能还有兴趣，不然肯定只看热闹，看不懂嘛。

井：（笑）嗯，我可能没讲到位。

吴：我每回看剪纸作品，都要找里面的东西，云纹呀、葡萄呀、铜钱纹呀，等等。再想其中代表什么寓意，这才能看懂，不然是看不懂的，也不了解作者的创意。

井：（笑）对！知道了它所蕴含的意思才会有兴趣，光翻翻没兴趣。我婆婆现在八十六岁了，还剪纸绣花呢。婆婆给我帮助很大，她说："画画、绣花，啥时候都行呢。但是剪纸你老了就剪不动了。"确实，我现在剪纸比较慢了。婆婆经常鼓励我，也是我的榜样。现在家族八十多口人，她给儿子、女儿、孙子、重孙每人绣一对枕头，是掇绣，已经给每人把枕头都送过来了，还说："我还活着呢！"还要继续再绣。（大家笑）后来我花钱买了她的六对枕头，收藏了她的作品。谎称有人想买呢。她可高兴了。呵呵！

吴：您这也是孝敬老人的一种方法。丈夫和孩子都支持您吗？

井：我丈夫不支持也不反对，只要不影响家务就行。这几年比较支持我了，原来他觉得我是剪剪就会放弃的，但我春夏秋冬有空就剪，特别投入，一直没有停过。所以他说："你是真正喜欢，把我都感动了，我要支持你呢。我来作后方，你好好去搞创作吧。"他现在还做饭，承担了好多家务呢。而且我要参加活动时，他还主动开车送我。这几年如果有活动，我会提前把老人和孩子们都安顿好，谢绝见客，集中精力搞创作，在家悄悄发力。

张：井老师是以剪为主，还是以刻为主？

井：以剪为主。有人教我，如果走商品，必须学会刻，刻得厚，刻得快，量多。如果仅靠剪，耗时、成本大。所以我也学着刻，但刻的不如剪的好。

张：销量怎样？

井：一般。主要外出参加展会时销售，也有人家订制、收藏等。

张：什么样的作品卖得好？

井：摆台、窗花、家庭装饰品等衍生产品。今年春节福字、窗花销售得挺好。

张：有没有通过抖音、电商平台直播进行销售？

井：我想先在抖音、快手上做个宣传，起名"老井手工艺"，让别人先知道我、了解我，我也做些积累。但有些担心，一旦直播，要的人多了，就怕产品跟不上。女儿把直播器材给我都买好了，一回来就催促我："妈，你直播了没？"（笑）

张：平时有没有跟别人交流剪纸呀？

井：嗯。交流呢。传承人之间平时也在微信上交流，在一起培训时也互相探讨，传授经验，很受益的。

亚娟：成为传承人之后对剪纸有影响没？

井：（笑）有影响啊！身份上了一个台阶，级别高了，参加活动的机会多了，平台高了也多了。原来一直搞原创，下乡采集，一路走得特别艰辛。评上了自治区级传承人，心里特别高兴。

吴：嗯，平台有了，群体也有了，可以到处交流，不用去找平台了。

井：对！对我帮助最大的，一是自治区文联，包括市县文联，还有自治区文化馆（非遗中心），包括市县文化馆，要不是这两个平台，就算自己有多能，谁又能知道你呢？所以我退休了，也不能离开文化馆这个平台，有文化馆的指导，也不会走偏路，不用自己瞎摸索。文化馆在政策上也能给把握，指导咱们能创作哪些，哪些是为人民服务的，就都知道了。

吴：嗯。下一步有什么打算？

井：还想着往上走一步，很想成为国家级非遗传承人，也不知道有没有这个机会。我看了申报条件，什么都够。如果可以的话，我想申报。因为从事剪纸都四十年了，能申报成功也是对我的肯定嘛。而且，国家级传承人又是一个大平台，更高更广了。我现在正是最好的年龄，创作高峰期，如果能评上，对宁夏剪纸有好处，对我本人有好处，对剪纸传承也有好处。平台不一样，接触的人也不一样，这几年在全国不同的群体中互相交流学习，争取自己的作品在全国有影响力。我侄女井丹在西南民族大学，今年大三了，将来在文创产品、市场营销方面就是我的左膀右臂，在某些方面还能锦上添花呢。

亚娟：这个剪纸工作室时间是怎么安排的？

井：这是文化馆的一个传承基地，我每周六周天和徒弟来交流学习，还有文化馆暑期开免费剪纸培训班，经过一段时间学习，仍然有兴趣的还会找我学习，一直跟我走下去。大浪淘沙，留下的就是精英。先学手艺再创业，才能渐渐有收益。

亚娟：您的作品有没有进行知识产权保护？

井：还没有。我想只要自己的作品获奖了、发表了就有版权了。没有获奖的、出书的暂时先放放，申请那个知识产权，我还不知道怎么申请，麻烦得很。我可以培养徒弟去做，我也鼓励马文莉手艺要学销售也要学。

吴：井老师“一直在路上，生命不止，剪纸不休”的精神值得我们好好学习。我们也祝愿井老师今后创作出更多的精品，早日实现自己的愿望。

花灯扎制技艺代表性传承人

王国祥

王国祥，1943年出生，宁夏固原市隆德县人。2017年被认定为自治区级非物质文化遗产项目（花灯扎制技艺）代表性传承人。

综　述

王国祥出生在固原市隆德县的一个小乡村里，他从小喜欢画画，美术课经常得一百分，后来经常给村子里画墙体画。1974年王国祥参加了隆德县文化馆举办的农民画学习班，作品《大干促大变》在固原和银川展出，并被推送到文化部。十五岁开始随外爷爷学习扎制花灯，1980年参与隆德县举办的元宵灯会，有机会去西安、成都学习。1981年王国祥已经成为隆德县做花灯的领头人，做出了四米高六米宽的大型花灯“六盘山”。1983年至1986年，王国祥被文化部门指派到海原、同心、彭阳等地举办花灯扎制培训班。

⊥　王国祥与他的花灯（吴亚娟摄于2020年3月）

王国祥天赋异禀，再加上深厚的绘画基础，他扎制的花灯往往与传统书画结合，造型独特典雅、寓意吉祥、精工细作。在继承传统的基础上，经过多年的摸索和实践，他用铁丝、钢丝等代替传统竹子制作龙骨架，改良后的花灯更加结实耐用。他的花灯扎制手艺不仅受到当地群众的喜爱，更得到了固原、甘肃等地群众的认可。

王国祥从小家境困难，他将自己画画和扎制花灯的爱好与特长转变成了谋生手段，他觉得要掌握制作花灯这门手艺最重要的是要热爱和实诚，他说："不管干个啥都一样，要自己心里爱，自己爱这行就能成功。"2000年，王国祥移民搬迁到了红寺堡区柳泉乡沙泉村，农闲时节他就和大儿子一家一起扎制花灯。

王国祥多年来培养出花灯制作人员百余名，主要代表作品有六盘山灯、寿星灯、跑马灯、宝莲灯、宝塔灯、二龙戏珠灯、宫灯等。1985年为隆德县灯会制作的六盘山灯获特等奖；1988年制作的寿星灯、宝塔灯获平凉市特等奖；2015年获得"红寺堡区移民文化领军人"荣誉称号。

访 谈

被访谈者：王国祥（自治区级非物质文化遗产代表性传承人）

访 谈 者：吴亚娟

访谈时间：2021年3月17日

访谈地点：红寺堡区文化馆

吴：王老师您好，我是自治区非遗中心的吴亚娟。今天过来是做自治区级非物质文化遗产代表性传承人的口述史访谈的，首先请您谈一下个人的基本情况，您哪一年出生的，出生地在哪儿，还有文化程度？

王：我是1943年农历十月出生的。

吴：您出生在哪儿？

王：我老家是在固原地区的隆德县，我们那个地方是好水乡红星村四组，那是个山村，生活环境很艰苦。

吴：环境有点恶劣，后来怎么到红寺堡的？

王：1999年在第二批移民搬迁时我报名了，2000年我家就搬到了红寺堡。现在在红寺堡柳泉乡沙泉三村。我原来在老家的时候是个做花灯的，因为我这个做花灯的手艺，自治区就把我列为花灯扎制技艺传承人。

吴：哪一年被评为自治区传承人的？

王：就是2017年。

吴：您上过几年学？

王：小学六年级。

吴：小学毕业了？

王：嗯，学到初中我没有上，那时候家境贫寒。当时是1960年，全国人民都生活差。我就辍学了，从学校出来了，就没念书了，基本上就是个高小程度。

吴：您的父母是什么职业？

王：父母都是务农的。

吴：兄弟姐妹的情况呢？

王：我有一个姐姐，两个妹妹，就我们姊妹四个人。

吴：您这个花灯扎制技艺是从哪儿学的？

王：我从小在我的五外爷那儿学的，他家在隆德县城里面的老十字街，我每年到过年的时间就到我五外爷家里去。他是个做花灯的，他平时的业务就是给人家糊顶棚，现在没有了，不存在这个行业了。他是裱糊匠，裱字画，糊顶棚。

吴：父母都会制作花灯吗？

王：父母不会。

吴：您的姐妹有会的吗？

王：也没有。我就是喜爱这个，我在外爷的影响下自己做花灯，1974年隆德县政府开始重视农民画。

吴：农民画我知道，也是我们自治区级非遗项目。

王：1974年在隆德县我第一次参加农民画学习班，那时叫农民画。只要你自己原有一点绘画基础的都能参加，人家让你自己搞创作。

吴：您在哪儿学的画画？

王：我是在上学的时候（学的），学校有图画课，我就一直爱画画，老师布置的作业，（我的画）每次老师都给一百分，这就鼓励我一直爱画。原来在大队上，我也给画墙体画。1974年县文化馆举办的农民画学习班上，我创作了一幅《大改促大变》，这个画主题构思是山乡巨变，以景物画为主，画的是农业学大寨，画面上有人担土的，有推手推车的，有拉车子的，也有推土机，也有高线运土，这都是想象着创作出来的。

吴：从比较原始的靠人力运土到机械化的铲车，一步步的变化。

王：嗯，最后到高线运土。

吴：高线运土是啥？

王：高线运土是把高山的土用滑轮线运到下面去，再一个还穿插了一些山乡巨变，从好水乡往县城走要翻过堡子山，在这个山上做了盘山路、汽车路，这个汽车路上也有车，山前面还画了扬水工程，这些都是当时设想的。

吴：那时候设想的现在都成为现实了。

王：嗯，自己设想的扬水工程，设想的山乡巨变，结果我这个画就被选到自治区去展出了，1974年在固原地区展出，1975年在自治区展出，1976年就选送到文化部了。1976年选送这个作品的时候馆长把作品名字改为《大干促大变》。1979年12月，县上准备两会，要给劳模戴花，就想到我们这些原来美术班的，让我们折纸花，也请我去做花了。做完花以后，馆长说咱们在1980年举行一次花灯会，过完年了咱们做花灯，初次搞花灯，能做到啥程度就到啥程度。我也去报了个名，报上三天后就到文化馆开始做了，那年花灯会就搞成功了。隆德县文化馆是第一批举办元宵灯会的，就成功了，也引起了县委宣传部的重视，就在同年召集其中做花灯比较好的几个人，到外地学习，我也就去了。文化馆一共有两个人带队，一个副馆长李俊秀，一个美工叫靳守恭，他们两个是带队的，队员六个人，一共八个人去了西安、成都学习参观了一圈。在西安大雁塔参观了，又到成都的一个纸质工艺社，人家工艺社还办得挺大的，也可能是公办的。

吴：那时候是公办的一个组织。

王：那时候是公办的，里面的老师傅姓唐，是个六十多岁的老头。他领着一帮子人做着呢，人家做得确实好，做的戏剧人物虽然不大，但形象得很，色彩好看得很。其中记忆最深的是人家做了一个台灯，在桌子案上有个一米高的台灯，这灯是莲花生子，莲花芯里做了一个娃娃，娃娃也做得漂亮，那个莲花瓣儿慢慢合起来以后娃娃就看不见了，再去慢慢打开娃娃又出来了，电动的，这就是在成都印象最深的一个灯。后来人家把我们领着去参观，那是个两层楼，是个木结构，一共看了十二间房间，里面全部都是人家往年做的灯。当时只背着两个黑白照相机，就照了些片子，在成都待了一个礼拜，我们就回来了。

吴：就去了西安和成都?

王：嗯，那一次在成都把做绸灯见了，知道了这绸子咋做灯的。

吴：以前没见过绸子做的灯是吗?

王：原来我们做的是纸灯，全部用纸糊的，竹子扎的或者用杆杆扎的，那一次一看这成都的灯用绸子糊的，用铁丝扎的架子，用彩色绸缎糊的，我们去见着了。

吴：才算见识了一下。

王：到1981年做灯的时候就把人召集起来了，一共是三个组，三个组就是三十几个人。馆长说你们是去西安、成都学了的，咱们这些老师傅今年把这个绸灯做起来，带头给做起来。

吴：这就是第二年的灯会了。

王：我就是头一个开始做绸灯的。

吴：您是领头人嘛，王老师您记忆力真好，十二间房都记得。

王：我第一个弄的，1981年我就开始做绸灯了，其他的三个组等着看。

吴：等着看您做的灯，当样品。

王：我把这个绸灯做起来，一做就是一对、两对，同样的一个样子就做的一对。我的一对绸灯做成挂起来，他们两个组来一看，这就开始做了，全做绸灯。就是从那年开始，我们这儿每年都做花灯，一直没间断。文化系统人员提出说是要做个大灯，我会做，1985年在十字街说是要做一个六盘山，要把六盘山上的公路建设、水利梯田这些因素都穿插进去。

吴：这些都要做进去，您做的时候要不断创新？

王：嗯。另外做个“今日六盘山”。首先我要找到隆德县城最高的地方，我记得是新堡子，这个新堡子院墙背后就能看到六盘山的山嘴山头。

吴：您这是去采风啊！

王：我去看着远景设计了一个图，弄了个方案，给馆长看，他说你们就照这个方案做去吧。我做的“六盘山”有四米高六米多宽。

吴：那很大的。

王：做成以后布置到十字街口，十字街口上都是大型灯，公路的两旁挂的小灯。隆德地处山区，冬天很冷，我就在灯里面坐着，围着炉子坐着。

吴：哎呀，灯里面直接是个房子，那是很壮观的。

王：我的灯一共是十二部分，下面八个部分，上面是四个部分，拿过去组合起来的。有些是能开开活动的，看护灯的人在里面抱着炉子取暖着呢，那时候是隆德县做的最大的花灯。后来在1988年，自治区领导来隆德参观元宵节花灯，又叫我在舞台上做一个二龙戏珠，一条龙就做了六米长。

吴：您做的都是大型花灯啊。

⊥ 王国祥给红寺堡区农业农村局制作的花灯（本人供图）

王：做了一米二大的一个珠子，那上面有做火花的标示。

吴：珠子是一米二，啥是火花？

王：是龙身火花，就是这个龙的曲线。就在这个珠子周围弄的火花，这就是二龙戏珠，这就是在隆德做的大的，后来又有人介绍去平凉做。在平凉的社会保险厅去给做了一次，做了个一米八高一米七宽的寿星，人家是人寿保险公司嘛，所以提出来要给他们做一个寿星。

吴：名声出去了，就到外地做花灯了。

王：做了个寿星，狗年又做了一个一米多的狗，然后保险公司又做了一个宝塔，四米多高的一个宝塔，这在平凉做的都是大型的。后来给海原又做过。给固原文化局做了一个二龙戏珠，二龙戏珠还是在一个柱子上这么转的，那时不会做电动的东西，电力机械我不会做，人家给我找个人，是固原拖配厂的人。

吴：固原拖配厂？

王：固原拖拉机修配厂，人家做的动力部分，我做的二龙戏珠。

吴：王老师您做了这么多的花灯，您觉得最好的作品是哪一个？

王：我自己做的，我觉得最称心的就是“六盘山”。

吴：您有照片吗？

王：那时间都没照下。

吴：没照，您就给我详细描述一下“六盘山”到底是个啥样。

王：我做的是六盘山山顶，从我们隆德到固原。因为那时候固原还没有设市，是固原地区，固原地区管辖五个县，泾源、海原、隆德、彭阳、西吉五个县。我们隆德走固原要经过六盘山，那时间还没有洞子（隧道），走的都是翻山路。

吴：那会儿没有隧道都是盘山公路。

王：盘山公路，我做的就是六盘山上的盘山公路，山路上还有循环往复的汽车。

吴：还有汽车在循环。很可惜没有留下照片。

王：用松树棍棍做的树。那时候没有条件照。

吴：文化馆的人拍了没？

王：文化馆的人那会儿可能拍了，我们那时候不太注意那些东西。

吴：不知道留存资料的。

王：没想着给自己留存个资料，（活动）一完就扔了。

吴：是个六盘山为原型的大山，上面有盘山公路，路上又有汽车，又有树是吧？

王：就是。

吴：那个时代那么大的灯很让人震惊了，以什么颜色为主？

王：主要是夏天的景色。

吴：绿色？

王：我也是画画的，还有隆德县城方孝义老师，方老师退休在家，我们两个画的，我俩花了几天时间，糊成各样东西，做好以后再找色彩，先拿白洋布糊着，然后拿桃胶就是木块块胶用刷子刷了，为啥要刷？刷有两个好处，一个好处是不太黏手了，另一个颜色画上不容易掉色。

吴：要不这颜色就渗进去了，颜色就淡了。

王：是的，颜色就淡了。

吴：那做得真是很精美。

王：我两个就这么搞了，我俩画了几天，十二个部分呢。

吴：工程浩大啊，那个时候做出来很有成就感吧？

王：我们是在隆德县秦剧团的一个排练大厅做的，我们八个人做的，挺受罪的，用砖头摞成方块块当炉子，烧的是炭。

吴：晚上也在那儿睡？

王：在城里私人家住。

吴：但那是冬天，也是很辛苦，做出来以后，当时大家是不是都惊呆了？觉得很壮观？

王：就是，那年是虎年，在山上还做了两只虎崽子。

吴：那时候看到这么受群众喜爱，心里面是什么感受？

王：那时间好像是没有啥感受。那时候在农业社里，挺穷的，刚改革开放嘛，觉得我在会展上一天能挣回来几十块钱，这比在农业社一年挣得多，感觉挣钱了。那时候我分了二十五亩地，还有草地、退耕还林地算下来三十几亩地，这一年又上化肥，我们山区又没有肥料的资源，我还四五个娃娃上学，要顾及娃娃上学呢。

吴：几个子女？

王：那时候还要顾及一个小妹妹，我家是五个娃。

吴：自己五个娃娃，还有个妹妹。

王：我是家里第三个，还有一个小妹妹。

吴：那是家里的顶梁柱，不容易啊。

王：就是。过年的时候，我承包了外县订的灯笼，承包了咋办？我正月十五要给人家完完全全拿出来，我年都没有回家过，在外面过了两个春节。

吴：您从五外爷那里学的，五外爷是从哪儿学的，您知道吗？

王：我就不知道了。五外爷的大大是有名的隆德县城的老爷。

吴：您几岁开始对扎花灯感兴趣的？

王：十一二岁了。

吴：为什么对花灯感兴趣？

王：我看着人家做得好得很，给我们那些娃娃做，随便就粘一个纸桶桶，外面粘个花瓣，弄一个穗穗子就是个兰花灯，下面弄些莲叶，里面放个小小的洋蜡，一个小摇篮，就给娃娃提着，就很感兴趣，就学着做。

吴：真是心灵手巧。咋学的，每年有固定的时间去学，还是闲了才去学？

王：没时间学，跟五外爷在外面做上一回，回家里再自己钻研，有空我就练，就会了。他做的是莲花灯，我就自己想象照着去做一个兔娃子，那个兔娃子做起来很容易，用几个竹子这么一套套成个椭圆，做成好像个鸡蛋，在小头上做了耳朵，这么拎着扎上。爱做，有空就做。

吴：受到了启蒙然后自己也钻研了。

王：自己年轻的时候就喜欢画画，还爱捏泥，塑东西。

吴：您现在还捏吗？

王：泥塑不太爱捏了。

吴：主要就是花灯了？

王：就觉得我外爷捏的泥马好看，我就在家里捏一个卧着的马、站着的马。那时候就是爱搞这些事，后来因为我有绘画基础，在农业社的时候我用纸背背子（用糨糊把纸一层层粘在一起）刻了一副牛皮影子。

吴：皮影戏？

王：我做好以后，我二大是拉板胡的，我是拉二胡的，就在我家生产队办了一个皮影戏。

吴：多才多艺，会唱吗？

王：唱有唱的人。我不会唱，我是拉二胡的。

吴：了不起，真是个艺术人才。

王：皮影一溜子要完了，第二年生产队找了一张山羊皮、一张驴娃子皮，叫我做成皮的，我又给做了皮质的皮影，给了生产队队长。

吴：那个东西现在在吗？

王：完了以后生产队长收留的，现在在哪儿放着我也不知道了。

吴：您觉得对您做花灯影响最大的人是谁？

王：印象最深的是我们一块做花灯的隆德城里的马永堂，他是隆德县城隆关四队的一个支书，人家花灯手艺也很好。

吴：现在还在吗？

王：不在了，很早前就不在了。

吴：您为啥觉得他对您的影响比较大？

王：做花灯技术我就认为在隆德县是真没有赶上他的人。

吴：比您还强吗？

王：人家动力灯都会做，他做了一个（灯）叫我给他画，一个人拿着斧头砸树根，最前面画一个缸，缸里面再画上一个人，我画上以后旋下来，斧头抬起时这个人从缸里上来了，斧头砸下去了还会出现这么一个叉叉。

吴：您会画，会做花灯，但是人家会巧妙地把它弄成那种动画形式的。所以对您的影响比较大。

王：就是。人家做的时候要拿回去做。

吴：不给你教。

王：不给教。这几个做的人，都没有得到人家这手艺。

吴：您后来有没有试着去做这种动力的花灯？

王：试了，齿轮走到一半这么一拨自己就返回来了，没有试成功。

吴：没有尝试成功，太可惜了。

王：人家（做）的跑马灯，让我画一个城门楼，城墙上四面都有城门楼，让我再画个骑马的解放军，人家说个啥我给画个啥，画成了以后旋下来，解放军骑着马挎着枪，打这个门里进去了那个门出来了。

吴：还是动画形式的。

王：嗯，跑马灯，这都是人家做起来的。

吴：这太可惜了，也没留下个资料，也没有别人学会。

王：他只有一个儿子，给儿子也没有传。

吴：太可惜了，就失传了。

吴：您家人支持您做花灯吗？

王：那时候我家情况特殊，为啥说我这个情况特殊？我大（爸）是老大，我大他们弟兄四个，（成家）以后分了四个家，有官庄的，有张云村的，都离得远。我小时候，我大在国民党那边当兵，解放了以后他投诚到红军、八路军里面去，那时叫解放军，他是1953年才复员回家的，他回家以后就转到隆德县城城关粮站当粮管员去了，一直在外面。我们姊妹几个就跟我妈和我爷爷奶奶在一块生活，后来因为生活紧张就把家分了，我爷爷奶奶就跟我爸妈分开了，我爸跟我妈的夫妻关系不好，我爸就管了两个老的，没有管我们娘儿母子。这特殊就特殊在，听着有父亲，但没有父亲的呵护。

吴：没有供养你们，没有管你们。

王：就这么困难挺过来了，念书念到六〇（1960）年。因为生活紧张，刚上到了初中家里没办法了，我就辍学了。后来困难到啥程度，我没钱买课本，开学了人家娃都有课本子，我用本子抄人家的课文还上了几节课。

吴：太不容易了。

王：后来我抄不及了，我抄了课文但完不成作业。下午放学回家，我家里到学校是三里地，在这三里地往回走的路上头重脚轻，要绊几跤呢，就这么个程度了，饿的。回去就赶快到人家地里拔小麦，拾地里翻出来的洋芋，一顿还拾那么一笼子的洋芋。这洋芋拾回来好吃得很，洗净、切了和到糊糊里，或者是烧了吃，烧上也好吃得很。

吴：太困难了。

王：这差不多能解决饿，十几天都没去学校，结果耽误了课，去学校啥都摸不上了，这就没心学了。

吴：不上学以后呢？

王：这是我学花灯之前的事情，以后有了娃娃，又要学做花灯又要管地里的活，还要买化肥，这些都需要钱，把人逼得就胡闯。一年两口子赶紧把田里的地都种上，我就出去在外面给人家做个顶棚，给单位粉个白墙、画些玻璃画。你见过在玻璃上画画装到框子里卖钱的吗?

吴：我倒还没有见过。

王：那个就叫个插瓶画，画的那些东西，拿着这些玩意儿赚个钱，全是糊口嘛。花灯一年就是一季，在冬季有灯会装花灯，平时我出去做些画，殁了人的那个寿材我也给画的。

吴：棺材上?

王：农村有些老人的寿材提前就做好了，连画带油，画寿材。给照相的人画布景，给人家做家具，高低柜、多门衣柜、大衣柜、小衣柜等等这些做好以后，我就给这些家具连油带画。

吴：您给这些家具连油漆带画画，手艺人嘛，爱好和特长变成了一种生计方式。

王：家里的光阴逼着这么跌绊着过呢，那时候我母亲在。后来结了婚，老婆就一个人在家里守着，我千辛万苦出去挣几个钱，回来地里要买化肥，要供娃娃上学。

吴：嗯，太不容易了。

王：他们都支持。

吴：那时候日子很苦，酸甜苦辣都有吧？

王：我在学校里就爱画画，再一个我在文化馆里前前后后画了七八年画了，肯定有进步了。

吴：越来越进步了，花灯做得好也是有绘画基础。花灯扎制技艺这个项目从您外爷爷传到您手里以后，有什么新的发展、创新和改进？

王：除了做原来的老宫灯和十二生肖的动物等花灯以外，有些单位要求按他们的要求做。

吴：按人家的题材做，按时代的变化做是吧？

王：就是。

吴：题材上有新的变化，技术上是把纸变成绸子了？

王：彩纱、绸子，这就比原来就进步了。

吴：还有啥改进没？

王：再一个就是如果要做动力灯比那时候容易，一些玩具呀啥的买回来就能用上。

吴：您现在也会做动力灯了，掌握了？

王：可是我始终保持传统的，有些人说是你为啥还要轧呢？焊就行了。我说我非遗传承的本身也就是花灯扎制技艺，我如果焊上，我就违背了扎制了，我始终保持扎制，不焊。

⊥ 王国祥在自己家举行花灯展示（沈彦龙摄于2015年9月）

吴：对，您保持的是传统技艺。

王：扎制的技艺。

吴：您的技艺特点是什么？

王：原本没有多大特点，说白了就是我自己用心做。人不管做什么事，要实际，要诚实，你看有些人做灯，他的心态是啥？去投机取巧，对付着一次性完了。我不是这么个想法，人说我扎制的架子可以用几辈人。

吴：手艺人的匠心。

王：你不妨自己琢磨一下，你某一个环节胡整，少材料，尺码不准确，做出来就太差，我是抱着诚实的心态做。我们这个组做出来我说能行就能行，我说你要打翻重做你就去打翻重做。啥原因？咱们要跟人家交差呢。人家验收，肯定也都是行家验收着，咱们的人都验收不上，不是前功尽弃了。

吴：您现在收徒了吗？

王：收徒收得多，在隆德做的时间收了好几十个，隆德的徒弟都不太联系了，在这红寺堡又收了十几个人。

吴：十几个人，他们现在还做着吗？

王：现在做的就只有韩子川。韩子川老家隆德官庄乡的，我们是好水乡的。还有个马增强是奠安乡的，这两个自己能单独拉起活的，其他的还都单独拉不起来活。

吴：现在能单独出活的就这两个？

王：还有一个老赵也能成。

吴：孩子有没有继承？您自己的孩子、孙子？

王：这几年我自己的孩子全去做，我家大儿子做着，我现在是不动手的，我看着。大儿子扎架子，我家孙女儿、大媳妇他们一家子做。

吴：您给指导着？

王：我现在是非遗传承人，第三代传承人是我大儿子王耀斌，第四代传承人是我的孙女儿王思婷。

吴：您大儿子被评为传承人了吗？

王：已经报给文化馆了。评上没评上，还没有给政策。

吴：您那些徒弟一般是咋教？来你们家学的吗？

王：我2000年搬到红寺堡，2002年到中宁文化馆联系，把灯会上的灯给承包下了，承包下后我就给隆德县我的徒弟打电话，人家都已经把活揽上了，一个都没叫上，找了我们沙泉（村）六七个人到中宁做起来了。

吴：边做边给他们教是吧？他们会吗？

王：嗯，就是边做边教。他们没见过花灯的，我叫做啥就做啥，在中宁一共做了四十七八个灯。

吴：赚了多少钱？

王：一个人赚了三千多元。

吴：花了多长时间？

王：二十二三天，一个人赚了三千多，我四千。

吴：现在这花灯扎制也还是养家糊口的手艺吗？

王：算是。

吴：您觉得现在往下传承有啥困难？

王：现在看起来没有啥困难，因为我有两个儿子，一个儿子现在是在杭州定居了，他没有继承，所以就大儿子继承了。

吴：外姓徒弟也有几十个了？

王：外姓的有两三个人能单独拿活了。

吴：您觉得最好的传承方式是什么？

王：不管干啥要自己心里爱，自己爱这行就能成功。

吴：能坚持下去。

王：能坚持下去，不爱的人就一次，没有以后了，他单独拉不出来（活）。

吴：您现在还是每年都在揽活？

王：就是。

吴：每年揽的活多吗？

王：我揽活是按照我的进度，我能做几个灯，就答应几个灯，前年给咱们红寺堡的机关单位做了。一般单位上是做两个灯，分的任务，我去联系好了。我把我的花灯制作的名片发到各单位去。各单位不是有主任办公室的，我把名片留到主任办公室。

吴：您厉害，现在都不用去放名片了，人人都知道您了。

王：现在各单位都知道了。

吴：最开始是啥时候放名片的？

王：我在2004年开始以名片的方式发的。

吴：一年能承包多少个灯？

王：我领着这些徒弟2004年做了一百几十个灯。

吴：现在还做吗？

王：今年没有做，因为疫情，不能搞聚集性的活动。

吴：没有疫情的话，每年都搞吗？

王：没有疫情每年都搞。

吴：每年都能做一百多个？

王：没有，就2004年那一年我刚带徒弟的时候做了一百多个，以后就各做各的。

吴：各做各的，您自己能做多少个？

王：我一年顶多做二三十个。

吴：一个多少钱？

王：一个最高的三千元。一年就挣两万来块钱。

吴：那也很可以了。

王：因为我不敢多订，正月十四如果做不出来，就不是挣钱的事了，你跟人说不清。

吴：现在除了发名片，您还怎么打广告？都已经做不过来了是吧？

王：不打广告。2018年、2019年的灯有好几个单位订，后面找来的好几个单位，都没给人家答应，不敢答应了，人家是三五遍地要求做，我不敢答应，因为我做不出来了。

吴：太多了。

王：一个是我没场地，况且我这进的料，都是在兰州进的料，短时间这料子都进不来了。

吴：有没有想着再发展一下，把场地弄大，然后把你们全县大部分的花灯都包了，有没有这个打算？

王：我是想借文化馆的平台宣传一下，在校园办个班。

吴：对，可以进校园。

王：这是我一个想法，要文化馆支持。我想在农闲时间在文化馆举办一次花灯学习班，我来给大家传授，我说我快八十的人了，有这么个想法，还没跟文化馆提过。

吴：提一提，机会错过了就没有了，多可惜。

王：不过我家的儿子、孙子能做的。

吴：已经传承下去了。

王：我家二孙女儿在固原师范学院，今年上大四了。

吴：学啥的？

王：学美术。

吴：那就对口着。

王：是个强手，做花灯是个强手。

吴：那真是好事啊。评为传承人之后你觉得自己发生了啥变化？

王：评上非遗传承人以后觉得干了一辈子没有白干，多少远亲近邻的听着还有这么一回事情，觉得还是有一点自豪的。

吴：您在学艺和传承的过程中，有没有接受过政府或者个人的资助或者帮助？

王：肯定有，隆德县文化局和宣传部非常重视，组织我们到外地学习，文化馆组织我们在馆里做了几次花灯，举办花灯展。自治区每年都给传承保护经费，这几年每年给五千元，这是个大帮助。

吴：您收了那么多徒弟，还可以报个非遗传承基地。

王：基地具体地点放到哪儿？

吴：放到您家就行了，您家有院子吗？

王：有院子。我也能报？

吴：下次发文件的时候您就报。

王：我在文化馆这儿报吗？

吴：对，红寺堡的郭锐不是已经报成基地了嘛。

王：好的，我知道了。

吴：您能讲一下花灯的整个制作过程吗？

王：我小的时候用竹子做架子，用麻叶绑扎。大麻能长两三米高，收麻后就把它捆起来，然后放到水里面泡，泡到上面的皮能剥离的程度就捞出来，晒干以后就剥下来叫麻叶，那个时候它的作用大得很。

吴：就是以前用来做麻绳的，黄颜色的。

王：对，农村就是做麻绳绑东西，大的、小的都有，纺织厂也会用。

吴：用竹子和麻叶扎成形状。

王：竹子在煤油灯上把该折的该曲的地方烤软以后弯曲成想要的形状，或者曲圆，或者方形，或者三角形。要去曲一个耳朵的话，先曲个六角形，再把它用麻叶扎到一块，这就用几个六棱形组成的灯，扎成架子，用纸（后来是皱纹纸）糊。

吴：最开始用的是什么纸？

王：原来就是用绿红纸，就是写对子的绿红纸，有绿的、黄的、蓝的、红的。

吴：后来用啥纸，有啥发展？

王：皱纹纸，皱纹纸有柔软性，颜色也鲜艳了，比原来的纸也好用多了。最后就用绸子做的。用绸子做的时候架子是用铁丝做的，首先要把灯笼的图绘出来，哪一个部位是六面形，哪一个部位是四面形、长方形或者是多边形，把这些东西你要算好，这个六棱一面譬如说是个八厘米，六八四十八，再加上两厘米扎头成五十厘米，你要裁下来用缝纫机扎的直直的，扎直以后把五个点固定好，再往标准弄。

吴：往标准弄。

王：这六边形是一致的，如果不注意把点点错位了，出来就不太准确，这一面成六个半了，那一面成五个半了。

吴：要精确地标上点位。

王：要点准，也要裁准，一件一件把这小部件做成以后再一起组合，组合以后再去大面积糊灯笼。没学过绘画的人色调乱，不注意色调统一，色调一乱，做得再好，出来也不好看。

吴：要有绘画基础，不然做出来不好看。

王：糊成以后，红的就是红的，黄的就是黄的。现在各种颜色的彩绸都能进到货。

吴：以前您做“六盘山”的时候还往上画过，原来是往上面填色吗？

王：这个“六盘山”我跟你说过来整体是用白洋布糊的。

吴：然后再上色的，现在是啥颜色的布都能进上，就不用上色了是吧？

王：现在这个材料好，彩旗绸价格高，比其他的绸子糊出来好看，材料上也有个贵贱，都能分出来层次。

吴：材料上也有贵贱，您现在进的布都是彩旗绸？

王：基本上都是彩旗绸、纱，各种各样的颜色都有，有专门手工用的纱，是腈纶的。如果我要做一个主调是黄色的灯，我就从上到下都用黄色的布整个糊上，再在上面用各种各样的颜色点缀，啥颜色都能上去。

吴：主体颜色后面还要点缀是吧？

王：不管你再点缀，远处一看黄的就是黄的，灰的就是灰的，大红就是大红的。色调要统一的，不能乱，跟画画一样，你的画再画得好，你调子乱了（就不好看了）。做出来以后，你有绘画基础，上面肯定要装饰图案的，你自己把图案设计出来，贴上去。你自己如果设计不出来图案，你的灯就空着了。

吴：王老师，您扎制花灯获得过什么荣誉？

王：2014年红寺堡文化馆很重视，把我们这些人弄成文化领军人，也给我发了荣誉证书。

吴：您今后还有什么打算？

王：我现在这个年龄去外地做不可能。我还是继续给儿子、孙子传承，创作作品，一来把我这个手艺传承下来，再一个让他们也有一点微薄的收入，比闲坐着还强一点，就这么想。

吴：今天真辛苦您了，我们今天访谈就到这儿了，谢谢您。

高台马社火代表性传承人

郭 锐

郭锐，1964年出生，宁夏吴忠市红寺堡区人。2017年4月被认定为自治区级非物质文化遗产项目（高台马社火）代表性传承人。

综 述

郭锐出生在宁夏固原市隆德县，那里虽然生活条件恶劣、自然资源贫乏，但传统文化底蕴却十分深厚。秦腔、社火等是当地流传广泛的民间传统文化，高台社火更是颇具特色。郭锐自小就喜欢社火，童年印象中一年最热闹的就是正月村里耍社火的时候了。郭锐的父亲是一位戏曲演员，也了解高台社火的制作工艺，郭锐十八岁开始跟着父亲和村里的秦腔班子学秦腔、耍社火。

高台马社火是一种没有语言的静态表演，是用建筑材料制作框架，再配以人物、动物、古楼、花草造型而成，最早的高台马社火是分开的，高台是在供桌上，马社火是在马背上塑造人物形象。高台马社火艺术融汇了绘画、剪纸、布扎、纸扎、木雕、泥塑、铁艺等多种民间手工艺术，用钢管、方钢、圆钢、龙骨架等制作出安全牢固的底盘及主心骨架，然后用各种颜料、花纸、布料、动物毛等制作出动物、植物、山、花、虫、鸟、兽、古楼、古塔等背景。让演员扮演戏剧人物站在高台上形成故事组合，给人们一种惊险迭出的艺术感染力。

“在老家，高台社火就是传统特色，我从小就喜欢耍社火，跟着大人学了一些制作高台社火的技艺，来红寺堡以后，就是希望能把高台社火继续传承下去。”郭锐说。1998年，三十四岁的郭锐和村里十几户村民响应政府号召，搬迁到红寺堡区进行移民开发，成了最早一批搬迁到此的移民。原来分散在隆德县奠安乡各村互不相识的移民，到这里重新组成一个村。到了红寺堡，郭锐和乡亲们过了几年艰苦奋斗的日子，开荒种树、开路建房，为了吃饱穿暖，他耗

郭锐在彩绘高台马社火道具
（本人供图）

去了全部的精力，无暇顾及其他。到2003年基本解决温饱了，如何活跃群众文化生活的新问题又摆在人们面前。温饱而思娱乐，群众的精神文化需求越来越强烈。为此，郭锐在村办公室建起了秦腔自乐班。没有戏服、戏帽、道具，他便自掏腰包八万元购买。第二年，他又购置了锣鼓，组织村民搞起了高台马社火。为了活跃群众生活、弘扬传统文化，郭锐不遗余力。在郭锐家的两间库房里，堆满了他购置的戏服、戏帽、道具和器乐，还有他自己特别满意、花十万元制作的天安门彩车模型，这些东西的购置费、制作费都是郭锐自掏腰包。十几年来，他为高台马社火的传承弘扬和发展投入了近四十万元，但他在所不惜。他说："生活的钱够用就行了，我愿意为此拿出一些钱，我也有能力拿出这些钱。"在他的不懈努力下，原本在隆德当地盛行的高台马社火在红寺堡扎了根、开了花，全村人的积极性都被调动起来了，每户至少有一人参与，还有全家齐上阵的，锣鼓一响，一呼百应。郭锐除了组织、策划，还负责高台的设计、焊接，彩车框架制作、纸花动物等扎制，道具制作等。现在的香园村群众自娱自乐的活动多了，村里也没有人再赌博了，乡亲们的凝聚力增强了，社会更加和谐了，郭锐在群众中的威信也越来越高。

作为自治区级代表性传承人，郭锐深感责任重大，逢年过节在准备高台的一两个月时间，正是他传承教学的最好时机，他往往是边制作边给村里的年轻人传授制作技艺。现在，包括他大女婿在内的三个徒弟都已基本掌握了制作、展演高台马社火的技艺。除了徒弟，最让郭锐自豪的还有一个个奖牌证书，这都是在他的带领下红寺堡每年组织社火展演所获得的。从2006年到2018年，郭锐代表的红寺堡区香园村社火队多次获得自治区、吴忠市社火展演特等奖、一等奖，所获奖金也由两百元提高到六万元，有关部门有意通过奖励的方式给他适当的补偿，鼓励他继续弘扬传统文化。

访　谈

被访谈者：郭锐（自治区级非物质文化遗产代表性传承人）

访 谈 者：马家媛

访谈时间：2021年12月15日

访谈地点：吴忠市红寺堡区郭锐家

马：郭老师您好，首先请介绍一下您的基本信息，您的姓名，出生年月等。

郭：我叫郭锐，1964年1月28日出生，出生在隆德县奠安乡旧街村，学历是高中。现在住在吴忠市红寺堡区大河乡香园村，1998年搬迁到红寺堡居住的。

马：您能给我讲讲您小的时候，在隆德县和高台马社火有关的一些记忆吗？

郭：记忆里传统文化是1982年开放的，四五岁的时候，逢年过节要把马社火装上迎神呢，那时（20世纪）60年代的时候，记得村里有个寺庙在那里迎神。后来我记得最清楚的是1982年以后，这些传统文化都又出来（活跃）。我父亲是个戏剧演员，1982年以后由他带领在村上排演了秦腔《十五贯》，排了十五天，演了十五天。那是我第一次正式接触。

马：当时您多大？

郭：1982年我十八岁。（20世纪）60年代我就几岁，记得也不太清楚。但是记得马社火，装扮戏剧里的人物。

马：您刚才提到您的父亲是戏剧演员，会唱秦腔，您能详细介绍一下您家里父亲、母亲和兄弟姐妹的情况吗？

郭锐为高台马社火演员装扮
（本人供图）

郭：家里就我父亲唱戏呢，我姐姐他们都不唱戏。

马：您父亲母亲都是务农吗？

郭：我父亲原来当过兵的。他当兵是在新疆呢，在新疆部队入了剧团，一直就唱戏着呢。我父亲唱的是秦腔。我父亲母亲都是隆德县人，当完兵我父亲就又回到隆德了。

马：您母亲会唱戏吗？

郭：我母亲不会，我父亲在新疆一直没回来，我母亲就在家一直等着，后来才回来的，我们几个孩子都是解放后生下的。

马：您家兄弟姐妹几个？

郭：我们家三个，我是老三，我上面两个姐姐。

马：您接触秦腔和马社火看来是和父亲的影响有关系了？

郭：嗯，就是。我父亲唱戏唱得好得很，过去在新疆唱戏，我听人讲他在台上唱，台下就是往（台）上扔银圆着呢。

马：那得是一定的角儿才有这样的待遇呢。

郭锐制作高台道具（本人供图）

郭：哎，就是，他的戏唱得好得很。解放以后唱了几场子，我才看了，前面没见过，都是听村子的人说我老父亲的戏好得很。1982年以后唱的我都见了。我记得他唱的时候是七十四岁了。

马：当时您看了吗？是观众吗？

郭：不光看了，我当时是一起排了（那场戏），《十五贯》。这部戏是说十五贯铜钱让人偷了去了，断官司把个好人给冤枉了，大概就是这么个意思。当时还给我分了个角色呢，连学带看，学了不少呢。当时排戏我们村有七个七十多岁的人呢。

马：当时您是十八岁，经过排练已经能够登台了，那在这之前您是跟父亲学过些戏是吧？

郭：学过些，在家也学些。还是1982年以后学得多，当时是在生产队，那时排戏的环境（条件）不好，在牲畜站排戏着呢，一头是个炕，是饲养员睡的，一头站的牛站的驴，相当于在牛棚里排戏着呢。晚上我们在牛棚里面填上点干土，点上个煤油灯，就排戏。戏排了三年，教戏也教了三年。当时村上有个戏班子呢。

马：是您父亲组的班子？

郭：开放了以后实际上是村上农业社（组织的），看这个戏谁能唱就组织唱。老百姓家家都有人（参加），六十多户呢，一家子（派出）一个（人）两个（人）的。

马：这是您学戏和接触秦腔的一个过程，也是您父亲对您最初的影响。您能讲讲您是什么时候开始接触高台马社火的？

郭：还是在1982年以后，改革开放以后，农业社下放权力，每家每户都能养骡马了。那个时候装的高台马社火都是在马背上骑着呢。每家有马的拿一匹马，有骡子的出一匹骡子。一般一个戏剧身子要十二三个人装呢，装成秦腔人物，骑在马背上在各村转（巡演）着呢。

马：那个时候您已经开始学戏了，也就是秦腔演员了，在需要社火巡演的时候，您也作为社火演员在上面表演是吗？

郭：对，就是这样。我们当时学秦腔的学秦腔，正月十八村上迎神就装马社火，各村都有呢么，奠安乡各村能装社火的都装着呢。正月十八那天各街道走都没法走，拥挤得很，人特别多。

马：那是改革开放以后的第一次是吧？

郭：嗯，第一次，从1982年以后就一直要着呢。

马：您能讲讲您第一次装扮马社火难忘的事情吗？

郭：那时候我装了个马社火的“身子”，装了一个旦角。

马：就是站在马背上的人物装扮上人物扮相，叫“装身子”是吧？

郭：对，我那一年装的公主，是个旦角，那时候讲究穿戴越洋气越好。

马：意思是越华丽越好是吧？

郭：嗯，就是。我扮演的是公主，男扮女装，旦角。那时候都是村里年老的人带着，过去这一行要下（过）的人，开放了以后他们也都参与，他们组织。

马：那一次您跟着这些老一辈的人学到了什么？

郭：那时候我就知道了马社火怎么装饰呢，不光是穿上戏剧服装，还有打脸、化妆，还有一些装饰物，我们村上都一家比一家，谁家装得好都比呢么。

我们乡上十九个村呢，这些村的人也都互相比着呢。

马：看来萁安乡社火的底蕴很深，1982年一开放，立马就恢复兴起了这些民俗活动。

郭：一下子就兴起了，原来就都要呢么。当时还有些老人、老演员，再组织这些年轻人（一起要）。我们村里会的老人多呢。

马：您父亲除了唱秦腔也会马社火是吗?

郭：马社火唱戏的人都会装，马背上的社火其实装扮的就是秦腔一出戏里的戏剧人物，穿的戏剧服装、戴的戏帽、穿的戏靴。

马：扎的这样的马社火呢?（指着院内的一处高台马社火作品）

郭：扎的这种马社火都是农业社以后，社会渐渐发展，农业发展有了机械了，有了拖拉机了，慢慢就不用骡马了，被拖拉机代替了。这之后就用拖拉机装马社火呢，把身子装好站在拖拉机上，给拖拉机拖斗里装的架子，渐渐装了这么几年，到了1995年以后就开始用汽车了，规模越来越大了，我记得当时用解放汽车、东风汽车多。

马：这样的车的高台也站演员是吧?

郭：嗯，还是站秦腔演员。

马：从1982年以后，您每年都参加马社火是吗?

郭：嗯，就是，每年这些活动都要着呢，从1982年开始，一直到1998年我们开始搬迁。

马：您前面是跟着老辈人学，什么时候开始您就能独当一面，可以自己组织了?

郭：那就是搬迁到红寺堡以后，1998年搬迁的，2003年我们自己组了一个秦腔自乐班，这期间的五年是特别困难的。刚搬过去因为风沙太大，要的这个（高台马社火）几乎没人应。我记得刚到红寺堡风沙大得很，风沙一来我们就用衣服把头一包，在地里坐着，当时都说红寺堡住不成人。我们慢慢地种了些树，我干的村主任，村上的树都是我看着栽的，直到2003年环境才慢慢好转了，也能住人了，也能种庄稼了，才安心地在这里住下来，感

⊥ 郭锐和村民们一起扎制社火道具（本人供图）

觉比老家好。我们老家一穷二白，山区靠天吃饭。

马：那就是在搬迁来的头几年因为生活所迫暂时停止了马社火的活动。

郭：没有时间干这个，直到能有个稳定的住处，生活啥都稳定了，老百姓才逢年过节想唱戏啥的，我就给了一个办公室，老百姓自己带上乐器，挤在我的办公室唱着呢，老百姓也挤着看，人摞（挤）人。

马：当时是你们原来村整体搬来的？

郭：不是整体，各村都有人呢，我们旧街村搬来了十来户，都是临近的村搬来的。原来这些人都唱戏、耍社火呢。2003年到2007年就在我办公室唱着呢，到了2007年生活好转了，我们就开始就装高台了，从2007年一直到2013年在三轮农运车上装，2013年以后就用大车装了。

马：您到红寺堡生活这么艰难，稍微好转就又开始搞社火，这是出于一种什么样的想法或者感情？

郭：一个是喜欢，再一个就是老百姓生活好了就说我们学着唱戏，我们村委会看村里有唱戏耍社火的人呢，我们就想着把这个发展起来。我也是村主任，想把老百姓组织起来引导起来有个文化活动，不然一天出去耍赌（赌博），这个总比要赌好多了，又能把老百姓融合到一块。到了2013年以后，村上服装道具啥都没有的，我就筹集了些钱，老百姓参加的人也多了，有几十个人了，我就说要要社火没个服装道具没穿戴的不行么，我就拿了八九万块钱，到隆德县置办了服装道具，全部是我自己的钱。这之后我就组织老百姓排戏，排了一个《宝莲灯》，排了一个《铡美案》，排了一个《放饭》，还有《斩秦英》，都是组织当地老百姓重新排的，排的时间还叫了个导演呢。

马：相当于红寺堡生活好转了，您就把隆德县的民俗活动包括高台马社火移植到了红寺堡是吧？

郭：对。红寺堡最初的社火展演也就是我们香园村的，这些人也都是隆德的。红寺堡我们去的时候就没有当地人，就是沙漠地带。我们村上宣传过这么一句话："文化是农民腾飞的翅膀，文化是农民致富的脊梁，美好的生活呼唤着美好的文化，美好的文化创造着美好的生活。"农村更需要文化。

马：说得真好，您也就是按照这个坚持在农村推广优秀传统文化是吧？

郭：一直坚持着，创新着。高台每年创新，今年装这个，明年装那个，一年比一年创新发展，技术上也更好了。边学边设计边创新。

马：您是什么时候结的婚？

郭：我在隆德县结的婚，十九岁。

马：您有几个孩子？

郭：我有四个丫头。

马：那您爱人和孩子都一起跟着您到了红寺堡？

郭：嗯，从1998年到这就再没回去过，我母亲都在红寺堡呢。父亲是1994年八十七岁在隆德去世了。

马：您在红寺堡主要靠什么生活呢？

郭：主要就是靠农业。

马：您是村主任，是不是也有工资啊？

郭：第一次干主任是全年四百元工资，干了六七年以后每年九百元工资，后来

2012年以后一千五百元。主要还是靠种地务农，我的几个女儿都在外面打工。

马：几个女儿都跟您学高台马社火了吗？

郭：光有影响，几个女子这几年她们都帮着装着呢，她们也装上身子，逢年过节都扮着呢。

马：你们到这里，当时生活条件也不是特别好，听您说您还自己出钱买道具排戏，家里支持吗？八九万块钱也不少呢。

郭：赞成着呢，都没有意见。作为一个老百姓，（钱）够生活就行了么。2014年以后生活就富裕了，房子从第一代已经改造修到第四代了，最早都是茅草的房顶，现在就好了，都住的大瓦房。我自己出的八九万块钱，发票我都有呢，乡里面也不能报销，不报就算了。

马：您当时一年收入是多少？

郭：十几亩地一年收入三万多块钱。

马：那八九万块钱也是几年的积蓄了。

郭：嗯，都是我攒的钱么，还有我媳妇打工的钱。她也支持我呢，就是无偿奉献了，就想着带领村民把这个高台好好搞起来，搞文化建设。反正我生活

⊥　郭锐制作的高台马社火作品（本人供图）

好着呢，也不存钱。我是个心热的人，一直给村上跑着干着呢。

马：现在马社火队有多少人？还是您在组织是吧？

郭：嗯，都是我组织呢，我家是个文化大院，所有的文化活动都在里面呢。

马：文化大院是什么时候挂的牌子？

郭：挂牌子是后来了，都到2017年了。支持农村文化建设呢么！

马：文化大院给配备了什么设施设备呢？

郭：配了书架、书籍，还有桌椅、电视、音响，配了些戏剧的服装。

马：现在每年组织的高台马社火还是自发的吗？村里或者文化局会拨款支持吗？

郭：从2015年开始有以奖代补的政策，只要做得好就有奖金，我们每次得的不是一等奖就是特等奖，都有奖金。

马：您能给我讲讲高台马社火过去和现在的一些变化吗？前面讲了一下，最初是骡马装高台，现在是汽车了。

郭：2013年以后规模都变大了，老百姓也支持，我们有三百多户人呢，各家都出人来帮忙。装高台的材料有钢管、夹板、车，这些都是租的。

马：是一个村装扮一个车是吧？

郭：不止，有的村一个两个，我们村最多装过四辆车。就是争先恐后地比么，你的好我的还好，你的多我的还多，就这个意思。

马：您能讲讲装高台的工序吗？

郭：先租买材料，钢管、夹板、方钢、钢筋等等，把架子的材料准备好。设计是按照车的大小设计主题，都是我设计着呢。还要计划上面站啥戏剧人物呢，装的啥、穿的啥都要想好，然后就是准备道具。架子搭上了，还要进行彩绘、喷绘、扎制花子。这些年我们都做一些宣传的高台，一方面要，一方面还要把文化宣传好。

马：您最满意的作品是哪个？

郭：有一年做的北京天安门，逼真得很、壮观得很。我还从外面请的人给指导呢。天安门那个复杂得很，构造、绘画都复杂。

马：那个是多少人一起做的？

郭：那村上人多着呢，今天换上一班，明天换上一班，谁想来帮忙就帮忙。

马：那您村里还是很有这样的氛围，现在有很多地方没有工钱都没人干了。

郭：这都不给工钱，给工钱就没意思了，全是喜欢这个。

马：一个是这个地方有这样的氛围，再一个也是您比较有影响力和带动力，都愿意来帮忙做这个。

郭：就是都来帮忙呢。

马：北京天安门这个作品当年获得了什么奖吗？

郭：获得了特等奖，六万块钱（奖金）。

马：那是哪一年？

郭：2018年。

马：您这个花车也就是高台和上面站的人物是不是要相互配合呼应？

郭：不用，随便都可以。但车上面扮演的这些都必须是历史剧人物。

马：演员在上面还要做一些动作吗？

郭：不用做动作。

⊥ 郭锐制作的高台马社火作品天安门（本人提供）

马：我看以前的马社火上面会有小孩站得很高，现在还有吗？

郭：现在有呢，有些地方还装着呢，我们没有，我怕不安全，我们装的是大人。

马：随着时代的变化，您觉得马社火也在变化，您有什么想法？

郭：我觉得现在的高台比原来的好得多，原来就骑在马背上，很简单，一个人牵着一个牲口，拿的就是戏剧的道具。现在用车，搞的很规模大，能达到五米左右。内容也丰富了，构造也复杂了，表现的主题也多了。

马：在高台马社火的制作演出过程中，您觉得您最擅长的是什么？

郭：都会做呢，最擅长的还是装扮彩车。

马：现在村里还是每年正月十五要社火是吧？

郭：都是正月十五演。就是2019年腊月二十九我和家里的孩子，还有村里的人正装车着呢，就疫情来了，疫情防控就没演成，当时做了个长城。

马：准备一个高台花车大概需要多长时间？

郭：比较复杂的大型的（花车）要做两个月，一般的就是一个月（做好）。

马：您刚才说了您有四个女儿，在高台社火这方面也没有继承，您现在有徒弟吗？

郭：徒弟带了两个。我没有儿子，现在带大女婿。我现在和大女子、大女婿一起住着呢，我这个大女婿也灵得很，做啥你一说他就会了。现在大女婿已经能掌握了。

马：他是什么时候跟着您学的？

郭：他学了三年。一面做一面学呢，都得要实践呢，比如说做天安门，多大多宽多高，都得有个尺寸、比例。还有村上有两个徒弟。他们还是常年在外打工着呢，逢年过节回来就来做着呢，都给说着做。

马：有没有办过培训班什么的？

郭：我们这个办不了培训班么，要一边实践一边学呢。不像刺绣，在房子里给讲着绣着，我们这个要过节的时候做着学呢，只有正月十五演出展演么。

马：您这三个徒弟如果您不干的话，他们能够带领着继续干吗，有这样的能力吗？

郭：能呢，我的大女婿完全能行。

马：您觉得您的技艺在同行中处于什么样的水平呢？

郭：属于中等的水平。我看了好多社火展演，好得很呢。我在红寺堡来说是可以，和其他一比就是中等。咱们宁夏隆德，甘肃庄浪、礼县的高台社火都好得很。

马：您作为自治区级传承人，对这个高台马社火的发展有什么想法，在培养下一代上有没有困难？

郭：现在年轻人不学这些，现在有手机，娱乐也多，（对高台马社火）不感兴趣。我的三个徒弟都是四十几岁，更年轻的都找不上人学，这个东西赚不上钱，只能投入。

马：您对高台马社火做出了哪些贡献？

郭：我对红寺堡来说贡献比较大，红寺堡的文化，包括高台马社火都是我带动带领起来的。

马：就是说您把高台马社火的文化带出了隆德，带到红寺堡生根发芽了？

郭：对，就是。

马：您刚才说您带徒弟必须边学边做，在这个过程中，有没有口诀什么的？

郭：那没有的，比如要做个鹿，看你做多大的就按照比例做就对了么。

马：过去有没有传下来什么画样、画册什么的？

郭：没有的，过去就没有那些东西。现在都是钢筋的焊接，焊接好了好扎，过去都用竹板木板，太高了就不敢站人了，现在都是焊接的，再高都能站人。

马：还有您这些年获奖的奖项，我这里有些资料，一会再和您核对一下，但我这只有2016年以前的，下来再和您对对。

郭：好的。

舞狮代表性传承人

魏学祥

魏学祥，1964 年出生，宁夏吴忠市利通区金积镇关渠村人，2017年被认定为自治区级非物质文化遗产项目（舞狮）代表性传承人。

综 述

在宁夏，舞狮是春节期间最受欢迎的民俗活动，每逢佳节或集会庆典，民间都以舞狮来助兴。吴忠市、中卫市的舞狮流传广泛，多以村落或家庭传承为主，参与者众多。当地百姓每到正月里都会请舞狮表演，有求吉纳福的美好意愿和驱邪辟害的传统，魏家车门舞狮深受民间老百姓的喜爱。

魏学祥1964年出生在吴忠市金积镇关渠村的一户普通农村家庭，祖辈都世代生活在这片土地上，以务农为生。作为魏家车门舞狮第五代传人的魏学祥并不善言辞，但谈起舞狮还是津津乐道。据魏学祥讲述，魏家车门舞狮起源于吴忠市利通区金积镇关渠村，至今已有百年历史。魏学祥的老祖爷魏邦礼是第一代传人，当时，魏家是当地的大户人家，人丁兴旺，但因当时社会动荡，家里经常遭土匪抢劫，魏邦礼就专门聘请武术高人给家族男子传授武艺。清朝末期，魏邦礼把自己武术的看家本领融入舞狮中，以武术同狮子配合对打的形式进行表演，由此产生了魏家车门舞狮。经历了第二代传人魏学祥的太爷魏唐、魏川，第三代传人梁自珍（原为魏姓，后过继舅舅家改梁姓），第四代传人魏学祥的叔叔魏银、魏海的不断继承发扬，魏家车门舞狮成为逢年过节当地家喻户晓、群众自发组织、必不可少的一种民俗活动。魏学祥介绍魏家车门舞狮最引以为傲的就是武术，有刀枪棍棒、狮子滚绣球、上高桌等等。小时候让他印象最深的就是人们农闲时聚集在方庙，学武术、耍狮子，作为互动娱乐。当然还有庙会，逢年过节舞狮表演锣鼓响起时，两头凶猛的狮子怒目圆睁，腾跃翻滚，威风八面，大有生吞打狮者之态，而手持大刀、九节鞭等器械的舞狮者则与雄狮“生死相搏”，娴熟的舞狮技巧、精彩的表演总是引来围观群众的阵阵喝彩。

在这样浓厚的舞狮氛围环境下，看到叔父辈们在一起练武术、练舞狮，魏学祥自小就对舞狮有着浓厚的兴趣，喜欢舞刀弄棍，常常在家里长辈农闲的时候跟着学习武术，和小伙伴们互相比试、切磋武艺也成为童年时期最大的乐趣。叔叔魏银是第四代传人中的代表人物，尤其擅长五尺棍、连枷、大刀等器械，魏学祥从七八岁开始就跟随叔叔魏银要狮子、学武艺。魏家车门舞狮常用的武术器械有五尺棍、九节鞭、大刀、双刀、单刀、单鞭、镰钾（连枷）、软拳九种，每个种类又有六七个套路。经过不断的磨炼和家族中长辈的调教，青年时期的魏学祥就已经能够熟练掌握魏家车门舞狮所用到的各种器械的全部要领，并能够在舞狮活动中运用自如了。

一方水土养一方人，魏学祥一直没有离开过这片出生、成长的地方，也一直热爱着舞狮。几十年来，只要有舞狮活动都能看到他忙前忙后的身影。特别是这些年，逢年过节或是一些非遗展演活动，村里三四十人的舞狮队的组织和排练也都是由他和叔叔魏银主持操办的，他多次带领舞狮队参加区内外社火展演比赛并荣获大奖。魏学祥对舞狮的热爱从未变过，但几十年来他却看到了舞狮在他身边发生的点滴变化，最让他担忧的一点是随着社会发展，年轻人大多外出打工离开了村镇，过年才能聚集起来要两回，但平时组织舞狮活动就非常困难，往往都是他自掏腰包给队员发工资才能组织起来。作为自治区级非物质文化遗产代表性传承人，魏学祥知道自己身上有责任和义务。现在能坚持跟着魏学祥学舞狮的主要就是他的两个儿子，除此外很少有人主动前来学习。魏学祥现在最大的愿望就是能够有足够的经费和条件，他愿意把魏家车门舞狮这项技艺传授给更多的人，特别是能在放假期间或者逢年过节办儿童班，让他们有机会能够接触武术、了解舞狮。

访 谈

被访谈者：魏学祥（自治区级非物质文化遗产代表性传承人）

访 谈 者：马家媛、吴亚娟

访谈时间：2019年6月19日

访谈地点：吴忠市利通区金积镇魏学祥家

马：魏老师，请您简单地介绍一下您的基本情况，姓名，年龄，出生地等 。

魏：我叫魏学祥，家住吴忠市利通区金积镇关渠村六队。

马：您是在这个地方出生的吗？

魏：是的。

马：您是哪一年出生的？

魏：1964年出生。

马：您能介绍一下家里的基本情况吗？父母、兄弟的情况。

魏：父亲去世了，母亲健在。还有一个弟弟两个妹妹。我有两个儿子，他们已经结婚了，有一个孙子。

马：小时候家里主要是做什么呢？

魏：小时候家里父母主要是务农，一直在这个地方（吴忠）生活。

马：当时村里有没有舞狮的？

魏：村里有很多舞狮的。

马：那您父母会舞狮吗？家里还有谁会？

魏：家里父亲没有学过，就是我的叔叔魏银会。从我记事起大概小学三四年级的时候，就跟上他在一起（练舞狮）。平时他们在家里练，我就在边上看，后来他们就开始带着我培养我。

马：魏银是您的亲叔叔？

魏：是我的亲叔叔，是我爸的弟弟。

马：您家里父辈还有谁会舞狮？

魏：除了魏银就是我的爷爷魏庭贤。我的爷爷把技艺传给叔叔魏银。

马：您现在也在这个地方住吗？

魏：现在也在这里住，做些临时的工作。

马：在您家族父辈中，谁的狮子要得最好？

魏：还是我的叔叔魏银。

马：他咋要得好呢？有啥绝活？

魏：他的绝活是要大连枷。

马：大连枷是什么？

魏：是一种武术器械，有点像打场的工具。

马：过去你们村里都会要狮子吗？舞狮的人多吗？

魏：也不多，主要就是我们魏家。

马：为什么叫魏家车门舞狮？

魏：说来话长，旧社会的时候我们家有个寨子，是条件比较好的家庭，父亲说在老太爷的时候，因为家里比较富裕，经常有土匪来抢。那个时候老太爷就开始学（武），请外面的武进士（武状元），现在来说叫武术教练，来教家里的人。

马：从太爷辈就开始学武，主要是为了防卫？

魏：嗯，从太爷辈到叔叔辈。

马：魏家车门舞狮，为什么叫车门呢？

魏：过去魏家家族比较大，有三大分支，我们过去分的是中院、北院、南院，

⊥ 魏家车门舞狮“全家福”（后排左八为魏学祥）
（李勇摄于2015年6月文化遗产日）

大大小小魏姓人家达八十多户三百七十多人。我们魏家家族大户居住在吴青公路、109国道和波浪渠三岔路口，波浪渠上面的大桥叫东大桥，是金积堡的东边门户。我们住的地方交通特别发达，我们魏氏家族过去就有经商的意识，（20世纪）五六十年代我们生产队就在东大桥下面建了一个占地四十多亩大的车马店，也就是驿站，供南来北往的行人车辆休息暂住，这就是车门的由来。

马：您过去是从几岁开始玩狮子呢？

魏：七八岁的时候就跟着叔叔魏银玩狮子。

马：现在魏家车门舞狮已经有五代传人了？

魏：到我是第五代。

马：您能详细讲一讲每一代的传承历史，每一代主要传承人都是谁，他们的绝活是什么，他们玩狮子的水平怎么样呢？

魏：我们上面的这些老先人长辈们，魏家舞狮九种器械他们基本都会，只不过是看谁玩的哪种更精一些。第一代魏邦礼是我的老祖爷，他就是前面所讲的家里条件好，家里经常有土匪来抢，他请武术高人到家里来给传授武艺。

马：他学了武术为什么能和舞狮子结合起来呢？

魏：我听父亲说，在旧社会还没有解放的时候特别流行舞狮，就是比较吉祥的意思，从那时候起就把武术和狮子结合起来玩。

马：第二代是魏唐、魏川？

魏：他们是我的太爷辈的。

马：他们擅长哪些器械和绝活呢？

魏：我老太爷过去学的本事就是五尺棍。

马：这些您现在还会吗？

魏：会，我现在就是耍五尺棍，擅长五尺棍。

马：第三代是梁自珍，他怎么不是姓魏呢？

魏：他本身是魏家人，他给舅舅家顶门立户了，是我的爷爷辈。

马：我看资料上第三代没有写您爷爷的名字？

魏：他去世年代多了。

马：接下来就是魏银、魏海，都是您叔叔辈的了？

魏：是的，他们都是叔叔辈的，魏海九节鞭耍得好。

马：那魏银更擅长什么呢？

魏：魏银五尺棍、连枷都会。

马：您能说一下魏家车门舞狮的特点吗？

魏：主要特点就是刚才说的和武术结合起来，狮子抖起来玩的同时表演武术。

马：耍狮子是耍狮子，然后有人表演武术？

魏：对，结合在一起同时玩。不像你在有些电视上看到的文狮子，我们这个是武狮子。

马：文狮子和武狮子怎么区别呢？

魏：区别就是文狮子没有武术表演。

马：狮子的样子呢，有区别吗？

魏：样子都差不多，没有明显区别。狮子的外面的“衣服”最早都是用山羊皮

⊥ 魏家车门舞狮表演（本人供图）

做的。再后来就是麻，染了色以后做的。头过去都是自己做的，不像现在社会发达都是买的，比较好看。过去狮子头都是用泥巴先糊起来，再在上面粘糨糊，一层一层的，然后再上彩色。

马：这是不是就是北方狮子制作和南方狮子制作的区别？

魏：嗯，是的，不一样。

马：现在家族里还有会做“北狮”的吗？

魏：现在会做的人都没了，老一辈都已经去世了。

马：您见过他们做是吗？

魏：我见过。

马：您能把制作的过程讲一下吗？

魏：制作的过程就是先和上一堆泥，过去的土办法，就是先用泥巴把（狮子头）轮廓先捏出来，再修一修，把形状修好。基本就是和雕塑一样。修好了以后，成型了，然后用纸一层一层粘上，才画呢。

马：那这个狮头应该很重是吗？

魏：过去纸糊的那种应该比较重。

吴：里面都是用的什么（材料）？

魏：里面扶手是用木头架子制作的。

马：上次我们评审非遗项目见过一个自己制作的狮头，应该是用您说的这个方法做的，基本像个面具，只是狮子面部，不是一个圆脑袋，咱们魏家做的狮头是圆的还是类似面具这样的？

魏：我们做的是圆的，一个圆头。

马：现在家里没有再做这个了，都是买的吗？

魏：现在都是买的。

马：魏家车门舞狮的拿手绝活是什么？

魏：拿手绝活就多了，武打方面就各有各的特色。像九节鞭可以缠身、缠脖子，脖子缠上以后还可以褪掉；像五尺棍过去看寨子的时候都是绝活，直接可以防身，对方打来了，随时可以出招，招招克敌。

马：棍有多长？

魏：五尺棍等身高，一米七左右。

马：昨天采访了何家棍的传承人，说一般棍都是双头用，您这个是单头还是双头用？

⊥ 魏学祥参加春节社火舞狮表演（本人供图）

魏：我们这个是单头用。

马：武术表演和耍狮子结合紧密吗？狮子和武术有没有互动，比如说狮子和绣球在耍的过程中就有互动表演，跟武术有没有互动？

魏：有互动。刚上场的时候用绣球把狮子引上来，紧接着就是武术器械上去，狮子在场上始终不停地玩着，狮子跟着鼓点走就行了。

马：你们舞狮有没有什么上高台之类的？

魏：这几年没有了，过去我记得我上小学的时候，有个十二三岁的时候，那个时候是吴忠县，还不叫吴忠市。当时我们这里玩舞狮的也比较多，有好几家，相互比赛。狮子上乒乓球案搭成的高台，可以上去。

马：资料上说魏家车门舞狮主要以方庙为依托进行表演，方庙是个地方吗？

魏：方庙就是我们魏家的，就是我们魏家车门人八十多户三百七十多人自己盖的一个小庙。大集体时期，人们闲得没事干的时候就到方庙上，到那个地方互动，学武术、耍狮子。

马：方庙在耍狮子之前有没有什么祭祀的民俗活动？

魏：有，每年七月十五这个地方（方庙）都有庙会，舞狮子助兴祈福丰收年，逢年过节大家去了，玩玩狮子唠唠家常。

马：你们在耍狮子之前有没有什么仪式？

魏：有呢，每年到庙会时，舞狮子人一字排开，有威望的长辈代表全体村民祈福全年风调雨顺有个好收成、村民家家全年顺顺利利，大家默默地聚集在顶狮头的人周围一起祈福，之后狮子就开始表演。

马：祈福时顶狮头的是谁？

魏：大多数都是姓魏的，有长辈年长一点的，也有和我同龄的。

马：祈福的时候一般会祈求什么？

魏：祈福全体村民一方人，家家户户都平安，狮子比较吉利。

马：魏家车门舞狮经过五代传承，你知道最早的时候有多少套路、花样？

魏：像棍（五尺棍）一般有七个套路。

马：那是每一种器械有不同的套路是吗?

魏：嗯，都有不同的套路。

马：那魏家车门舞狮一共有多少种器械?

魏：我们平时玩的有八种器械。

马：具体都是哪八种?

魏：五尺棍、九节鞭、大刀、双刀、单刀、单鞭、镰钾（连枷）、软拳。每个套路下来都差不多，有个六七个套路吧。一般现在表演不需要这么长时间，我们都简化了。过去我记得父辈耍的时间比我们时间长，现在表演项目比较多，参加人员也多，有些（套路）就简化了。

马：您主要擅长的是什么呢?

魏：我擅长耍五尺棍、连枷。

马：五尺棍和连枷都能耍几套?

魏：这几样器械我基本都能玩，会玩。

马：从小学的武术，那么狮子呢，您会耍吗?

魏：会，当急忙差人了也能上场耍。

马：耍狮子有什么讲究吗?

魏：那就是跟上鼓点走。

马：魏家车门舞狮除了武术，也耍绣球是吗?

魏：绣球也耍。

马：刚才您说文狮子、武狮子，是武狮子耍武术、文狮子耍绣球吗?

魏：不是的。我们这个也有绣球。

马：舞狮过程中有锣鼓，也都是魏家自己人打吗?也是老一辈传下来的吗?

魏：嗯，是的。

马：它有传统的鼓点吗?有多少种?

魏：有的。这个鼓点打得特别好的话，玩狮子的人玩得就好，打武术的人打得也有劲。如果这个鼓点打得绵绵的，玩的人就没什么劲。打鼓点的人挺重要的。

马：那就是说鼓点就那么几种，主要看打的有没有劲？

魏：对。我记得过去有个大伯，他手上也有功夫，打的点数比较花，花样比较多，和别人打出来的味道不一样。大多数人都会打，但打的不专业的听起来干巴巴的。

马：现在家里谁鼓打得好？

魏：现在就一个人打得好，我的叔叔，叫魏智。

马：除了鼓，在音乐这块还有什么？

魏：还有一种我们这里人都叫“钵”，两个碰在一起出声。还有一面大鼓，就这两种乐器。

马：现在村子里还有舞狮队吗？

魏：现在人不好找，去年我们到区上参加非遗日活动，找人好费劲的。不像过去生产队都给工分，现在不给钱都不好请人，上面不给拨钱，我们是传承人，有义务。我和叔叔我们就商量干脆自己承担吧，我们找的人工资都是我和叔叔自己出的。现在我们这个（舞狮）传承起来也有点费劲，上面没

⊥ 魏家车门舞狮参加吴忠市展演活动（本人供图）

有活动经费，找人比较困难。人不可能不工作来耍狮子，都出去打工、上班，约人不容易。

马：那家里练舞狮的年轻人也不多了？

魏：也还有，就是有啥活动了，逢年过节了庙会了娃娃们也想学呢。

马：那现在方庙庙会你们都还回去吗？一般都在什么时候？

魏：会去，一般我们庙会是老历的七月十五，过年就是大年三十和初一。

马：现在还能召集起来回去耍狮子吗？

魏：过年时人都回来了，那几天人都比较聚集，一吆喝就能凑起来耍了。

马：您这些年参加过什么展演、获过什么奖？

魏：过去在吴忠县的时候，我们这边有好几个舞狮队，我们这个舞狮队每年社火表演比赛都能得奖，过去发的锦旗。参加的活动多了，还出省去给乌海石油公司开业助兴表演，过去也经常到银川代表吴忠县参加社火展演。大大小小的活动都是我们自己家的人。

马：你们自己家的这个舞狮队能有多少人？

魏：我们这个舞狮队下来最少也得三十人。

马：舞狮的都是男的吗？

魏：男的女的都有，像我侄女她就耍小绣球、耍单刀耍得好。

马：您觉得传承舞狮除了经济这方面的支持外，还有什么困难？

魏：缺少资金支持是最大的困难。

马：那在带徒弟方面呢？您有徒弟吗？

魏：有，我的两个儿子也会，从小跟上我玩。

马：您儿子有多大岁数了？

魏：大的有三十多岁了，小的二十多岁。

马：您主要传的都是本姓的，外姓的传吗？

魏：外姓的很少有人来学。

马：没有人主动来学的？要是外姓人来学您教吗？

魏：教呢，这个也没啥。

马：那武术是不是要从小练？

魏：从小练是最好的，主要看有没有悟性，天赋也很重要。

马：魏家车门舞狮哪种传承方式您觉得比较好？

魏：弘扬中国传统武术文化，学校里体育课可以传承，办个武术班也可以。过去父辈以上老先人都还有些保守，像我这辈人把这些事情都看得很开，谁想学都可以。

吴：地方上的邀请你们去助兴演出有没有收入？

魏：比方说哪个地方开业了，请我们，给我们些活动经费，我们就玩一玩耍一耍，这种机会不多。

马：靠这个肯定是不能生活，只能是偶尔玩一玩是吗？

魏：对对。这个我也经常想呢，有活动经费把小一点的娃娃都好好培养培养，放假期间或者逢年过节给娃娃教一教、传授传授，关键是没有经费。

马：自治区级传承人每年都有一些传习补助，五千元就是为了补助你们的传习活动。

魏：以前都是徒弟找着学呢，现在都是得给人发工资要狮子。我们现在好多事情都是贴着钱干的，我们是传承人，有一定的责任和义务，我们的责任和压力也很大。

民间绘画代表性传承人
田　坤

田坤，1968年出生，宁夏吴忠市同心县人。2017年被认定为自治区级非物质文化遗产项目（民间绘画）代表性传承人。

综　述

田坤从小受外婆、母亲的炕围画、灶台画影响，非常热爱民间绘画。田坤的民间绘画继承了几代人的技巧与风格，融入了现代美术和地方元素。她善于体验和观察生活，所创作的以风土人情、生产生活情景为主题的一系列农民画、炕围画，深受广大群众喜爱。

1999年全区群众文化岗位技能大赛，田坤画了个农村妇女，身着红衣服绿裤子，正在绣鞋垫，周边用鞋垫环绕装饰，得了银奖。当时有人说“这是农民画”，她还不爱听，觉得太土了。后来她上网查看何为农民画，大吃一惊，原来农民画这么美，这么好看。2010年全国农民画大赛，她得了一等奖。慢慢地，她爱上了农民画，一发不可收拾，天天画，天天琢磨，从此再没有停止过。自从成为自治区级非遗传承人，她觉得这不单是个人爱好了，而是变成了一种责任。画不光是自己看，还要让群众看，要广泛传播传承。

├　田坤非遗传承人证书（本人供图）

上 田坤炕围画作品（吴昕摄于2021年4月）

田坤认为炕围画的精华就是边道，要放大边道，缩小画心。不管是农民画还是炕围画，内容上要弘扬真善美，弘扬主旋律，融入地方文化元素和红色历史故事，色彩上要看着舒服、养眼、雅致。必须一代比一代强，比过去更好，这是她的追求。田坤老师思维活跃，勇于创新，她想得到国家的支持，办个炕围画国际展，想把最土的炕围画中的元素做到服装上去，搬到国际舞台上，惊艳国内外。

奖项对田坤来说不重要，她看重的是作品内容和质量。但她确有天赋，作品屡获好评。1999年农民画《尕妹的心愿》获宁夏群众文化技能岗位大赛银奖；2010 年作品《吹口弦》获全国农民画一等奖；2012年作品《开生脸》获全国农民画优秀奖；2013 年作品《挑灯芯》入选第四届全国回族画展并被收藏，农民画《回娘家》获全国群星璀璨群众美术书法优秀奖；2014年作品《枸杞红了》获中国农民画及剪纸艺术大赛铜奖，农民画《哇呜声声》获“青山绿水中国梦”全国农民画展优秀奖；2020年在“非遗进万家　文旅展风采”活动中获得一等奖。

访　谈

被访谈者：田坤（自治区级非物质文化遗产代表性传承人）

金晓琴（田坤弟子——同心县第四小学美术教师）

访 谈 者：吴昕、张欣蕊

访谈时间：2021年3月17日

访谈地点：吴忠市同心县文化馆田坤民间绘画展厅

吴：田老师好！自治区文化和旅游厅、北方民族大学合作有一个课题“自治区级非遗传承人口述实录”，今天来是对您进行采访的。首先了解一下您的出生时间。

田：我1968年4月出生在吴忠市同心县韦州镇。

吴：父母是干啥的？

田：父亲是同心人，成家后在韦州做公社会计，母亲是韦州镇农民。过去最好的东西都在乡下。我父母天生的艺术细胞遗传给了我，我父亲画画、书法都特别好，我就是受他们的影响。

吴：他们又受谁的影响？

田：我外爷、外奶奶也会画炕围画，我感觉他们是天生的，我也是天生的，我的儿子也是天生的，不需要怎么讲就能画得很好。（笑）

吴：上学的经历呢？

田：我在韦州上的小学，十三岁时我爸爸为了我们有个好的前程就搬到同心县

田坤民间绘画创意产品
（张欣蕊摄于2021年4月）

城来了，在同心县上的初中和高中。这期间在县文化馆学习素描、画画，文化馆就像我的家一样，整天泡在馆里。后来考干进入同心县文化馆工作，在中央文化干部管理学院进修两年，又考上宁夏大学成人美术教育本科。

吴：您是怎么走上农民画这条路的？

田：2006年决定了主攻方向，再没停过。1999年全区群众文化岗位技能大赛，我画了个农村妇女，穿的是红衣服绿裤子，在绣鞋垫，旁边用鞋垫环绕着，得了个银奖。当时有人评论说，这是农民画，我还不爱听，觉得太土了。后来上网查看，了解了农民画，这才大吃一惊，原来农民画这么美，这么好看。2010年全国农民画大赛，我得了一等奖，慢慢就爱上农民画了，一发不可收拾，天天画天天琢磨，从没有停止过。我还希望经常能出去看看，去年参加上海国际进口博览会，挺好，开眼界，而且通过媒体宣传了宁夏，《澎湃新闻》报道我的作品说“通过农民画看到了宁夏风情”，我就更自豪了。

张：创作题材您是怎么把握的？

田：内容都是我的生活。《让水》反映的是红军帮助老百姓解决吃水难问题，是我家乡的红色故事。黄河题材的作品我必须到实地去看，看了就能创作，不能凭空想象。我老公也常开车拉上我去看，我把这叫看生活，一眼能看到并渗透到脑子里，不用拍照。画画的人会组合、会构图，创作来源于生活、高于生活，生活中没有这么黄的土吧（指画中的土地），但画画时色彩上讲究搭配，这是个人心灵的反映。枸杞、压砂西瓜、芨芨草都是作品的内容，芨芨草是脱贫产业，用它可以做扫帚、筐、背篓等生活工具。

吴：那您的儿子有没有跟您学绘画？

田：孩子小学时期在我的辅导班学习过，家庭的耳濡目染使他也走上了绘画的路子，后来学的是动漫电影制作，但从小有天赋，他把我手绘的炕围画用电脑制作成电子版，便于加工，这个瓷砖、壁纸就是他电脑绘制的，他现在已成了我的传人。（欣慰地）

吴：您兄弟姐妹几个？他们有没有从事民间绘画的？

田：七个，我是老五。他们没有学，但也都手很巧。干这个太辛苦了，我哥哥姐姐都不让我干，因为我身体不太好，气色也差，每天画到中午一点钟才回家。我把我所有的时间都用到了绘画上。有人问我："你寂寞不？一个人一天到晚十几年如一日，风雨无阻不停地画？"我不寂寞，我很充实，我太爱绘画了，我把我的全部都投入其中。

吴：您小时候在农村看到的炕围画是什么样的？

田：我很小接触的就是炕围画，农村嘛，家家都有炕围子，给我留下印象太深了。我觉得小时候文化比较匮乏，但炕围子是一个了不起的文化现象，体现了民间工匠的创造力。我老是觉得一个炕围子嘛，弄一块布也行嘛，刷一块漆也行嘛，为什么把个炕围子画得有规有矩的？后来想，当时老百姓把对生活的一切美好愿望都寄托到炕围子上了，由此诞生了一批民间工匠，每个工匠的风格不一样，所以家家都不一样，画得特别好。可以说是当时的文化产业，相互比赛着，成为当时乡村的一道文化风景。我觉得它里面的绘画如梅、兰、竹、菊作为炕围画的画心子是很普通的，不普通的是它的一个组合，上下的边道呀，色彩渐变的装饰花边呀，那才是炕围画最精华的东西，而且是需要传承的。真的，我越来越觉得是这样的。

吴：您怎么想到要申报自治区级传承人的？成为区级传承人以后有什么不一样吗？

田：刚开始只是爱好，玩一玩。在画的过程中接触到了宁夏非遗中心的安宇歌老师，她让我妈赶紧申报炕围画传承人，那时候我妈已经七十多岁了，于是我就申报了，我又会画炕围画，又会画农民画，所以就归类民间绘画了。自从我申报成功，成为自治区级非遗传承人，就不单是个人爱好了，而是变成了一种责任。画的不是自己看，而是要让群众看，还要去广泛传播传承，因为“80”后、“90”后的孩子们不知道也不了解炕围画。我们是太清楚了，小时候母亲就在炕上画，做这个做那个。炕头文化在农村是最浓厚的乡村文化。

吴：宁夏炕围画和山西炕围画有什么不一样？传承方式都一样吗？

田：以前只听说山西炕围画好，见得少，后来通过“快手”，发现了山西的炕围画，慢慢地有了很深的了解，包括他们现在是怎么传承的。我还通过“快手”和山西的传承人加了微信，问他们：“你们的炕围画现在是什么状况，怎么传承的？”他们回答我，一是创作在纸上，另外是实体炕围画，实体炕围画的费用高。山西有的我们都有，他们没有把炕围画开发成衍生品，而我们还把炕围画开发了很多衍生品，比如瓷砖、墙围纸、鼠标垫、腰线贴纸（备胶）、镇纸、包、杯子等文创，山西他们没有。山西的炕围画有完整的历史人物故事，宁夏没有。炕围画来自生活，也是来自人民，通过我们的创作和研发让它进入千家万户，这是我的目的。

吴：您怎么看待宁夏炕围画？是什么激发您要传承这个项目？

田：我也经常到韦州、吴忠、中卫各乡镇去搜集老的炕围画图案，如今通过现代媒体传播手段就更方便了，看到了各式各样的。我发现宁夏的炕围画不亚于山西的，宁夏有一些叠用技法和山西的一模一样，我想内蒙（古）、山西、宁夏文化都是相通的。我母亲说过，明末清初就有炕围画了。韦州镇过去骑着骆驼做买卖的人多，到处走，广泛吸收各地的民间文化，我母亲就会画炕围子。绘画风格还不一样，最有风格的是这种边道都是立体的。炕围画是随着历史演变形成独特风格的。我现在作为民间绘画传承人越来越自豪了，但也有压力，现在培养了一些新人，他们都可以独立创作。如今民间绘画走进校园，正在培养更多的传人。在“非遗千百家”活动中，我们进村给当地妇女培训。“60”后、“70”后的人对炕围画印象比较深，一些人觉得“现在谁还画这个，没用了。”但是我外出参加东盟博览会、非遗博览会时，观众对炕围画的反响都特别好。同心县脱贫攻坚历程展在北京民族文化宫开幕，国家民族画院院长看到炕围画特别激动，跟我加了微信，觉得这是个好项目。我们县政府每年政府工作报告都提出要叫响炕围画，这点点滴滴都更加坚定了我的信念。自治区非遗中心对我的炕围画评价也很高，虽然这次申报国家级项目没有成功，当时我也受到了打击，但是，我对传承炕围画更加坚定了。

吴：请给我们普及普及炕围画的步骤吧。

田：炕围画是有步骤的，炕围画由画池子、画心子、画眉边组成。以实体的炕围画为例，首先要把墙面搞干净，打上尺寸，规划好上下边道，画池子、画心子整体布局，决定好形状稿。然后上色阶段先把画池子底色刷好，绿色系的还是黄色

⊥ 田坤的学生在创作炕围画（本人供图）

上　田坤民间绘画作品（吴昕摄于2021年4月）

系的，画池子是整个画的色调，就是背景。画池子色上好后，画上下装饰边道，边道的色彩依据个人嗜好，我自己喜欢边道色调与画池、画心统一。边道画完，再定好画心的形状，是圆形，还是扇形的，需要将画心装饰成啥样的装饰花边。画心子的周围还有各种装饰花边，有直角的装饰花边，有弧形的装饰花边，色彩讲究渐变从而达到立体装饰效果，最后才来画心里的内容。画心的色彩也要讲究与整个画面统一色调，无论山水、花鸟都要色彩协调。画心画完后也就作品完成了，这是我的作画步骤。所以边道、画池、画心这三大要素组合在一起才是炕围画。如果光画一个牡丹那就是国画了。我母亲喜欢在心子的四周装饰福字、寿字、葡萄、辣椒等，就有寓意了。画池子打好色后就打边道，我发现宁夏炕围画上边道全是黑色的，有弯不断，比如回纹、工字形、波浪形等，色彩有渐变的装饰边，特别漂亮。画法和玻璃画相似，有的花卉一枝上有好几种颜色，白的、红的、黄的，然后一笔合成。我在炕围画创作上有自己的想法，利用现在各种漂亮的颜料，我会尝试在继承传统炕围画的基础上，画出更加惊艳的作品。我希望在长期的坚守中，使炕围画更加有价值，使人赏心悦目，又能不忘乡愁，守正创新，不能离了根本。

吴：画心子的内容就是创作者要表达的思想吧？

田：对！就是要表达的情感。宁夏的炕围画没有历史人物故事类的，大多是一些富贵吉祥美好寓意的东西，如风景花卉、梅兰竹菊、凤凰、牡丹、鸳鸯等，没有门神。山西炕围画有完整的人物故事。我现在尝试着创新，把故事加进去，把红色文化加进去，把我看到的生活加进去，还尝试着把老虎的形象、针包、戏曲等等诸多中国传统文化元素加进去，让炕围画在我这一代更加有文化内涵，丰富我们的文化多样性，充分展示人类的创造力。

吴：有没有想在炕围画创意上有所创新？

田：可以画成方的，也可以画成长的，作为艺术品挂在家里欣赏，内容套入西北风情。还可以把红色文化套进去，既传承了炕围画，又传承了红色精神，这是我们的创作方向。在同心县脱贫攻坚历程展上，我就画了一个红色题材的炕围画，当时邓华将军的女儿要买，但我已经捐给北京民族文化宫了，她很激动，和我拍了照，还给我留了一本她爸爸的画册。

张：炕围画的销量怎么样？

⊥ 田坤民间绘画作品（吴昕摄于2021年4月）

田：我们把炕围画元素冰箱贴等产品推广到飞机场去卖，还可以。但我要是在现场就会卖得更好，因为顾客说："看到你本人就更想买你的东西啦。"（大家笑）但是那样挺累的，没有那么多的时间呀。现在主要是和景区合作，有展览展示售卖、订制礼品等几种销售方式。

张：有农民买吗？

田：嗯。这种炕围画纸贴农民会买，还有单位订制搞扶贫的。一个平方米五十多元，和壁纸价格差不多。吴忠市非遗展示馆、国强手抓、同庆丰餐厅就用了我好多产品，同心集散中心也有。我还打算把当地的一家餐厅打造成炕围画传承基地，老板也是炕围画传承人，他自己画，邀请我去指导。以前我挺有压力的，这个怎么传承呢？现在我已经慢慢地找到路子了，一是创作在纸上，二是实体去画，再就是研发衍生产品。

张：这个有没有带动扶贫？

田：应该是有所带动。一是通过农民画衍生品的销售，从中扶持一些销售者。二是组织妇女培训，学习艺术炕围画挂画，我出好样子让她们涂色，画好后就可以销售。有时候我们下乡去教，引导她们把农民画画到扇子上、包包上。有时候也回收作品，给她们工钱。

吴：我觉得田老师的民间绘画不是传统意义上的农民画，虽然画的是农村的场景，但在色彩上特别洋气，原因是什么？

田：在大学里学的全是理论，用色上我可以说是天生的。我也观察生活，但是我不想画成那样的，觉得可以画得雅一些。红衣绿裤看着比较俗，我可以找一个接近的色调，红不是太红，绿不是太绿，看着就好多了，这就是专业用色理论了，我摸索出来的。我为什么要画得雅致些？这是要让农民看着心里舒服，迎合同心县人民的需求。这样既迎合了农民的眼光，也迎合专业人士的眼光，什么都难不倒我（自信地）。农耕文化、红色文化、五十六个民族等，每画一套就是几十幅呀。为了创作，我头发都白了。呵呵！

├ 田坤民间绘画作品《金秋》
（张欣蕊摄于2021年4月）

吴：田老师有没有考虑出版成书？

田：（向往地）想呀！2019年申报了国家艺术基金项目，但没有成功。我的作品太多了，这个展厅小，摆放的只是一小部分。

吴：下一步目标是什么？

田：一是新区文化馆有我的展示馆，我想把它布置好。有人说："炕围画太小文化了嘛。"但我就想把它做大做好，我就想挑战不可能。二是馆舍建起来后，还想拍个宣传片，扩大影响。三是想写一篇《炕围画遇到了我，我遇到了炕围画》的文章。四是想着得到国家的支持，办个炕围画国际展。五是把炕围画元素做到服装上去，用夸张的艺术舞台进行展示，旗袍上用炕围画边道装饰，把农民家中土的东西搬到国际舞台上。六是在炕围画原作上下功夫，文创产品上出精品，服装上惊艳国内外。这就是我的想法，但是仅靠我个人难以实现，资金、人力、物力方面欠缺太多，还要依靠各部门搭建平台予以支持呢。

⊥ 田坤弟子金晓琴在教学生（本人供图）

吴：请总结一下您的作品风格。

田：在原模原样复制的基础上融入我的思想，放大边道，缩小画心，因为精华就是边道。不管是农民画还是炕围画，内容上要弘扬真善美，弘扬主旋律，融入地方文化元素和红色历史故事，色彩上首先要自己看着舒服、养眼、雅致。必须一代比一代强，比过去更好，这是我的追求。

吴：现在得意门生有哪几个？

田：金晓琴，她是同心县第四小学美术老师，有才气，品质也好。苏苹是同心县文化馆的，也是我的同事。张小林是同心春餐厅老板。还有我儿子金博伟，专门负责电脑制作。

吴：金晓琴老师，请评价一下您的师父吧。

金：田坤老师自身就带艺术家的份儿，天生有灵气，性格耿直，在艺术上追求完美，追求作品质量，不考虑得奖。她对我的帮助特别大，因为她，我才学习炕围画的，有了她的指点我进步很快，现在已经能独立创作了。

张：田老师的原作卖吗？

田：（微笑）舍不得呀，因为要开新馆，要展览呀，要卖也是卖复制品。

吴：您怎么看待奖项？

田：关于获奖，只要我认真参与的，都能拿到很好的奖项。去年参加自治区文化和旅游厅“非遗进万家 文旅展风采”活动，我画的是黄河题材，黄河两岸的名胜古迹、自然风光，一组三十张，得了一等奖。2019年江西瑞金“全国红色旅游文化交流推广联盟展览”中，我的文创作品《让水》瓷盘画（一组四个）入选，并获得奖项。今年正在准备，我想带着徒弟一起参赛。

吴：谢谢田老师！祝愿田老师的炕围画早日成功申报国家级项目。

刺绣代表性传承人

赵秀兰

赵秀兰，1969 年出生，宁夏吴忠市红寺堡区人。2017年被认定为自治区级非物质文化遗产项目（刺绣）代表性传承人。

综　述

赵秀兰从小受外婆和母亲的熏陶，九岁开始学习刺绣，并很快掌握了一些家传的刺绣针法。后来，自己设计一些农村题材图案、动物、风景、花鸟、轮廓绣、农民画布贴绣、古代人物图案等，并研究创新了一些新针法和图案，被村里人称为“绣花巧手”。她的作品构图新颖、色彩绚丽、寓意吉祥，将传统针法和现代针法相融合，人物作品活灵活现、出神入化，体现出“精、细、雅、洁”的独特风格。

赵秀兰夫妇在2000年红寺堡区开发建设之初，就从同心县移民搬迁至此，经历了该地区的发展变化，既是红寺堡区的建设者，也是见证者。她深深热爱着这片土地，她将对家乡浓浓的爱绣进了《红寺堡十景》中，并利用一切宣传方式和传播手段由衷赞美红寺堡。如今，作为自治区级非遗传承人，她说：“我是一名非遗传承人，肩负的使命就是传承更多的人，把中国的优秀传统文化传承下去，让它在这片土地上生根发芽。”

赵秀兰的刺绣代表作有《中国葡萄酒第一镇——红寺堡镇》《永远跟党走共筑中国梦》《传承黄河文化根脉——锦绣振兴美丽乡村》《抗战胜利纪念日》《红寺堡十景》《家乡的枸杞》《丰收的喜悦》《红寺堡的变迁》《五福图》《苗族少女》《红楼梦——金陵十二钗》《沙湖骆驼》《葡萄熟了》《庆祝建党一百周年》《中华人民共和国成立70周年》《全国同战疫　八方齐援鄂》《甘于奉献　大爱无疆》《中国脊梁　人民英雄》等。许多作品获得全国及自治区大奖，并多次代表宁夏前往国内外多地参展。

2013年赵秀兰创办了集绣品制作、销售、培训为一体的“宁夏秀兰传承刺绣福利有限公司”。在红寺堡区文化馆的大力支持下，挂牌成立了“赵秀兰刺绣培训基地”。2013 年至今，赵秀兰先后培训当地下岗职工、建档立卡户、残疾人及学生八千六百多人次。其中文化馆的刺绣培训基地常年公益培训三千八百一十人次，培训在校师生二百一十六人次，培训残疾人一千二百三十一人次，培训建档立卡户二千二百六十三人次，到妇联培训一千零八十七人次。

赵秀兰先后荣获“全国农村科技致富女能手”、宁夏第二届“巾帼创业之星”等荣誉称号；“赵秀兰刺绣培训基地”被评为自治区非物质文化遗产优秀传承基地；其公司被宁夏回族自治区经信委评为优秀企业、2015年中国—东盟博览会文化展优秀参展商；2016年在“阳光工程”——中西部农村文化志愿服务行动计划中被文化部推选为农村文化志愿者典型；2016年3月被评为吴忠市“三八红旗手”；2017年其基地被宁夏回族自治区扶贫办评为优秀培训学校，同年她被聘任为宁夏回族自治区国家职业技能鉴定刺绣品制作工种考评员；2018年她被评为宁夏自治区级工艺美术大师，成为宁夏民间文艺家协会会员、宁夏妇女手工制品协会理事；2019年其基地被评为全国残疾人创意产业基地；2020年其公司被自治区文化和旅游厅评为“扶贫就业优秀工坊”。

⊥　赵秀兰绣品《沙湖骆驼》（本人供图）

访　谈

被访谈者：赵秀兰（自治区级非物质文化遗产代表性传承人）

访 谈 者：吴昕、张欣蕊

访谈时间：2021年3月17日

访谈地点：吴忠市红寺堡区文化馆“秀兰刺绣工作室”

吴：秀兰老师好！我们是“宁夏非物质文化遗产传承人口述实录”课题组的吴忠组成员。早上我们去同心县采访了您的姐姐赵秀霞，现在来到红寺堡和您聊聊。您是哪年出生的？

赵：1969年2月出生在同心县下马关镇红城水村。

吴：请介绍一下您学习刺绣的经历。

赵：我们姐妹从小就看着姥姥和母亲做刺绣活儿。那时候家里很穷，白天母亲要干农活，晚上就在大炕上放个桌子，点上煤油灯，我们姐妹围在母亲周围，看她做手工活、刺绣。她经常给别人做嫁妆，还有鞋垫、枕套、嫁衣、头盖、苫被单子等。在母亲和姥姥的影响下，耳濡目染，潜移默化，民间刺绣在我脑海里扎下了根。从那时候起，我就喜欢上了刺绣。慢慢地开始绣些简单的图案，妈妈边绣边教我们，久而久之就掌握了各种传统针法。

吴：您多大就拿针线了？

赵：我记得妈妈做针线活时，我四五岁就帮她穿针，七八岁就开始拿针线了。

我自己黏小鞋，上面画个小花，就偷着绣，不敢让母亲看到，会说我糟蹋东西的。结果还是被母亲看到了，不过她说："还行，绣得不错。你就绣吧。我给你说，小鞋不好做，先给你沾个针扎你绣。"

吴：您记得第一件小作品是几岁绣的？

赵：第一件就是妈妈教我做的那个针扎，绣好后两片锁在一起，再做个白布瓤子，然后吊上穗子，看着我的刺绣成果，心里美滋滋的。妈妈说："以后你就把针都别在这上面，不容易丢。"然后就开始教我做枕套、鞋垫。还教我针法，掺针、撒花、锁绣、盘绣、平针、打籽针、斜纹针等。我十二三岁时，就买上花样子，自己画到布上去绣。一开始给家里做了几对枕套，是在街上商店里买的的确良布，绣上花，用缝纫机把边子缝好，独自完成的。然后又自己设计好图案，画在被单子上绣。当时我喜欢古代仕女图，所以图案中有仕女、凉亭、垂柳、花草、月亮，组合成一幅图，绣到被单上了，那可是我自己创作的第一幅作品，被我们当地的女孩子当成样板，模仿绣出了好几幅呢。2013年我在红寺堡博物馆看到一幅别人绣的作品，正是我当年设计的那幅图，但是已经绣走样了。

吴：您是在哪儿上的学？

赵秀兰刺绣作品
（本人供图）

上 赵秀兰刺绣作品
（本人供图）

赵：在同心县下马关镇红城水村上的小学，初中是在下马关镇上的，在同心一中读的高中。因为特别喜欢刺绣，在上学期间也会利用业余时间做一些东西，主要是假期绣的比较多一些。

张：除了跟姥姥和母亲学，有没有其他的系统学习经历？

赵：有呢。正因为喜欢，就到处去学习一些不同的刺绣针法。我在跟母亲学习的过程中，感觉这些针法太传统，后来自己又研究创新了一些针法。我还去了趟苏州，仔细看看人家绣的作品，真是精美绝伦、出神入化，就迫不及待地赶紧学，现在基本掌握了所有的针法。

吴：去苏州是哪年？自己去的吗？

赵：2005年。下岗以后，我就专心刺绣。可是当时绣线比较缺，也单调，我就到处找着买线。在银川步行街看到一家专门卖绣品的商店，我被吸引进去了。看到一对白猫绣品，那个绒毛绣得毛茸茸的，就和真的一样，心里特别喜欢，当时我就有了"一定要学会"的念头。回来就跟我爱人商量，可他不同意。他说："这些年，你在刺绣上已经投入了很多的钱，绣的这些东西只能自己家里用，又不能卖钱，绣那么多干啥吗？"他觉得人力物力投入了却没有收获，也根本看不到什么希望。但我不甘心，我这个人很执着，一旦认准的事不会轻易放弃。我就向我同心那个姐姐借钱，她条件好些，我当时条件很差，老公是民办老师还没转正，他一个月一百二十七块钱工资，我一个月八十块钱工资，就是这样的生活条件。2006年，我借了五千块钱，坐火车去了苏州，找了一个偏僻的费用低的小旅馆住下来，开始找老师学。人家用的是蚕丝线，而且线的种类很全，把线分成两丝或四丝来绣，尤其是绣人物、动物，线分得更细，要绣好几层。我还学了套针，其实就是我们的传统针法“掺针”，二掺三掺，也叫挑针绣，跟苏绣的套针很相似，她们叫单套针、双套针。紧张地学习了一周时间，因家里孩子没人照顾，就回来了。

吴：请谈谈您高中毕业以后的经历。

赵：其实我高中没读完。父亲不想让我们上学，因为家里姐妹多，都上学就没人去生产队挣工分了。1987年同心韦州粮库招工，我考上了，可把我高兴坏了，就去上班了，业余时间就刺绣，从来没有放弃过。由于单位不景气，2005年又下岗了，2006年去苏州学习刺绣。从苏州回来后，尝试着把传统绣法和苏绣融合到一起，比如一幅画中，山山水水用苏绣法，花花草草用我们传统绣法，这样融合到一起绣出来后，取得了意想不到的效果，绣出的作品美轮美奂。不过人物很难绣，尝试了好久，怎么绣看着都没有表情，后来就把线分得特别特别细，用十几种线，绣脸部颜色一定要过渡好光泽度及明暗度，过渡好了，绣出来就比较自然真实。眼睛、头发更难绣，要把一个人的特征、神态绣出来，不是件容易的事。

吴：看来绣人物难度很大。

赵：嗯。那时，家里就我丈夫一个人工作，收入又低，生活的重担压得我喘不过气来。我们商量先开个服装店。2007年我开了个服装店，刚开始生意很好，可后来就越来越没人了，生意也不行了。就天天绣花，古代的、现代的、家庭用品，能绣的我都绣了。到外面看见有好的题材，回来再进行创作。2010年贷款两万元开了“国粹刺绣”刺绣店，刚开始没什么人，也就是当地妇女过来看看。她们看了我的刺绣作品特别惊讶，觉得我绣的这些东西，她们从没见过，感觉很新鲜，但就是卖不出去。后来同心县文体旅游局发现了我的刺绣店，有来本地旅游参观的人就给带过来。然后，给我申报了市级非遗传承人，逐渐地参观的人也多了起来。

吴：就是说前几年赚不到什么钱？

赵：是的。但就是再困难我也不想放弃。那时，心里特别压抑、着急，这么下去咋办呢？孩子一天天大了，上学需要钱，家庭各种开销需要钱。我暗暗地想，一定要干出点名堂，要走出去看看外面的世界，要给孩子提供一个好的生活条件。这时候开始有爱好刺绣的姐妹们来找我学刺绣。

吴：您教妇女刺绣收费不？

赵：没有，免费的，从来没有收费。她们都是爱好者，我想让她们学会，万一以后情况好了，需求大了，可以让她们做。一是为我以后奠定基础，二是可以让她们也能赚钱补贴家用，当时就是这样想的，做刺绣是慢工嘛。

吴：您啥时候来的红寺堡？

赵：那是1999年，红寺堡开发，移民搬迁，红寺堡区学校缺老师。当时我们在

赵秀兰刺绣作品（本人供图）

上　红寺堡区文化馆中的赵秀兰刺绣展示馆（本人供图）

同心县韦州，我老公是中学民办老师，他们校长说谁愿意报名支援红寺堡？他和我商量，要不过去看一趟。上半年过来一看，什么都没有，推土机推的到处都是沙土包嘛。咋办呢？我爱人说："红寺堡区都是从西海固搬迁过来的孩子，他们从那么偏远的地方搬到这里，没有老师教怎么行呢？"很纠结，最后还是决定去，相信过几年肯定会好起来的。于是在下半年，我们就花钱在村上买了一亩五分地盖了两间房，2000年从同心县移民到了红寺堡区。

吴：您丈夫民办教师给转正了吗？

赵：来红寺堡以后，过了几年给转正的。

吴：他叫啥？教啥课？

赵：雷兴满，中学英语老师。

吴：你们是红寺堡区的建设者，也是见证者。

赵：嗯。当时来红寺堡，到处都在大施工，到处都在盖房，风沙特别大，几乎每天都刮风。我们在盖房子前，先搭帐篷住，在门口用火炉子做饭，一不小心，锅盖就给风刮走了。每次吃完饭，碗底都有沙子。当时特别后悔，可是已经来了，就坚持吧。

吴：赵老师，您什么时候开始听说非遗的？受谁的影响？

赵：原来根本没有听说过非遗，也不知道非遗是什么？我们姐妹三个都在做刺绣，绣了好多东西，我四姐绣的多一些。后来我们姐妹三个商量，看能不能把东西拿到文化厅，让领导看看有没有价值。于是就拿了过去，当时贺亚平等几个处长，一看特别感兴趣，赞不绝口，说这才是真正的民间艺术，非物质文化遗产。我们三姐妹绣了上百幅，什么题材都有，农村的、现代的、古代的，人物、花鸟鱼虫，还有很多鞋垫和针扎。领导说："我们正在搜集民间艺术作品，寻找民间艺人，组织申报非遗传承人呢！你们正好赶上了。"但只能先申报一个，结果我四姐赵桂琴就先申报了。记得拍申报片时，在妈妈家的老房子拍的，绣品和鞋垫太多，记者站在房上拍摄完成的。然后在宁夏展览馆展览了一周时间，得到了很多领导和老百姓的赞誉。也是从那时候开始，我们就看到希望了，如果有参加评奖、展览销售活动，我们就都参加。后来，参展时卖出了第一幅作品，我们特别激动。2013年，红寺堡区移民博物馆一楼装修好，张局长说让我把刺绣搬到移民博物馆，给我提供展厅、工作室，然后作品就陆续开始卖了。基地只要是愿意学刺绣的我全部免费教学，到现在，基地公益培训了三千八百多人次呢。

吴：赵老师，您刚才介绍基地免费培训了几千人，不仅如此，据我们了解您还经常到周边各乡、村培训，到残联培训，这些情况请再给我们讲讲。

赵：嗯。2013年开始跟残联对接培训，然后陆续和工会、妇联对接培训，给单位培训还有讲课费。2016年精准扶贫培训开始了，扶贫办找到我，领导说无意中在电视上看到我给妇女们培训，还说这个培训最大的好处，就是能让她们居家就业，这样既能干农活，也不耽误操心孩子和老人。任务很紧急，我就带着吴桂玲和张馨下乡开始对接培训。有时候一次对接好几个班，每天顾不上喝水，嗓子都教哑了。政府对这次培训很重视，我也要把我的手艺全部传授给她们，要让她们学到真本事。我想只要手艺学好了，就不愁赚不到钱。每培训一期学员，后期还要继续给予指导，才能让她们慢慢掌握刺绣技巧。吴桂玲、张馨（残疾人）、倪淑琴、田风芳、白风梅等跟我干好几年了，都能当老师了。她们的手艺很好，都能绣双面绣，我们有时一起下乡培训。

吴：你们都到了哪些县、乡、村？

赵：吴忠市利通区、同心县、红寺堡区新庄集乡的七个村子、红寺堡镇周边的五六个村子、大河乡四五个村子、太阳山镇的两个村子，我们都去给办了培训班。

吴：我记得您在残疾人培训这方面一直没断过。请给我们介绍一下。

赵：给残疾人培训更要有耐心，她们有各方面的残缺，学起来比较难，要让她们慢慢地接受。每个学员都要手把手地教，一期学不会的，下期再学。说实话，这些年我把所有的心血都花在她们身上了，一心想让她们学好手艺，用自己的双手自食其力、自强不息。有的确实有上进心，一直坚持干，但有的也还是半途而废了。

吴：那这些受训人群中，现在仍然在绣而且绣得比较好的、有收益的有多少人？

赵：各村庄都有呢。现在各村共有二百多人可以接订单，给我提供产品。她们

上 扶贫刺绣培训班结业（本人供图）

刚培训出来时，可以做一点东西，小孩鞋、鞋垫、枕顶等。技术学好了，再绣中幅大幅的。我们基地采取的是集中培训、分散制作、统一销售这样的模式。这几年我这里也积压了很多不合格的产品。现在是按订单制作，公司负责洽谈订单，分发下去制作。没有订单时，就绣一些好销售的东西，我会及时给她们发工资。有时候，我发的钱比收的钱还多呢。（拿出账本给我们看）她们利用业余时间挣上一千、两千多元补贴家用，用自己的双手脱贫致富。

吴：真好！请讲讲您这些年来传承培训中的故事。

赵：在传承培训带动期间，是一段很艰辛的过程，要让她们见到效益才愿意传承，而且手工刺绣不是三五天就能学会的，培养一个好的绣娘至少得一两年。这些年我几乎每年农闲时，都去村上进行传承培训摸底，她们大部分是贫困建档立卡户家庭的妇女。2016年，我在培训班上看到有个妇女特别喜欢做手工。她高兴地说："我盼了好几年了，可想有个老师教教我。没想到真的有老师来免费教我们。"她每天都学得很认真。培训结束那天，她准备了一顿饭，非要让我去她家。看着她那憨厚热情的样子，我只好去了。当我看到她家的生活条件时，很是吃惊，家里只有一张桌子、一个小电视，其他什么都没有。她做了两个菜，一荤一素。看到这些，我心里特别难受。当时我就想，一定要想办法让她们赚到钱！只要她们能挣上钱，就有动力，就能改善她们的生活条件，才能把这门手艺传承下去。我去过很多类似这样的家庭，为了鼓励她们，我每到一个村上培训完，就把她们的作品全部回收，因此积压了很多不合格的产品。后来，我就把各村优秀的学员集中起来再次培训，并发给她们订单。每个村都设有帮扶站，我定期下去指导，回收作品，发放材料包。以传承人 + 扶贫 + 农户这样的培训模式，向各种渠道销售。区、市、县各级部门给我们搭建平台，把我们的作品带出去展览销售，帮助我们宣传推介。2018年红寺堡区移民博物馆收藏了我的几幅刺绣作品，我还要继续努力，才能做得更好、走得更远。

吴：您是哪年评上的传承人？

赵：我是2013年评上吴忠市级非遗传承人的，2017年评上自治区级非遗传承人。我作为一个传承人，职责就是传承更多的人。但是在这个过程中，一定要想办法让她们赚到钱，她们才愿意学，愿意传承。

吴：您在几十年的刺绣生涯中，慢慢形成了自己的刺绣特点。请介绍一下自己的作品风格。

赵：我的作品风格就是在挖掘老一代绣法的基础上创新，自己研发了一些新针法，题材比较广泛，产品种类比较多，有红寺堡区风景，还有生活用品及服装饰品，如帽子、围巾、背包、手包、书签、摆件等。还有以贺兰山岩画为内容的绣品，如包包、抱枕、挂画等，有人物、动物和植物等图案。刺绣手法上，用掺针和掇绣针法比较多。因为掺针绣是我们祖上传下来的针法，还有掺针、撒花、扣针、掇绣、上下针、错针、盘绣、锁绣、斜纹绣、直纹绣、窝窝针等针法和绣法。因为我也是红寺堡区的建设者和见证者，所以我非常热爱红寺堡，用针线把红寺堡的变迁记录下来，绣了《红寺堡十景》《扬黄灌溉》《罗山雪景》。还有表现当地罗山特有的动物的作品《鹅喉羚》，以及表现红寺堡特产的作品《葡萄》《枸杞》《瓜果》等。

吴：您的孩子现在多大了？

赵：儿子女儿都大了，女儿雷洁是吴忠市级刺绣传承人，湖南长沙师范大学毕业，考到中卫检察流置所工作。上学期间假期回来都跟我下去培训。她绣的也可以，现在帮我设计、写材料等。

吴：现在都用现代传播手段销售产品，您在这方面有没有行动起来？

赵：我淘宝上有店铺，“快手”直播也有，卖一些小作品。

吴：丈夫对您搞刺绣支持吗？

赵：（微笑）支持呢。我在家做刺绣时，他和孩子一有时间就赶紧帮我穿针，一次穿二十多个绣花针，扎在绷架上绣起来特别快。我一开始搞刺绣时，只

⊥ 赵秀兰刺绣作品（本人供图）

是投入，没一点收入，他的压力很大。而且，觉得我太辛苦了，不想让我再坚持下去了。可我有我的想法，后来在移民博物馆开设了展厅，建立了基地，他就开始支持我了，帮助我搬运呀、接送呀、布展呀、装裱等，他都很支持的。

吴：真不错！你们三姐妹的丈夫都是模范丈夫呀。

赵：（笑）是的，但如果没有他们的支持，我们走得更艰难了。再说做手工很辛苦，他也看到了，这些年他在背后也确实付出了很多。干我们这行，没有上下班时间，也没有星期天，啥时候有事啥时候到。不过红寺堡区委宣传部也非常支持我，经常带电视台来采访。

吴：过去，您在扶贫工作方面做了很多。现在，在乡村振兴方面有什么想法吗？

赵：我想把培养的这些带头人带动起来，不仅会绣，还要会画、会设计创新。增加收入的同时，还要提高她们的文化素养，增加生活情趣，爱家爱国。每个家庭和谐了，社会就和谐了。刺绣是一种高雅的艺术，它承载着很多传统美德和文化内涵，更能修炼人的意志力，还有为人处世的智慧，经常做刺绣的人性格温顺贤惠。我还想再研发一些有红寺堡特色的刺绣作品，打造美丽特色乡村，带领妇女们在田间地头绣制，弘扬传统文化根脉，用

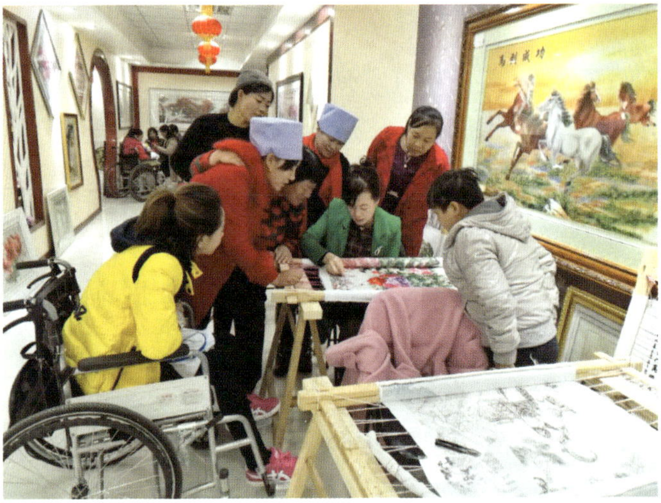

上　赵秀兰在培训学员（本人供图）

刺绣赞美锦绣魅力红寺堡，用绣娘们的双手绣出大美红寺堡，为乡村振兴添砖加瓦。另外，还想吸纳一些年轻人，充分发挥他们的活跃思维，带领年轻团队在年轻群体需求方面设计创新，让年轻人更喜欢传统文化。还要更贴近生活，把我们生活的这片土地上的美景绣在画中，让更多的人了解宁夏、了解红寺堡，并充分利用现代媒体广泛宣传、推介、销售。

吴：张老师很有想法啊。你们三姐妹经常探讨刺绣吗？

赵：（笑）嗯，这是经常的。平时各忙各的，各自都有自己的学生、骨干。但是，只要聚到一起，啥都不干，先看绣品，迫不及待地互相看作品。有一回在我家，我们三人一起交流、画稿、设计、创作，互相找毛病，总觉得有不足之处，总有说不完的话，不知不觉中天都亮了。三天的时间里，我们三人白天黑夜几乎没怎么睡觉，兴趣全都提起来了，兴奋得很，每人创作了一幅作品。我爱挑毛病，总想不起表扬，总能挑出毛病。后来想想，自己不能这样，有好的地方也要表扬嘛。呵呵！我对徒弟的要求也是很高的，她们绣不好，我就让拆掉重绣。她们开始不理解，说："老师，我们觉得已经很好了，怎么还要拆？"在我看来，有毛病就必须给她们指导重新绣，把问题指出来，她们就明白了。现在不严格教，她们的手艺永远都学不好。这几年，我晚上十二点以前没休息过。不过现在看到她们的成果，我很欣慰。她们说："非常感谢老师的良苦用心，没有你的精心指导，我们也没有这么好的手艺。"我的徒弟张馨在全区残疾人刺绣比赛中荣获一等奖。

吴：多好啊！赵老师，今天就先到这儿，谢谢您。也祝愿您在刺绣的道路上发展得更好。

南营武术代表性传承人

牛银侠

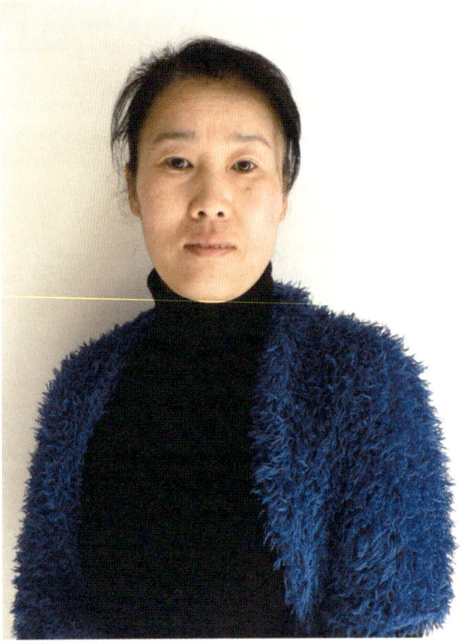

牛银侠，1970年出生，宁夏吴忠市青铜峡人。2017年被认定为自治区级非物质文化遗产项目（南营武术）代表性传承人。

综 述

牛银侠出生在吴忠市青铜峡蒋顶乡一个贫困的农村家庭，小时候在乡里的朝阳小学上过几年学。牛银侠的父亲十几岁跟随从少林寺出来的武术名家李富仁学习武术。李富仁是一位侠肝义胆、专门打抱不平的侠客。他来到牛银侠的家乡后，广收徒弟，传承技艺。牛银侠的父亲叫牛成安，当时的他看到很多人跟随李富仁每天练习武术，在一旁观看后很感兴趣，就想学武术，李富仁也很乐意收牛银侠的父亲为徒。从此，牛成安就一直跟随李富仁学武术，直到李富仁去世。

在父亲牛成安的影响下，牛银侠和弟弟从小开始习武。六七岁正是爱玩的年纪，牛银侠对武术并不感兴趣，是在父亲的逼迫下才开始习武。父亲牛成安一开始对她要求并不高，只是让她每天按时起床，跟着练习就可以了。或许是有天赋，牛银侠从练习之后，就开始对武术越来越感兴趣。尤其是到学校以后，她有武术这个才艺特长，让很多同学投来羡慕的目光，她就更自豪了。

牛银侠习武的第一个基本功是踢腿、下腰。从她练习了基本功之后，父亲对她的要求就越来越高，每天天还没亮就把她叫起来练习。儿时的牛银侠也有偷懒的时候，每当父亲外出务农，她就在家偷会儿懒。见父亲一回来就赶紧练起来，非常辛苦。基本功每天都要练习，这是习武的基本要求。

牛银侠八岁时，父亲组建了一个杂技团，她就跟着父亲去全国各地参加交流会，和同行切磋武艺。由于她武艺功底扎实，引来同行的赞赏。很多同行师父看到她身上的天赋，自愿传授她一些本领。山东的陈师父到青铜峡亲自教她练习精气神，银川的马师父教她练剑、练习长眉罗汉拳。

少女时代的牛银侠读书、习武、卖艺表演，在父亲的严厉管教中，在民众朴实真诚的掌声中，用无数汗水、泪水和辛劳继承了父辈武术杂技的精华，以扎实的功底接过了接力棒。

牛银侠二十岁时嫁给了舒建兵，丈夫一开始并不喜欢习武，在牛银侠的影响下也爱上了习武。由于丈夫是半路习武，身体条件并没有优势，牛银侠一点一点地教丈夫练习基本功，丈夫勤学苦练之后，武艺日益精进。夫妻俩的武艺受到很多人的认可，于是他们着手准备开班传授武艺。经过多次商量，牛银侠夫妻终于开办了第一个武术班，虽然只招收了三名学生，但其中有当了兵还考上海军学院的。

对于牛银侠来说，武术是在与时俱进中不断改进和适应每个时代发展的，她在父亲传授的技艺基础上，将武术改编成武术操，走进各大校园，为青少年传承中华优秀传统文化。

牛银侠为了改善家庭条件，一度去内蒙古打工谋求生活。直到2006年左右，青铜峡文化馆的领导找到她父亲牛成安，提到帮助他申请非遗项目。牛银侠应父亲的要求回乡协助申报非遗项目的工作。此后，牛银侠操起旧业，招收徒弟，传授技艺，改进武艺，带领徒弟在全国各地锦标赛中取得优异的成绩。2015年，他们的基地被评为自治区级非遗传承基地，2017—2019年参加吴忠市社火大赛，连续三年荣获第一名，2018年被自治区文化和旅游厅评为优秀传承基地。她编辑了系统的武术教材，想要把自己一身的本领传承给下一代。牛银侠的父亲牛成安已是八十多岁高龄，老人把该项目的传承希望完全放在女儿及下一代身上。牛银侠夫妻二人无固定职业，靠一个小小的彩票站供养儿子上学。项目传承所需的条件、时间、精力等方方面面都存在一定的困难，但夫妇俩仍然在努力履行传承武术的职责。

如今，随着南营武术保护项目的发展，当地建立了两个传承基地、三个传承点，并开设长短期培训班。先后在幼儿园、小学、中学等十二所学校长期开设武术培训课程，参训学员累计两万多人，传承效果明显，社会影响力大，已成为当地传统文化特色品牌之一。

上 牛银侠与父亲（吴亚娟翻拍于2021年3月）

访　谈

被访谈者：牛银侠（自治区级非物质文化遗产代表性传承人）

访 谈 者：吴亚娟

访谈时间：2021年3月18日

访谈地点：吴忠市青铜峡牛银侠彩票站

吴：牛老师您好，我是自治区非遗中心的吴亚娟。今天过来是做自治区级非物质文化遗产代表性传承人的口述史访谈的。首先请您先谈谈个人情况，您是哪一年生的，出生地在哪儿，什么文化水平？

牛：我1970年3月出生在青铜峡蒋顶乡。七岁在蒋顶乡朝阳上小学上学，小学没有毕业。

吴：小学上了几年？

牛：上了三年，实话实说，上半年上了，下半年没上。上半年在家里面干活，下半年是9月份开学，开学后要去赶交流会，去外地表演，现在说交流会你们大概也不懂是吧？

吴：大概就是像庙会那种的集会吧。您啥时候评为自治区级传承人的？

牛：应该是2017年。

吴：父母都练武吗？小时候家境怎么样？

牛：是随父亲学的，母亲不会。父母都是农民，家里特别穷。

吴：那个时候都穷，全国人民都挺困难的。父亲是练武的，你们兄弟姐妹几个？

牛：五个，两个男的三个女的，我是老二。

吴：您父亲的武术是从哪儿学的？是从爷爷传下来的吗？

牛：不是的。父亲过去跟李富仁学的。

吴：李富仁是你们当地的一个武术名家是吧？啥机缘认识的？

牛：不是，他是从少林寺过来的。在青铜峡特别有名气。他招收的徒弟特别多，跟着练的人特别多，我父亲也是好奇，就去看，天天都去看，一看就特别喜欢。李富仁就说你过来我给你教，父亲就过去了，也没给钱，给了一点粮食（当学费）。

吴：没有钱给学费，就只能用粮食顶。那个时候您父亲多大？

牛：那时候年纪很小，大概十几岁。

吴：李富仁为什么会到你们青铜峡这个地方？

牛：过去李富仁爱打抱不平。

吴：就是个侠客。

牛：对，是那种的。他那时候功夫特别深，经常骑马，袖筒里面装石子，想打哪儿就是哪儿，特别准。

吴：暗器式的那种，对吧？

牛：对，他好像是流落到这个地方的。

吴：哦，不知道什么原因，他就来这个地方了，你们也不太清楚是吧？反正是个侠客，父亲十几岁就跟着学了。在那儿学了多久呢？

牛：对，他一直都跟着学，我记事开始他就在李富仁那儿学，边务农边学，吃了不少苦，直到李富仁去世。

吴：您父亲那个时候多大年纪？

牛：我父亲那时候还没结婚。今年是八十岁，二十岁结的婚。在他结婚之前，李富仁就去世了。

吴：哦，六十年前就去世了。那会儿您父亲有没有师兄弟？

牛：他们师兄弟还挺多的，有七八个，都比我父亲小，现在都没了。

吴：你们兄弟姐妹学武的有几个？

牛：我大弟和我。大弟现在不练了。我六七岁开始学的。

吴：六七岁开始学，您那时候为啥学的？是感兴趣，还是父亲就要求学？

牛：（父亲）要求。开始根本不感兴趣，可以说是逼出来的。没练的时候根本不喜欢，但练上以后就越来越感兴趣。特别是到学校以后，能表演武术才艺就感到特别的自豪。

吴：就感觉自己很厉害，一身武功，这种感觉，是吧？

牛：嗯嗯。在学校外，出去表演的时候，感觉自己很厉害。

吴：李富仁去世后您父亲又跟别人继续学习了吗？

牛：对，他又到内蒙古的一个杂技团去学了。

吴：去杂技团算是工作去了，还是当学徒去了？

牛：是当学徒去了。学了好几年，我父亲姓牛，他师父也姓牛，特别有名。

吴：他在杂技团是什么情况？

牛：我已经记事了，他二十四五岁左右。到那边又接着练，我父亲当时功夫特别好。

吴：他从杂技团回来的时候您几岁？

牛：我六七岁时他回来的，才开始教我的。

吴：他在杂技团的事情，您知道吗？如果您记得的话给我讲一讲。

牛：师父看我父亲是个特别好的苗子，功夫也不错，他啥都给我父亲教。他的儿子和女婿都看不惯，就为这些事，我后来听父亲说，他师父跟儿子女婿干了一仗，最后就彻底分开了。父亲对师父也特别尊重，我记得那时还很小，他到我家来过。

吴：您第一次学武术的情景能说一下吗？父亲咋跟您说的？

牛：当时就让练，说我身体也不太好，练着看。每天天还没亮，就得起床。那时我父亲还务农，他要是回来了我们不练功的话，不行。

吴：那个时候家里几个孩子都在练吗？

牛：没有，我和弟弟在练。

吴：第一个招式练的是啥？是扎马步还是啥？第一个基本功是啥？

牛：从基本功开始练，踢腿、下腰，天天练，天天早晚练。父亲只要有空我们就开始练。父亲不在就赶紧偷偷懒，看见他回来，赶紧去走钢丝。

吴：那会儿还走钢丝，杂技的一种，是吧？

牛：是。那时我记着看的电视好像是《雪姨》，特别爱看，就偷偷看电视。但是要练功，下腰练功，十下一组，下去起来、下去起来，太苦了。

吴：这种基本功练了多少年？

牛：基本功一直都在练，一天都不可停。

吴：套路是啥时候开始学的？

牛：基本功练熟了以后才开始练套路。

吴：您基本功肯定先要练扎实，再练套路，基本功从不会到练扎实，您花了多长时间？

牛：反正花了好多年，说起来真想流泪。

吴：就是感觉很多年，然后也记不清具体多少年了，感觉很漫长的一段经历。那个时候您跟弟弟一起练，除了父亲给您教，有没有别的老师教？

牛：有，山东的，在外面表演的时候遇到的。

吴：几岁开始随着父亲跟交流会？什么情况？

牛：八岁。交流会从9月份一直开到10月份。去的地方也特别多，那时候小，也不记事。

吴：您父亲后来组建了一个杂技团是吧？哪几个人？

牛：我父亲，我，我弟弟，还有一个我父亲的徒弟。

吴：你们去交流会的时候，会遇到很多同行，同行之间就会交流切磋，是吧？

牛：对，我的功夫特别好。练武和其他行不一样，他看你有天赋，才把他最好的教给你，所以说到哪个地方去表演，他们（同行）都羡慕我。

吴：交流了很多地方，遇到了很多肯教您的师父，印象深刻的就是这个山东的师父，还有别的吗？

牛：还有银川的马振武，过去相当有名气的。他的长眉罗汉拳打得特别漂亮，还有他童子功也特别好。

吴：老师咋教你的？

牛：教套路。错在哪里就给你纠正一下。

吴：在学武道路上您印象比较深的几个人，有父亲、山东师父、马振武，为什么会印象比较深？有没有什么记忆深刻的事情？

牛：特别是山东师父，姓陈，他给我教的特别多。他儿子也特别厉害，合作表演当中，要求练武必须要有精气神，应该站如松、行如风。他说女性练功对身材特别好。

吴：嗯嗯。马振武老师给您的印象有没有深刻的？

牛：有，他的朝天蹬（武术童子功里的基本功）练得特别好。第一次见他是在交流会上，他穿一身白，很特别。

吴：一看就是那种仙骨风气的老人是吧？然后您就觉得特别崇拜，就想在他那儿学习，他怎么指导的？

牛：他说我的功夫特别好，说我的儿子有你一半就好了。他有八个儿子，徒弟特别多。当时在银川特别有名气，到现在我们去参加武术比赛期间，还有好多人提起。

吴：看样子是在武术圈子里特别有名气的一个人，他给您指点过吗？

牛：我当时就佩服他，八十岁了，朝天蹬一下就蹬上去了，长眉罗汉拳动作也特别漂亮。

吴：您是不是想着也要达到这种程度？

牛：到现在为止，我这个朝天蹬也没人家的好。

吴：您学艺过程当中肯定有各种酸甜苦辣，您能不能讲一讲印象深刻的事情。

牛：辛酸，那时候比较穷，吃不饱饭呀，练功消耗又大，老是饿。

吴：有没有让您特别开心喜悦的事情？

牛：那是第一次卖票演出，一天就是三百块钱。

吴：在哪儿？啥情况？

牛：在内蒙古鄂托克前旗。我当时九岁。原来是演出完了有钱的给几个，这次是先卖票再演出。

吴：哦，演出的内容具体是啥？

牛：有杂技、魔术、气功、武术。

吴：您都会？

牛：都会，入了江湖（学的）东西特别多，学都学不完。到现在为止，我的九节鞭打得特别漂亮。有个地方把女的不叫女的，叫女女，说那个女女九节鞭表演的一碗水泼都泼不进去，就是说我。

吴：哎呀，真是厉害。武术对您的日常生活有影响吗？有记忆深刻的事情吗？

牛：有一次我在大坝电厂洗澡呢，来了几个人敲门，我老公出去后发生争执。我听着不对劲，出去一看，他们把我老公像架飞机一样架起来了，我赶紧上去，左一下右一下把他们都打了，最后我被带到保安处了。保安说那小伙子还没结婚，你下手咋那么狠呢。那天我洗澡呢，穿的不太方便，要不然就出大事了。还有一次去外地表演，那是（20世纪）80年代的时候，那会儿地痞流氓特别张狂，有一个人要坐我们家箱子，我父亲不让坐，那个人就不乐意了。听周围的人说这个人是当地的恶霸，让我们赶紧走。那个时候是收钱的，我们钱都没顾上收就走了，还没走到汽车站就来了几十个骑自行车的人把我们围住了，我父亲就用扁担和那些人打，后来把一个人头上打了个洞。这样的事情有很多。

吴：可见功夫了得啊。弟弟功夫咋样？

牛：弟弟的功夫也可以。

吴：后来慢慢这种交流会也没了。

牛：对，交流会没有了，我也结婚了，二十岁结的婚。

吴：老公也是练武的？咋认识的？

牛：别人介绍的。他一开始特别反感武术，结婚以后才开始练。后来慢慢一点点喜欢上，到现在为止，他特别喜欢。

吴：老公的师父就是您么，是吧？您是他的启蒙人，您有童子功，老公是半路出家了。您给他咋教的？

牛：手把手教呗。先开始练基本功，但到现在为止，他基本功还是不太踏实。

吴：肯定不像您有童子功的功力。

牛：他半路练功，控制不住力道，有一次跟我切磋时，把我骨头咔啦一声打断了。

吴：内功深的人，轻重力道都有把握。家里人都支持您习武吗？

牛：他现在是支持。生活压力太大了，干这个不挣钱，我们就商量着办班。

吴：啥时候开始办班的？

牛：二〇〇几年，在华福御景。开始只有三个学生。

吴：那些孩子现在还有练武的吗？

牛：现在都长大了，有当兵考上了海军学院的，到现在还联系。

吴：还是特别有收获的，培养了这么几个学生。您觉得父亲那一辈的武术传到您手里，您做了什么改进、发展，有什么变化没有？

牛：武术肯定要改进的。我父亲他那个年代，年龄太小的不教，现在是越小越好练，武术操啊等都可以练。

吴：您把以前学的武术改编成武术操了，是吧？

牛：嗯。

吴：杂技也是跟武术一块练吧？像走钢丝啥的？

牛：我现在感觉要有条件，钢丝还可以走，但没那个条件呀，关键是奔波生活。

吴：您带学生，收费情况怎么样？

牛：收费不像银川，有人打电话让我去银川那边，场地是免费的，但我去不了。

吴：场地虽然是免费的，但还是有客观条件限制，您那边又没家。

牛：现在的人根本受不了苦，没有多少人学。

吴：还有什么印象深刻的演出？

牛：就是一个四条腿的方凳，把凳子四条腿放在三个瓶子上面，有一条腿下面是没有瓶子的，空的。人在凳子上，再下腰用口叼花起来。

吴：您那会儿是你们小小杂技团的顶梁柱，是吧？

牛：是。到现在为止，我在网上找了，别处没有这个节目。

吴：已经失传了，这个节目是家里自己排的吗？

牛：是的，父亲编的。小时候父亲喝酒，酒瓶特别多，就摆弄出来以后编了这个节目。这个节目是三个（瓶子），到现在为止，我发现过四个（瓶子）的节目有。

吴：这个叼花的动作复杂吗？

牛：不复杂，主要是平衡。

吴：您现在还能表演这个节目吗？

牛：做不了了。

吴：魔术有哪些？

牛：魔术特别多，现在改进的也特别多。当时最受欢迎的魔术是空手出花。

吴：是您父亲在内蒙古的杂技团学回来的吧？

牛：不是我父亲学来的，是我的独创。

吴：您天赋也太高了，从哪儿得的灵感？

牛：在交流会上看到的，感觉这节目特别好，特别喜欢，就自己琢磨，然后参加活动得了第一名。

吴：气功受欢迎的节目有啥？

牛：砍砖，我就能砍一块砖。还有头顶砖头、背夹砖，节目特别多。

吴：武术表演有啥？

牛：武术就是刀枪剑戟。我都会一点儿。

吴：您去外地参加各种交流会进行表演，这种生活有十多年吧？

牛：结婚以后，就开始养家糊口了，去外面打工。

吴：就开始不干武术杂技这个行业了？那会不太景气？

牛：因为没办法干，受苦又挣不了钱。八几年我去内蒙（古）打工，给人家洗盘子。

吴：打工时期基本功每天都练吗？

牛：每天都练。

吴：啥时候回到青铜峡的？

牛：刚开始搞非遗的时候就回来了。

吴：那就是2006年、2007年。您咋知道您的技艺是非遗项目的？有文化部门工作人员联系您吗？

牛：对，那时是青铜峡张馆长。因为我父亲当时很有名，他去老家找我父亲说给列个地方非遗项目，当时也不知道非遗是啥，父亲就让我回来帮忙。不到一个月的时间，来了一拨又一拨的人。

吴：那会儿做普查。

牛：对，要确定一下是不是真的有这个人，就把我叫去了。

吴：最后报谁了？

牛：就为这个事，我真的特别生气，我是我父亲教出来的，但没有把我父亲报传承人，报的我。青铜峡（文化馆）的丁主任说我爸现在不带徒弟。

吴：当时有没有造成矛盾？父亲也不高兴了，是吧？

牛：父亲到现在都还不高兴。

吴：是不是对您还有误解？

牛：我说是别人不给您报，不是我不给您报，您现在不带徒弟，就这一条不够。

吴：你们还可以继续申报，两年一次。

牛：对，去年报的我儿子和我老公。

吴：都评上了吗？

牛：评的吴忠市级的。

吴：您认为自己最拿手的一套武术或者最好的一个节目是啥？

牛：最好的节目，肯定还是在三个瓶子上叼花的那个。武术呢就是南营武术，九节鞭是代表性的，双鞭也学得差不多了。

吴：有套式吗？

牛：有套路，名字也多。我记不清楚，但能打出来。

吴：您现在能打出来多少？

牛：父亲教的那些都能打出来。

吴：大概教了几个，二三十个？

牛：大概十几个。

吴：您现在有徒弟吗？

牛：有，就儿子和老公了，其他人都不练了。

吴：开始免费办班是哪一年？

牛：零几年，我一分钱都不收，但后来大多都不练了，我特别伤心。最后三天都坚持不了。

吴：一个坚持下来的都没有？

牛：一个都没有的。我就想我练它干啥的，还不如出去打工。

吴：啥时候开办收费班教徒弟的？

牛：教年龄小的，收费，最起码要把场地费收回来。

吴：最多的时候学生有多少？

牛：不算进校园的，得有百十个。

吴：百十个，我上次见了，有刚高考结束的，还有小一点的，都是您儿子教的。儿子是从啥时候开始学的？

牛：儿子也是从八九岁开始练。从练上以后，他就说："妈你教我教得太迟了。"

吴：后悔没有早早练起来。

牛：包括现在的学员也是一样，都说练太迟了，要是早一点就好了。

吴：有童子功就更好了。

牛：都说这句话，包括我自身。

吴：也包括您自己，都觉得有点练晚了？

牛：都一样。

吴：内心还是很热爱武术的。

牛：练上以后，是真的忘不了。

吴：就到骨子里了。

牛：到现在为止，好多徒弟都过来说，教练你不认识我了？我是真想不起来是谁了（笑）。

吴：教的徒弟太多了。收费教徒弟是哪一年？

牛：二〇〇几年了。

吴：后来是不是学生多了，老公就来帮忙？

牛：儿子和老公，我们三人可以说一起创业。

吴：那时候孩子多大？

牛：儿子十岁。

吴：就给您当助手是吧？他独立带班是什么时候？

牛：独立带班到现在已经好几年了。

吴：还有一个女儿，女儿学武了没？

牛：女儿没学。高中时女儿有一次看我表演，觉得妈妈太帅了，说我怎么没学一下，有点儿后悔。

吴：那个时候为啥没让女儿学，就觉得自己小时候太苦了，不想让她受苦了？

牛：太苦了，儿子练了都感觉太苦了。

吴：儿子收的徒弟多吗？

牛：多，他们特别严格。

吴：您儿子主要教什么？

牛：他以武术为生。

吴：您觉得最好的传承方式是什么？如果能够实现的话。

牛：场地能免费就好了。一年光场地费好几万，压力比较大。

吴：经费比较紧张，有点维持不下去了吗？

牛：现在最大的开支就在场地费。你看现在学生都是在学校里面，我们招学生特别难。这边不像银川，银川那边外地人特别多。我们这馆里面外地人比较多，本地的真少。

吴：现在就儿子开武术班？

牛：老公也是以武术为生，我们现在一家三口都是以武术为生。

吴：您主要是进校园还是在外面招徒弟？

牛：我一般比赛的时候去代代课，学校里面代代课。

吴：学生参加比赛获得的奖多吗？参加什么比赛？

牛：获奖也不太理想。每年参加自治区青少年武术比赛，曾获过二等奖，第一名还真的有困难。

吴：您带过最小的徒弟几岁？

牛：大概有五岁。

吴：这么小的孩子怎么监督他练功？

牛：肯定有要求，把练功视频发到网上。但是经常有请假的，今天上英语班，明天上画画，上钢琴班、小提琴班，现在孩子报班也太多了。

吴：有没有出现过特别优秀的、出色的徒弟？

牛：有好几个。有一个学了五六年，已经上初三了，他本人特别喜欢。

吴：他学到啥程度了？

牛：基本的高难动作他都能掌握。

吴：您现在学校主要是教武术，杂技、气功还教不教？

牛：杂技有时间也教一点，提升技艺，把魔术掺进去。

吴：增添趣味性。您之前说把武术改变成武术操了，你们现在是自己开学校，有没有编制教材？

牛：编了。我们自己在用。

吴：那里面内容是啥？教学大纲是按啥编的？从容易到难，还是按套路编的？

牛：从基本功开始，一步步从易到难。

吴：武术学校和进校园用的是一个教材吗？

牛：差不多。

吴：南营武术主要的特点是什么？

牛：主要是上三路和下三路，里教法、外教法。

吴：您能解释一下上三路、下三路吗？

牛：上三路是表演型，下三路是实战型，是父亲保留下来的。我特别赞成上三路、下三路、内教法、外教法这个说法。我有一次看《穆桂英挂帅》上面提到“穆桂英这一招，使的是下三路还没使上三路”，那句话到现在我还记得。

吴：您最拿手的除了九节鞭，还有什么？

牛：太极拳我也会，像我这个年龄，就适合练太极拳。

吴：剑呢？

牛：剑也会。我现在得了肠粘连，练时力度一大就疼。

吴：哦，不能用力的话可能就不适合练武了。枪您会吗？

牛：枪我还真不会。

吴：您身体状况最好的时候会几种？

牛：刀、枪、棍、鞭、拳。

吴：会多少种套路？

牛：九节鞭一个套路，拳的套路特别多，大洪拳小洪拳等，特别多。大洪拳是少林武功的基础拳，凡练少林拳术、器械、短打、技击者，都从大洪拳起手，故素有"洪拳为诸艺之源"之称。小洪拳属于少林拳术的基本拳技套路，是初学少林拳术的必修套路，素有"十八拳之母"之说。那个时候的拳不像现在，现在的拳是真好看。

吴：那时候比较实用。

牛：现在的拳，比如说太极拳、太极剑打出来真好看，我特别喜欢太极拳和太极剑，又适合咱们的年龄。

吴：您觉得您武术生涯最辉煌是什么时候？

牛：我感觉没有辉煌过，都是苦。

吴：比赛每年都参加，自己参加过没？儿子参加了没？

牛：我自己没有去，儿子参加过，他获过第四名，因为限年龄，青少年武术比赛是限年龄的，所以到十八岁就参加不了。

吴：您觉得评为非遗传承人以后，对您有啥影响？

牛：别人都说我是非遗传承人，一年给发多少钱，电视平常播着呢，播一次多少钱，说啥的都有。

吴：上电视了啊？什么电视节目？

牛：宁夏电视台的节目《技能大比拼》，获得第一名，表演魔术和武术。

吴：你们进校园的时候，是学校找的你们，还是你们找的学校？

牛：这个说起来，多亏店里那张非遗照片。一天，有个人进来说我可找到你了，进我们学校，给我们学生教。这是四中的老师。四中一直到现在还在教，

⊥ 牛银侠教授徒弟（本人供图）

还有三小、三幼，都教着呢，属于课外兴趣班。

吴：您儿子天赋怎样？

牛：他天赋比我强，我的本领他全部学到了。他现在还常去深圳、北京学习切磋武术。

吴：您评为传承人后，有没有觉得更有责任感了？

牛：对，对。我父亲说你现在是代表青铜峡的非遗传承人，不仅代表你个人。

吴：父亲都跟您这么说，您也认同吗？您为此做了什么吗？

牛：我就想着努力教下一辈。

吴：嗯，好好教学生。牛老师我们今天的访谈就到这里，谢谢您。

刺绣代表性传承人

李夏音

李夏音，1969年出生，陕西定边县人，研究生学历。2017年被认定为自治区级非物质文化遗产项目（刺绣）代表性传承人。

综 述

李夏音出生在一个刺绣之家，母亲是乡村裁缝，能做衣裳会绣花，还会剪鞋样、剪花样、绣枕头、做绣球，绣制当地新娘穿的“上马鞋”和新郎穿的“纱帐鞋”，是远近闻名的绣花巧手。母亲的刺绣及女红手艺得益于外婆的言传身教，外婆的刺绣手艺更是功底深厚，她擅长缝制绣花针扎、旱烟袋、绣花袜底、绣花袜后跟等，也是当地有名的绣娘。李夏音的姑奶奶也是刺绣能人，直到八十多岁仍然刺绣不辍。一直在外婆和母亲身边长大的李夏音三姐妹，自幼跟随长辈习得了传统的刺绣及女红技艺。家庭刺绣手工艺的浓郁氛围，培养了李夏音对刺绣的浓厚兴趣，她经常帮助母亲做缝纫及刺绣等针线活，并借此练就了过硬的刺绣手工艺基本功，上学期间一直在学校组织手工刺绣社团。

李夏音的妹妹李彩梅，出生于1971年，自小学习家传的刺绣手艺，为了实现开裁缝铺的梦想，十五岁时便来到吴忠市拜裁缝师父系统学习当时流行的裁缝技艺。待学成之后，年仅二十一岁的李彩梅，于1990年在吴忠市西市场开始经营“李记裁缝店”。母亲贺兰芳原来一直在老家当裁缝，李记裁缝店开张后她便来到吴忠帮忙经营。李夏音从陕西师范大学毕业后，回到家乡成为一名中学老师，但由于经济形势不好，学校发不出工资，1993年，李夏音来到吴忠市。当时正值吴忠市饮料厂招工，李夏音应聘就职，先后从事过财务、销售、办公室等工作，在工作之余帮妹妹和母亲经营裁缝店。由母亲贺兰芳、李夏音和妹妹李彩梅共同经营的这家裁缝店主营业务是定制衣服，当时，人们很少有在衣服上增加手工刺绣的需求，但也有送嫁或者送礼的人上门来定做手工刺绣鞋垫等绣品。李夏音在那时就已经展露出独特的艺术审美和把握潮流并融会贯通的创新能力，她看到一些新潮时尚的服饰及图片后，就会找来妹妹一起研究制作，并在制作中不断推陈出新，追求传统艺术与现代风格的融合。李记裁缝店是李夏音刺绣事业的第一块基石，也是后来“巧儿刺绣坊”的前身。2000年，妹妹李彩梅因身体原因无法兼顾裁缝店的工作，李夏音便接手了李记裁缝店。2005年，由于饮料厂的经济效益不好，李夏音面临下岗失业的危机。一个偶然的机会，她在电视节目中看到一位云南的绣娘通过刺绣才艺改变了自己的命运，也改善了家庭的生活条件。这令她心动不已，备受鼓舞，于是李夏音鼓足勇气，决定通过自己的刺绣手艺创业，改变被动的处境，实现儿时就萌发的刺绣之梦。

2006年，李夏音敏锐地抓住了吴忠市筹建文化产品一条街的机遇，果断地租下了店铺，将李记裁缝店的经营项目由裁缝转变为手工刺绣，并改名为“巧儿刺绣坊”。她的一件件传统的精美绣品很快赢得了人们的青睐，上门的顾客日益增多。2009年，李夏音注册了“吴忠市巧儿刺绣传承有限公司”。随着知名度的提高，她多次被商务厅及文旅部门邀请参加国内外手工艺产品展演和展销活动。李夏音刺绣事业起步，恰逢我国非物质文化遗产保护运动兴起，民间刺绣得到了前所未有的重视。她很快被吴忠市非遗保护部门发现，并被评定为非遗传承人。

在此之后，李夏音有了更多学习的机会和展示的舞台。她先后参加中国文化干部管理学院举办的全国工艺美术研修班及高级研修班，有幸参观故宫的清代服饰及刺绣珍贵藏品；参加文化部举办的全国工艺美术研修班，聆听美术学院教授关于构图、色彩等方面的专业课程，并赴敦煌石窟观看壁画，实地参观学习，倾听专家学者讲解授课，使自身的刺绣艺术素养大幅度提升。还参加北京服装学院染织绣技艺研修班、中国民协在苏州举办的刺绣研修班等。李夏音还通过参加全国性的非遗博览会、文化博览会、文化旅游部门的展演会，观赏各地的优秀刺绣作品，和全国的刺绣精英多次接触与交流，学到了很多刺绣技

├ 李夏音介绍刺绣作品
（张万静摄于2018年12月）

巧。在赴马来西亚、泰国等国展示刺绣才艺并展销绣品的过程中，李夏音还观赏到了国外不同风格的刺绣作品。这些丰富多彩的艺术实践活动，极大地开阔了李夏音的眼界，她充分了解了国内外刺绣行业的发展现状，促进了自身的进步，与此同时也获得了一定的经济效益。

李夏音不但继续钻研古代精湛的传统刺绣技艺，也善于向当代刺绣高手请教，取长补短，并能够保持自身的刺绣风格及地方特色。李夏音所擅长的传统掇绣技法，以及独特的多层厚布绣法，令南方地区的绣娘赞叹不已。李夏音谦虚好学，博采众长，勇于创新。近年来，她始终坚持坚守传统与探索创新并举，并根据市场需求，开发出了丰富多彩的刺绣品种，包括传统的绣花女鞋、绣花童鞋、绣花鞋垫、绣花耳枕、绣球、绣花针扎，以及绣花旗袍、绣花丝巾、绣花丝绸扇面、绣花香包小挂件、桌旗（桌子上铺的绣花布垫）等。她的针法细腻而精美，色彩艳丽而不失典雅，擅长掇绣、平针绣、长短针绣等多种刺绣技艺。

李夏音善于学习、积极进取，于2005年考入宁夏党校研究生班，函授学习经济管理专业数年，获得研究生学历。作为一名高学历的民间刺绣代表性非遗传承人，她充分发挥自身知识面宽、善于授业解惑的优势，长年坚持为乡村妇女刺绣培训。2009年以来，她先后受残联、妇联、人社部门、就业局、工会、扶贫办等部门的委托，在宁夏红寺堡、同心县、盐池县等地的乡村，举办了多期刺绣培训班，为贫困山区培养了一大批包括残疾人在内的农村绣娘。李夏音帮助她们掌握刺绣才艺，实现自身价值，改善家庭生活，走上脱贫致富之路。李夏音也曾应邀到河南、内蒙古地区培训农村绣娘，为保护和传承民间刺绣传统文化作出了卓越的贡献。受到姐姐李夏音的影响，妹妹李青梅于2022年被评定为第六批自治区级非物质文化遗产项目（手工扎花疙瘩底布鞋制作技艺）代表性传承人。

访　谈

被访谈者：李夏音（自治区级非物质文化遗产代表性传承人）

访 谈 者：武宇林、张万静、杜丹、张淳

访谈时间：2018年12月20日

访谈地点：宁夏吴忠市文化馆非遗传承基地李夏音工作室

武：李老师，您太辛苦了。这么冷的大冬天，昨天才从盐池县农村刺绣培训班上赶回来，今天上午一直开会，下午开会到现在，还要接受我们的访谈，谢谢您啊！

李：没事儿，就是让你们久等了，我都过意不去。

武：没关系。下午您在市里开会的时候，吴忠市文化馆吴馆长接待了我们，介绍了不少您的情况呢。说您的巧儿刺绣是吴忠市的非遗亮点之一，说您谦虚好学、德艺双馨。还说文化馆为您的刺绣，还有剪纸和杨氏拳都提供了工作室，支持你们更好地进行传承活动。刚才在您的工作室，我们已经参观了许许多多精美的绣品，下面想听听您的刺绣艺术人生经历。请李老师先说一下您是哪一年出生的？

李：其实我真实的情况应该是1969年出生的，但是在迁户口的时候身份证上的年龄搞错了，写的是1976年。一直到现在改不过来，也没办法。

武：哦。那您出生在什么地方？

李：我出生在陕西定边县，张崾先乡。

武：父母是干什么的呢？

李：我的母亲是个裁缝，父亲在乡镇上班。

武：那您父母也都是陕北人吗？

李：对，父母都是陕北的。

武：陕北地区的民间刺绣呀、民间剪纸呀，还有民歌都很流行，民俗文化丰富多彩，您是在这样的一个环境中长大的。

李：（笑）对呀！我就是从小受陕北窑洞文化的影响比较深。

武：您父母一共有几个孩子？

李：我们姐妹三个，我是老大。

武：你们姊妹有个裁缝妈妈，三个女孩肯定一个比一个巧吧？

李：（笑）嗯，都巧呢。因为都受我母亲的影响嘛。在我很小的时候，印象特别深，我们家有一台缝纫机，我们姐妹三个就比赛，看谁会踩缝纫机，看谁踩得好，谁走的直线好，从小就学会了用缝纫机。我妈是裁缝，要给人家做好多的针线活。忙的时候，我们姐妹三个都给妈妈帮忙，做一些裤边啊，缝一下毛皮茬啊。这些活儿从小就学着干。我妈也给别人剪鞋样，剪花样，给人做结婚穿的鞋。

李夏音绣品传统绣花女鞋
（张万静摄于2018年12月）

武：是新娘子的绣花鞋吗？

李：嗯。是新媳妇上马穿的绣花鞋，我们叫“上马鞋”。

武：就是说，过去娶媳妇时，新娘子都要骑马去？

李：对！我们那里过去结婚都骑马。

武：那么，新媳妇的“上马鞋”有啥讲究吗？

李：有呢。做“上马鞋”的人一定是心灵手巧的人，还有就是一定要儿女双全，并且被认定是人丁兴旺的家庭，只有这样的妇女，才有资格给别人做“上马鞋”。

武：那要给新娘子量身定做吧？

李：对。一般结婚的这双鞋，女的叫“上马鞋”，男的叫“纱帐鞋”。就是说，不光是新媳妇，给新郎官也要做一双新鞋。这双鞋是干什么用的呢？结婚的时候，按照乡俗，要在铺床的时候放上很多核桃、红枣什么的，意思是早生贵子，图个喜庆吉利。新郎穿上这双新鞋，站在床上的纱帐里面，用脚上这双新鞋，把核桃、红枣沿着床一齐归拢过来，这样以后就能多子多福。过去，民间有这些讲究。

武：这是很有趣的民俗，在陕北那一带很流行吗？

李：嗯。在我们宁夏的固原地区和盐池县应该也有这个习俗吧。

武：是吗？那你妈妈一直都给新娘新郎做这些鞋？

李：对！过去制作了很多这样的结婚用品。其实，这个习俗从古到今一直都有的，延续下来了，现在在山区，仍然是要做“上马鞋”和“纱帐鞋”的。

武：各做一双就够了吧？结婚当天穿完就保存下来，以后不再穿了吧？

李：对！“上马鞋”肯定就一双，就是女孩子结婚那一天穿。这双鞋是不送人的，就算穿破了也不能送人。“纱帐鞋”也是一样，这两双鞋绝对不能送别人，必须要自己穿破，或者保存起来，留做纪念。

武：明白了。顺便问一下，除了给新郎官和新媳妇做这样的鞋之外，自家女儿出嫁也要做嫁妆吗？

李：对，对！都做呢。像我结婚的时候，做了两双鞋，是我和我妈、我妹妹几个人一起做的。

武：哪一年结的婚？

李：1994年，在吴忠结的婚，这里做嫁妆的习俗不是那么浓，所以只做了两双鞋。一双是我的，一双是我爱人的。但是，我妹妹结婚时，一共做了八十双鞋呢。

武：为什么那么多？

李：她做这么多鞋，除了自己穿，在结婚那天，还要送给婆家人。比如说男方家的叔叔呀，大伯呀，姑姑呀，奶奶呀，爷爷呀，都要给他们送。一方面是作为新媳妇给婆家人赠送的礼品，另一方面证明新娘子是心灵手巧的人。

武：也算是展示才艺。

李：对！展示新娘子的才艺，除了做鞋，还有就是做枕头。

武：您刚才说，八十双鞋，有那么多亲戚吗？那每人是不是都要量脚的尺寸呢？

李：是的。不用量尺寸，一般做的鞋，不一定就指定哪个人穿。如果没那么合脚，你还可以送给别人穿也行，所以要多做一些。

武：就是说，只是大概尺寸，谁能穿进去算谁的？

李夏音母亲绣品《青蛙耳枕》
（张万静摄于2018年12月）

李：嗯。现在娘家也需要准备嫁妆，像绣花鞋垫呀，布鞋呀，还有枕头、包袱啥的，这些东西都是需要的。不过，现在不用做那么多了，可能做鞋最多十双、八双的，不可能再做几十双了。

武：那样得费多少时间呢？

李：是的。我上高中的时候，我妹就经常做鞋。姑娘家从十几岁能做针线活了以后，父母就开始逐步给她攒嫁妆，不是一天两天做的，短时间做不下那么多。我现在越来越觉得，其实我们好多传统的手工艺品是因为实用，所以才传承下来。

武：是的，有道理。

李：如果说，我们的手工艺品仅仅把它做出来、挂到墙上，没人使用的话，可能就会慢慢地丢掉了。

武：嗯。您说还有枕头？最早的是什么样子？

李：最早的是两头绣花的四方形枕头顶。有时是正方形，有时把正方形的拐角打圆了。后来，做成长方形的，扁一点。现在还做两头圆形的颈椎枕，给小孩做的虎头枕，给老人做的耳枕，就是枕头中间有个洞，老人睡觉时把耳朵放进去，就不会压疼了。枕头也有各种形状，上面都有绣花。

武：那你们会做枕头，也都是跟着妈妈学会的吗？

李：是啊！我妈前两年还做青蛙耳枕呢。枕头中间为什么做个洞洞呢？就是老年人枕上耳朵能放在里面不压。这个比较小，既可以当儿童的玩具，就像一个布偶，同时也是个枕头。是我要求我妈做的，我请她把过去那些东西做一下，因为我们不一定能做得出来，做也不像。耳枕上面的这些图案，荷花、牡丹花什么的，简简单单。而我们现在画的话，肯定是越像荷花越好，越像牡丹花越好。

武：嗯。民间艺术家都善于概括，图案很简洁，但寓意吉祥美好。您母亲还给你们做什么传统绣品了？

李：这个组合绣球也是我妈做的。做这个绣球先要把这十二片做完，然后里面

李夏音母亲绣品《绣球》
（张万静摄于2018年12月）

还要弄六个圆，最后把它做起来，还要把它塞好，塞不好的话，最后就缝不起来。没有一定技术的人，也组合不到一起，如果组合不好的话就不圆了。这是我母亲做的。

武：第一次见这种绣球，特别立体，构造挺复杂的。每个绣片上的图案也很别致。

李：对！像我小的时候，我奶奶也会做这些，是我妈的母亲，也就是我外奶奶。

武：那您外奶奶主要做啥？

李：我外奶奶也是针线特别好，在我们那边挺有名气的。我很小的时候，记得外奶奶已经年龄比较大了，但她还是经常做针线。只要一到冬天有闲空了，她就把我们家的碎布头拿出来，把她的装碎布头的包袱摆出来，给你缝个这个，缝个那个，把那些碎布头都用上。比如做个小针扎子呀，或者做个小袋子呀、旱烟袋呀。我外爷爷那会儿用的旱烟袋，都是我外奶奶做的。我记着我外爷爷那会儿穿的袜子，袜后跟、袜底儿、袜子前头都是绣花的。其实，我觉得一方面是为了美观，另一个原因是为了结实，要不然容易破嘛。

武：说的是，既美观又结实。过去没有尼纶袜子，都是棉线或者棉布袜子，很容易就磨出一个洞来。袜后跟、袜底和袜头都加上绣片后就会结实耐穿。正因为绣花的袜子实用，所以人们都会这么做。

李：对呀！像我们小时候穿的鞋，我记得我妈会给我们做栽绒绒，鞋头上不仅绣上花，还要栽那个绒，就是挺结实的，鞋头不容易破。

武：您说的栽绒是不是也是掇绣的方法？

李：还不是，不完全是。是把条绒布的那个绒，搓皱起来，然后再缝到鞋头上。反正也是一种装饰方法，毛茸茸的，又好看，又牢固。

武：哦。就是说，您外奶奶和您母亲都爱做针线，手都特别巧。

李：对！我就是在我外奶奶家长大的，针线活也是跟她们学的。我爸是招女婿，去了我妈家生活，是这样的家庭关系。

武：明白了。您家的刺绣手艺是三代传承。

李：对，对！我妈的姑妈，今年已经八十多岁了，还能做针线呢。她就住在咱们镇上，也经常交流。当然，眼神肯定没有原来那么好了。但是她只要闲了，还是要做针线。我觉得，不光是她，我妈妈也是，现在做针线活，已经不再图有什么用，而是一种消遣，或者是一种精神寄托。我这个姑奶奶做下的那些东西，可能孙子、重孙子不一定用，也不一定喜欢，但是她还是做了，要把她这个手艺展示出来嘛。

武：主要是享受这个过程。

李：哎，是的。一方面享受这个过程，同时呢，她认为她做的东西，子孙会很喜欢，把绣品作为一个最心爱的礼物留给后辈。像我妈，这一两年身体也不是太好，不太做了。前几年，她只要闲了，绝对会给我们做一些绣品。我妹也是，会利用碎布头做个拖鞋啊，或者拼个沙发靠背、椅子坐垫，做一个小饰品什么的。

武：李老师家的手工艺品制作氛围真是挺浓的，对您也是潜移默化。

李：是的。再加上小时候，我们农村长大的孩子，那会儿经济也不发达，也没有条件去买什么，基本上都是自己做，自己用，需要的用品都是自己去亲手做。

武：的确如此。李老师小时候几岁上学的？

李：我好像六岁、七岁就上学了，我们村子就有一个小学嘛。

武：您是从几岁开始拿针做针线的？

李：应该是七八岁就开始了。记得那天我用缝纫机做针线活，我妹的外孙女就趴在那儿，还用手转缝纫机轮子，并且像模像样，学我的样子往过送布呢，还嚷着："姨姥姥让我试试，让我试试。"她才两岁多。哎呀，她一踩那个缝纫机，我就想起我们姐妹三个小时候，我妈只要坐到缝纫机前，我们就上前去看，母亲给我们的影响确实是很重要的。

武：那您上学后，有空的时候，是不是跟着妈妈做针线活？

李：嗯。就是的。有空的时候，看见我妈做一些针线活，我也跟着做。最早的时候，我妈做绣花鞋垫子，我自己要去试。但鞋垫子那么厚，小孩子用针扎不过去，还把自己的手扎了。我妈就说："这个你做不了。"然后就给我弄点小背子（用几层布粘起来的厚布块）、小布，让我拿去玩着做。记得有一次，我妈做了个东西，我也在那儿试着做。我奶奶（一直管外婆叫奶奶习惯了）过来说："看这娃绣的。"意思是夸我绣得挺好的。奶奶就给我剪了一个花样，帮我贴到一块背子上面，让我拿着往上绣，我自己最后把它绣上去了。我奶奶说："来，奶奶给你教。"她就给我教做各种手工绣品。再大一点的时候，学校放寒假啊、暑假啊，尤其过年前后，村子里的姑娘，大一点的都在做陪嫁。看她们坐在那儿绣花，我也过去跟上学。后来我就上大学了。

武：您上的哪个大学？

李：我上的是陕西师范大学，是自费生。学校搞手工作品比赛活动，我们就组建了一个小组，我还给同学们当老师呢。后来有一天，我翻出了一堆上大学时的东西，其中有我当年绣的手绢，针线可齐整了，是用单色线绣的，这是唯一留下的早年作品。

武：那你上陕师大的照片有吗？你小时候绣花的照片有吗？

李：都没有。那会儿在农村嘛，我们进县城交通也不方便，要坐大卡车才能进到县城去。可以说我上高中时，都想象不出来楼房是什么样子。我在书上看见楼房的窗户，还想不通，觉得咋会是那样，因为我家住的是窑洞。

武：窑洞窗户上面要贴窗花吧？

李：对！我们住的窑洞的窗子都贴窗花，我们小的时候也都会剪窗花。所以，那会儿看见书上画的楼房，我心想楼房咋是四方的，窗户也都是方方的。我们住的窑洞都是圆形的窗子。后来，我第一次见到楼房，才知道，哦，原来楼房是这个样子。小时候，我们剪花样，贴在窑洞窗户上，也贴在布上绣东西。一般都在几层层布上绣，也就是在背子上绣。那会儿也绣枕头，是掇花的，用的绣线的颜色也特别单调，是过去走村串乡的人卖的那种线。

武：是挑担子的货郎吧？

李：是的。从货郎那里买绣线，再大一点，就没见过那种线了。那是一种带弹性的绒绒线，主要是掇花用，色彩少，线也单一，所以绣花图案也比较简单，包括针法上也不是很讲究。到真正喜欢刺绣，想自己要来干这个事情的时候，是有一次我看中央电视台的节目，演的大概是云南还是什么地方的绣娘，就因为会刺绣手艺，改变了她这一家人的命运。我那会儿正面临着我们厂效益不好的境况。

武：你们厂？请说一下您从陕师大毕业以后的就业情况。

李：毕业以后，回到我们陕北当老师了，是中学老师，在张崾先中学教语文。差不多一年了，只给我发了八十块钱的工资，我当时就觉得这也太少了。

武：那是哪一年啊？

李：1993年。本来当时说好的是一个月八十块钱，但是，学校经费特别紧张，给所有的老师都发不出工资，所以我一年只拿到了八十块钱的工资。因此，我不想干老师了，就来到了宁夏吴忠，因为这里有我妈和我妹妹。我妹妹李彩梅十五岁的时候来吴忠拜师学裁缝，1990年她二十一岁在吴忠西市场开了“李记裁缝店”，我妈也过去帮忙。我过去之后，刚好赶上吴忠市饮料厂招工，我通过了招工面试，在吴忠市饮料厂一直干到2005年。

武：具体干什么工作呢？

李：一开始干财务，帮会计记个账，开销售发票。后来到了销售部，还当过销售副经理，也当过办公室主任。当时工作也不太忙，我有时间就去裁缝店帮忙，也算是一起经营的，可以说是“巧儿刺绣坊”的前身。那时候找着刺绣的也有，但是不多。2000年我妹妹早产，顾不上裁缝店的事情，我就接手了裁缝店，那以后就是我在管理了，边上班边管理。2005年饮料厂的效益不好了，我也面临着下岗。

武：饮料厂主要生产什么？多少人？

李：当时吴忠市饮料厂生产果汁一类的，有桃汁，还有酸奶，厂里一共五十多个人。到2006年，我就想着自己应该再去干点什么。

武：那你打算换工作时，已经成家了吧？

李：嗯，早都成家了，都有孩子了。我是1994年在吴忠市成的家。那年二十五岁，先到吴忠市工作，再找对象成家。我爱人是部队的，是我的高中同学，陕北老乡，相互之间也比较了解嘛。我们有一个男孩子。当时，饮料厂不景气，我面临着下岗。偶然看到了电视中演的一位心灵手巧、做针线活的女子改变了自己的命运，还改变了家庭的状况。我就心动了，我也一直做针线，经营裁缝店。我想干脆专门做刺绣吧。正好赶上我们吴忠市要搞文化产业，准确说是文化产品一条街，卖黄河石啊，字画啊，花鸟鱼虫啊，这样的一条街，可以免租一年。我就去了。

武：那是哪一年？

李：2006年。我到文化产品一条街先把房子租上，签了三年合同。第一年免租金，后两年每年八千块钱。我就把缝纫、刺绣的店面开起来。刚开始来的人少，还有人觉得新鲜，说是“哎哟，这都是多少年不见的东西，咋现在还有人经营起来了？”尤其是年龄大一点的人比较感兴趣，慢慢地客人就多起来了。这一年下来，收入还可以，添补家用还是不成问题的。应该是2007年、2008年的时候，我们吴忠市文化馆成立了非遗中心，中心的梁主任有一天进到我店里，也就像武教授您今天问我："你这个手艺是跟谁学的？"我就说跟我妈学的。他又问了"你妈是干啥的？"等等。后来他告诉我："你可以申报非遗传承人。"从那儿开始，我第一次知道了非物质文化遗产。

武：2006年宁夏成立非物质文化遗产保护与研究中心以来，开始了非遗保护活动。当时，好多人都不会说"非物质文化遗产"这个词呢。

李：是啊！我今天能说知道，我当时绝对说不知道。再后来，非遗办的田老师常来联系我，他是专门搞传统手工艺资料搜集整理的。那会儿，梁主任一步一步指导我如何申报。我记得第一次申报传承人的时候，也不懂还要做资料，我还嫌麻烦呢。开始，给我申报了吴忠市级传承人。这几年，国家越来越重视非遗的传承与保护，我们平时还在小学里开展一些非遗进校园的活动，还去农村给贫困妇女传授手工刺绣的技艺，希望她们能通过制作手工艺刺绣品，给自己挣点零花钱。

武：真好！您的刺绣手艺终于派上了大用场。

李：是啊！（笑）由于我是非遗传承人，还有了外出学习的机会呢！通过到外面学习，让我对刺绣有了新的认识。我原来并没有认识到刺绣的更深层次的东西，不像我现在理解得比较深刻，明白了做刺绣手工活儿，它不仅仅是为了实用。原来的时候，我用得着这个东西，才会去做。而现在，每当我下农村去搞一些培训时，我会给农村的姐妹们讲："如果你在家里做针线活，绝对不会跟你的婆婆吵架。因为老年人也喜欢做手工。你可能因为做手工和你婆婆的关系好起来。同时，你如果爱好做手工，你的女儿或者儿子也不会出去和别的孩子打架，女儿有可能也来跟你做两针，这对娃的影响是特别好的。"同时我还认为，作为一个农村女人，一天干那么多活，在她最苦恼的时候，做几针针线活，她可能就感觉不那么苦了，她的体力活就不那么累了。她可以把做针线当作消遣、休闲、减压。我记得有一位刺绣老师说："我心烦的时候，就把针线拿起来弄两针，心里面一下就敞亮了。"真的，我也有这个感受。比如有时候心理压力特别大的时候，或者心里有不高兴的事情，进到我那工作室，挨着看一遍，再把针线活拿起来做几针，我就觉得心情好了，平静下来了。所以我现在觉得刺绣这个针线活，它确实是一种情感的寄托，也是一种减压的方式。

武：说得太对了！要不然祖祖辈辈那么多妇女都喜欢呢。

李：的确。像我们搞的农村扶贫刺绣培训班，一期三十天，刚开始有人坚持不住。但一周以后，有的人就喜欢上了，根本放不下了。等到临近结束的时候，她们会说："老师，我咋觉得这日子过得太快了。你走了以后，我们可咋办呢？"我们每培训一个班就建一个微信群，群里就会不停地有各种问题，老师这，老师那。我有时候会这么想，虽然我是一个学中文的，也没有去学校好好当老师，但是，我今天教了那么多学员，宁夏的最多，还有外地的，我也就没有白上这个中文。正因为我是学了中文的会刺绣的手艺人，所以我下农村去讲课的时候，学员特别喜欢听，她们都觉得我讲课和别人还是有点差别。

武：真是艺多不压身啊！会中文的人，表达能力比较强，讲起课来学员们肯定爱听。咱们宁夏的扶贫刺绣培训是从哪一年开始的？哪儿组织的？

李：从2009年开始的。当时第一期培训是吴忠市残联搞的，好像委托了另外的一个培训机构吧。他们聘请我当老师，我觉得应该把我所知道的、会的、掌握的这点知识都教出去。我当时去的时候，看到残疾人比较多。有一个女的，姓蔡，人长得挺心疼（漂亮），但腿有问题。刚开始她来学的时候，爱人反对，不让她学。我就问他为啥，他说："学这个有啥用呢？"我就跟他说："你看你媳妇也挺喜欢这个呢。如果她做的好了，我可以和她合作，我们共同来做这个事情。"尽管家人没有同意，可她还是坚持要学。那次培训好像十五天，她学了七八天以后，我觉得她有的东西绣得不好，又给她教了应该怎样绣。等我转一圈过去，她就把绣品全拆了，再一次重新认真地绣。我感觉这个媳妇挺能吃苦的，也就多关注她，有意培养她，还鼓励她："你好好学，学好了，培训结束后你到我这儿来上班，跟我一起干。"到最后培训结束了以后，我就把她留在我这儿干，一直干到现在，都快十年了。

武：您做得真好！让这位腿不方便的妇女有了一份工作，能养活自己，也有了做人的尊严。

李：是啊。我给她一份工作，有了稳定的收入。最早2009年时，我记得一个月给她八百块钱，慢慢涨到一千、一千二、一千五，现在她一月拿三千元工资。

武：哇！那相当可以了，比刚就业的大学毕业生的工资还高呢。

李：这一月三千多块钱是基本工资，如果出外面和我一起搞培训活动，还给她生活补助，有时一月下来能拿四五千块钱呢。

武：还真不错！您做了件好事。

李：她经常说，我是她的福星，教会了她手艺，彻底改变了她的命运。她原来在家的时候，没有地位，每花一毛钱都向她老公要。再加上她腿有点问题，婆婆原来也经常嫌弃她。不过，她人长得挺漂亮的，也挺聪明的，所以家

⊥ 李夏音绣品《香包挂饰》（张万静摄于2018年12月）

里人反对她到外面去学什么。一方面要防着她去外面学坏了，另一方面还想压住她，把她困到家里面干家务。但是，2009年以后，我把她招到我公司里。那一年，我注册了“吴忠市巧儿刺绣传承有限公司”。

武：从那以后，她成了您公司员工，真是彻底改变了命运。您的公司开始叫“巧儿绣坊”吗？

李：对啊！一开始就叫巧儿绣坊，只有一间房。

武：有印象。差不多十年前，我们因为一个教育项目来到吴忠市，教育局的老师知道我是搞非遗研究的，对民间剪纸刺绣感兴趣，就热心推荐了您的巧儿绣坊，还说：“不远，不远，很近。”当时就领我们去参观了巧儿绣纺，记得里面摆了不少传统绣品呢。说明您的绣坊当时在吴忠市很有名气，知道的人很多。后来注册成公司后，发展就更快了吧？

李：嗯，是的。以前我单干的时候，觉得仅仅是我个人想要凭着手艺挣钱。通过2009年给残联办的刺绣培训班讲课，看到还有比我更苦的人，她们也需要凭着手艺改变生活。所以我就注册了个公司，想把这些喜欢手工的女人都召集来一起干。刚开始我没有办法给员工发工资，但我有活啊，可以分给她们干，绣好后，我可以收回来再去卖。所以就把培训班上的那个姓蔡的媳妇招到我那里去了。

武：她是您的第一个员工吧？

李：（欣慰地）对！她是我的第一个员工。我公司也需要人手，另一方面也真想帮帮她。当时我觉得她日子过得比较苦，她生了两个女儿，婆婆就更看不上她了。因为在农村，过去这种重男轻女的封建思想还是挺严重的。所以我就让她来跟我干，我正好也需要，她也挺能吃苦的，一直从那个时候干到现在。

武：2009年到现在，快十年了。那她在家庭的处境有变化吗？

李：（笑）有呢！十年来，她的收入慢慢增加，在家里的地位也逐步提高。她凭着自己的本事挣工资，她爱人在外面打工，把两个女儿都从大学供出来了，都已经工作了。我记得她二女儿上大学的时候，一次交的学费比较多，她一个月的工资不够，就向我借钱。我丝毫没有犹豫，我说行呢，你先把钱拿上，给娃上学要紧。她就是靠刺绣手艺，培养出了两个大学生，也实现了自己的人生价值，家庭地位也上去了。

武：那她的婆婆啊、丈夫啊，都高看她了吗？

李：她婆婆已经去世了，但是她婆婆去世的时候给她爱人说，她亏待了这个儿媳妇。她老公过去迟迟早早回来，她必须给端吃递喝。现在呢，因为她老公年龄大了，也没办法出去打工了。他家在我们吴忠城边上的农村，现在她每天下班回去以后，她老公会把家里所有的家务活主动干了，还会把饭给做了。就靠这个刺绣手艺，确实是改变了她的地位，还有人说："蔡姐，你现在比十年前还显得年轻呢。"

武：可不是吗，心境不一样，精神面貌状态也都会不一样的。她多大年龄？

李：比我小两岁。

武：两个女儿都大学毕业，工作了。您真是成全了她，也帮助了她的家庭呢。你刚才说，你们的刺绣培训从2009年开始，一直到现在，那除了残联，还有哪些部门组织培训？

李：人社部门、就业局、工会、妇联都办过培训班。这两年还有扶贫办也组织培训。

武：这些年您教过的大概有多少班？每年都有培训吗？

李：每年都有。近两年，每年差不多培训人数在一千人。

武：这么多啊！

李：有时候，我们也免费去。像今年，我还去河南、内蒙古，他们聘请我去讲课。有时候也给一些酬劳，有时候请我去给他们教一下，如果费用不好处理了，我说："那就免费，做一个公益吧。"像今年，我们吴忠市的一个常委到外地去挂职，那个地方的妇女，一到冬天就闲得什么事情都没有，他希望和我们建立合作关系，让当地的妇女也能通过刺绣的手工活有一些收入。我就去培训了，所有的费用，当地一分钱都没给，我们免费给教了。

武：挂职的地方是哪里？

李：是河南农村，新乡市延津县的。

武：哦，你们还跨省义务送课培训，多有意义啊！每年差不多有上千人参加培训？

李：前两年没有那么多，像2009年、2010年、2012年，每年的培训人数有一二百人。但是这两年，妇联抓培训，去年和今年我们都送课下乡。我记得那年，妇联主席把我带上去南部山区，每个村子都挨个过。

武：那大概有多少个村啊？

李：那一年啊，培训了六十期，每一期都有一百个人了。当时，同心、盐池、红寺堡都去了。但是那个培训时间比较短，一期三天，只能讲普及性的入门知识。不过，我觉得这样的短期培训也很重要，起码通过几天讲课，让爱好手工刺绣的人有了一个方向。各级政府也很重视农村妇女培训，这两年在我们宁夏各地，尤其是比较偏远的山区，经济也比较落后，女人可干的活比较少，进行培训后，爱好手工刺绣的人多了，干手工活的人也多了起来。

武：这对于振兴乡村、新农村建设都特别有意义。

李：对，对！这两年搞乡村振兴，手工制作这块儿不能丢的。因为不能仅仅靠发展农业，还有那么多的女同志呢。

武：说的是。妇女能顶半边天呢。你们的培训可以发挥妇女的作用。我那天听你电话里说，在盐池的培训要延续到明年呢？

李：对啊！要培训到2019年元月份。我们这两天才开班的，这一期培训三十天。

武：一直培训到春节前吗？好辛苦啊！

李：对！春节前结束。有时候确实是很辛苦，不仅仅是教刺绣技术，还要整理一些资料。不过，教学员的时候，我老感觉是一件很愉快的事情。一方面学员需要你，觉得自己有用。另一方面，我也可以向学员学习呀！也算是互相交流嘛。虽然，她们可能在色彩上还有一些不足，但是也有她们自己的长处，有的人会一些传统的针法，或者是一些我们不足的地方，确实很需要的。再一个，我觉得通过培训，学员之间也能相互学习。在山区农村，每家都离得很远，虽然是一个村的，也很难见着。比如说，你今天做了一个什么，她今天做了一个什么，相互之间也没有办法交流。但是，通过三十天一期的培训，互相就能取长补短了。学习中，我也会主动地引导她们：既然大家有缘分坐在一起，就要相互交流、切磋。我老觉得，作为一个老师，不仅仅要给学员教技术，还要让她们有一些思想上的改变，让她们能够把对刺绣的认识提一个高度，觉得学刺绣，和婆婆关系好了，家里的娃不胡闹了。我们通过培训，能让她们认识到，刺绣不仅仅是手工活，还是一种人的情感、思想的寄托。同时还能缓解压力，调节邻里关系呢。我记得有一期培训班上，有两个学员好像不对劲。听别的学员说她们两家有矛盾，平时不来往。她两个中有一个手工好，有一个手工不太好。我就有意说一个："你看看人家的针法是咋绣的，你向她学一下。"开始的时候，她很不情愿去看人家的针法，到后来，慢慢地俩人和好了。我一开始逼着她向另一个学一下针法，其实是有意引导，让她俩关系缓和一下。

武：李老师用心良苦，不仅教刺绣，还教做人呢！

李：（欣慰地）嗯。我这样的话，一期培训班下来，学员相互之间也特别融洽。我觉得给学员教做人，在某种程度上，比你给她单单教一个技术更重要。

武：没错。您天生就是一个好老师。虽然语文老师没当多长时间，但您在刺绣这方面，是一个非常出色的老师。现在可以说是桃李满天下了，不光是宁夏各地，河南、内蒙（古）也都有您的学生了。

李：（满足地）对了！我还去甘南了呢。我觉得甘南的刺绣，在当地保留得特别好。那里有藏族也有汉族，他们主要做唐卡。相比之下，我们的刺绣在服饰上用得少，蒙古族、藏族人在服饰上用得特别多，帽子、衣服、腰带上都用。这两年我一直在引导宁夏回族妇女在自己的盖头上绣花，让女学员在衣服上、边饰上、领子上绣花。我们去年搞培训，我让每人给自己做一个绣花领子，回去后可以缝到原来的衣服上，可以做成穿衬衣时的那种活领子。她们都说："老师的这个创意挺好的。"我说："争取下次见你们的时候，每人都给自己绣一个领子盖在原来的领子上。"我认为，一个好的传承人，可以引领一种潮流。

武：嗯，引导是很重要的。

李：的确。任何事情都需要第一个人去引导。我记得最早培训的时候，有一个妇女，她说："学绣花挣不上钱，干几天算了。"但是等到她培训结束的时候，我收了她八百块钱的绣品，给她付了钱。她说："老师，对不起了。"要知道我刚来的时候，她还带头起哄呢，给学员说："我们学这个有啥用呢！又不当钱使，把我们弄来坐在这儿，一天白白做几个小时。"但是到最后，她绣下的东西我们回收了，她挣了钱，也意识到自己错了。

武：哦？你们通过培训，还能转变人的思想观念呢。李老师，您今天有这么多的成就，刺绣技艺在传统基础上也有所创新，作品有很多创意，这跟您经常外出学习、开阔眼界，和民间很多绣娘相互交流学习应该都有很大关系吧？今天吴馆长也给我们介绍，您是一个非常好学的人。请再给我们说一下，这几年都到过哪些地方学习？这些学习活动对您的影响？

李：我很荣幸地成了一名刺绣代表性传承人，每年都有机会走出去学习、进行技艺交流。最早的时候，我还背上绣品，通过商务厅的推介，去过香港、马来西亚和泰国呢。

武：哦。是宁夏商务厅组织的吗？

李：嗯，是的。在泰国是直接去参展，我们把绣品带过去，也进行现场表演。宁夏商务厅组织的这个活动，主要是以产品交流为主要目的。当然我出去了，也能看到别人的东西，看到国外的绣品是什么样子。应该是2010年和2011年我们出去的。后来还参加过一个文化部中央文干院办的全国研修班。

武：文干院全称是什么？

李：好像是文化干部管理学院，我在那儿参加了一期全国工艺美术研修班，有一百多人参加，从中选出来刺绣好的，再参加高级班。当时我们宁夏去了好几个人，最后只选定了我和另一个人参加了刺绣高级研修班，是三个月。但不是三个月集中上课，而是分阶段的。那一期的学习，对我刺绣技艺的提升作用特别大。当时是从最基本的素描学习开始的，由清华美术学院的林允平教授给我们上课，我第一次知道什么是写生变化，原来根本不知道。还有色彩构成等原理，接触到了一些比较专业的东西。

武：高级研修班在哪儿办的？是北京吗？

李：对，在北京的文干院开办的。学了一周的理论课之后，又专门带我们去故宫的地宫考察学习，看了清代的很多绣品，简直是太精美了！当时我们进地宫的时候，是殷安妮老师带我们去的，她一直负责整理清代服饰，是清代服饰研究的权威，她亲自带我们进去，给我们讲解，让我们看清朝的各种刺绣。

武：哦，那可是大饱眼福啊！开了眼界，一定挺震撼的吧？

李：特别震撼！因为之前我在苏州见过《三羊图》绣品，是当代技艺比较好的绣娘绣的。但我再下到地宫看清代的《三羊图》，确实古代人比我们现代人绣得要好，它的技术处理上，我觉得真棒。包括清代服饰的边饰，我们现代的技术不如它。这次学习对我来说太重要了，无论是从理论知识上，还是开阔眼界上，对我的提升都特别大。一个是学古人，还要学当代的，两者结合。后来，还带我们去看敦煌石窟的壁画，整整看了一个礼拜，一个洞窟一个洞窟挨着进，讲解员讲完以后，教授再给我们讲。

武：你们太幸运了，比起一般游客，你们是深层次的参观学习。

李：对！深层次的分析。讲解员给我们讲图案的含义，说明了什么问题。专业老师给我们讲壁画图案的构图好、色彩好，好在什么地方。还有人物场面的布局、大场景如何安排。那次学习，是对我们的一个提高，同时也是逼我们成长。参加敦煌壁画学习、实地考察完了以后，要求每人设计一幅作

李夏音绣品《绣花团扇》
（张万静摄于2018年12月）

品，需要绘画、写生，设计出一个纹样，还要做成产品，参加成果展。当时，我自己设计了几个作品，在北京的一个地方展出了。最后，我们的绣品也展览了一次。为了参展，我采用了宁夏比较独特的针法掇针绣，因为如果用苏绣的针法，效果不一定好。结果，老师对我的绣品给了很高的评价，说是有地方特色。我觉得作为一个传承人，不能把我们地方的特征丢了，如果把最传统的东西丢了的话，那就不是一个合格的传承人。但是，我如果一味地保留传统的东西，不去学别人的长处，自己也没办法进步。

武：敦煌石窟壁画的学习真是让你们受益匪浅呢。还去哪里学了？

李：前年，我又参加了北京服装学院的染织绣技艺研修班。在文干院学的时候，集中了全国的刺绣精英，我们白天跟老师学，晚上学员相互之间学。在北京服装学院学习的时候，白天是跟着专家教授学，他们给我们讲课，一下子讲了那么多新知识，觉得有点消化不了。但也有动力，觉得自己回来要做的事情太多了。结业回来，自己设计制作了一些作品。比如，绣花旗袍、绣花围巾等等。研修班上，好多专家都来了，有一位老师还在我这儿定了将近四万块钱的绣品，包括小绣片什么的。（笑）我就觉得出外学习，不仅增长知识，开阔眼界，同时也能增加收入呢。

武：嗯，打开了市场。

李：就是的。还有，因为我们接触的是全国各地的刺绣传承人，同行之间也可以取长补短。比如说，像我是在四五层布上一次性穿过去绣，这是我们北方人刺绣特点之一，她们南方人就绣不了这个，一般在单层布上绣。

武：对呀，我听了都觉得惊讶！平时见到的绣片几乎都是单片片的。

李：嗯，大都是单片布上绣。我能在几层子布上一下子扎过去绣，还比较独特，算是地方特色吧。不仅是国内学习交流，参加一些展览会也能让人开眼界。比如文化厅的艺术交流活动，像非遗博览会啊，文化博览会啊，还有文化旅游上的一些展览会啊。每次出去不仅仅是把我们的产品卖出去，还有一个好处就是，展会上各地的绣品都很集中，可以在最短时间内，见到好多的优秀作品。你要是一家一家地找，要花好长时间才能看到。所以我为什么愿意出去学习，只要有机会，我宁可把手头上的事情都抛过，也要赶紧去、出去学。前段时间，中国民协在苏州办了一期刺绣研修班，我也去了。集中了全国的刺绣精英，她们来的时候，都带着自己最拿手的作品，让老师给点评。

武：哦，是刺绣行业高层次的交流。

李：对！真的是高层次的交流。这次去苏州，我还看到了一个最喜人的变化，那就是原来参加研修的，都是我们这个年龄的人，但这次看到了年轻的绣娘，有好几个呢。

武：是吗？苏州的年轻绣娘脱颖而出了！这的确可喜可贺。

李：嗯，脱颖而出了。我们中途还去苏州的绣品街去考察、学习。绣品街原来是老绣娘当老板的多，现在年轻的绣娘多了，这是一个可喜的变化，传统手工刺绣有年轻人了。我去见了几位我认识的苏绣名人，她们每个人都培养了最少十来个年轻的绣娘，这个是最喜人的。

武：的确。您经常出省、出国学习交流，认识了很多刺绣高手，增长了很多见识，吸收了全国各地的刺绣精华，也一定能创作出好作品来。

李：但是，这两年培训任务比较多，静下心来搞创作的时间相对要少一些。

李夏音绣品《荷韵》
（张万静摄于2018年12月）

武：李老师绣了这么多年，也参加了很多展览会，请说说您获奖的作品吧。

李：我创作的刺绣作品《梅兰竹菊》四条屏，那一年在中阿博览会（银川）展出，当时也评奖了，应该是一等奖，妇联评的。还有一年，我们吴忠人社局搞展览，我绣了一幅《花开富贵》，是金奖吧。

武：李老师的刺绣水平真不一般，技艺相当精湛。比如墙上挂的这一幅《荷韵》的国画，很喜欢！也是刺绣作品吗？是参考国画作品绣的吧？

李：是的。原作是国画，但是，由我们绣出来的，又变成了绣品，等于二次创作。

武：太了不起了！荷花花瓣颜色从粉红色到白色过渡得太自然了，特别细腻，加上丝线的光泽，绣出了花瓣圆润的质感，真是栩栩如生啊！还有背景石头的水墨部分也是绣的吗？墨色有浓有淡，您是怎么把这种丰富的墨分五彩的韵味表现出来的呢？

李：画面中的水墨部分也是绣出来的。根据墨色的浓淡，需要把丝线剥离得特别细，有时候一根丝线能剥出几十支呢。我们叫“拔丝”，丝线要剥得特别细，它才能绣出来这个味道。而且，需要用深灰、浅灰色的线，表现出墨色的浓淡过渡。还要靠针线的疏密，有针线密的、稀的，有的地方就哗哗地走。要好几次往上绣，不是一次能绣上去的。

武：哦，技术含量很高嘛！把传统的中国画用刺绣艺术再现出来，太富有挑战性了！需要利用很多的刺绣技巧，不仅是剥离丝线，还要调整针脚的稠密稀疏，才能表现出水墨的那种晕感，浓墨处厚重，淡墨处稀薄如蝉翼，真是太厉害了！

李：只是我觉得刺绣评奖的机会比较少，可能剪纸比较多吧。我们上次参加了一个全国的刺绣精品展，只发了参加展览的证书，没有评奖活动。

武：确实，比起刺绣评奖活动，近年来各地的剪纸大赛比较多，获奖机会也多一些。不过，其实您的奖有很多啊！都在老百姓的口中。每次下农村培训，学员们对李老师的赞誉和肯定就是最好的褒奖啊！

李：（欣慰地）说得也是。

武：李老师这么忙，又要经常外出学习、常年培训，肯定顾不了家吧？家人对您的事业理解和支持吗？

李：（笑）我只有一个儿子，小的时候很喜欢画画，可能是受我的影响吧。他能看出来哪个绣品绣得好，哪个绣品绣得不好，挺有鉴赏能力的。今年二十四岁了，中国石油大学毕业，已经工作了。

武：多好啊！事业家庭两不误，儿子也培养成大学生了。那您爱人呢？你们是高中同学，他一定很支持您的刺绣事业吧？看您多洒脱啊，说走哪儿就走了。

李：（笑）还可以吧。如果他不支持，我也不可能干到今天。前两年，老人跟我们在一起住，我外出了，两边的老人都由他来照顾。我既要兼顾家，还要照顾老人，外面也要去，肯定需要他的支持，如果没有他的支持，那我肯定出不去了。

武：您爱人真不错，能帮你分忧解愁。

李：这两年，因为老人年龄也比较大了，就回老家了，跟我妹妹、嫂子在一起，我的父母不常在我这儿了。但是，我妈只要有空，像做鞋垫需要抹背子，一些基本的活，她还是要给我帮忙的。

武：您母亲真好，一直在力挺您。

李：是啊！比如说我要做个小童鞋，我妈就要来看一下，哪儿做得不周到了，这个鞋样子肥了，瘦了，还要给我指点。

武：您母亲多大年龄了？

李：我妈七十岁了，我婆婆妈的针线也特别好，但她们现在都年龄大了，再干这些活，视力都不好了，不过还能指点。我能有今天，确实离不开家人的支持。如果家人坚决反对，我也坚持不了这么久。等我把培训任务完成，也要静下心来，好好创作一些有我们宁夏特色的作品。

武：这是您今后的愿望吧？非常好！李老师真是个名副其实的优秀传承人，把祖传刺绣技艺传授给这么多的农村妇女，帮助她们改变命运，实现自身价值，改善家人的经济状况，真的很了不起。

李：但是，我觉得一个人的努力还不够，还需要国家对传统手工艺的重视，加强对传统手工艺的宣传和支持。像画一幅画和绣一幅绣品相比较，费的工夫相差太多了。但是一幅画人家可能最少掏几百块钱、上千块钱买，觉得值得。但我们农村好多人绣的被单，最少得绣一个礼拜，才卖几十块钱。想卖个一百多，人家就说太贵了。绣一双鞋垫，最快的手得三四天，卖二百块钱，一天也才五六十块钱啊。

武：的确，这方面今后还需要加大宣传力度，让人们进一步认识民间刺绣的艺术价值。对了，李老师的学历好像挺高的，是研究生吧？

李：学历啊？我确实是比较好学的，是研究生学历，宁夏党校的研究生。

武：李老师是搞刺绣的，怎么还上了宁夏党校的研究生？是脱产吗？

李：2005年上的研究生，没有脱产，是函授学习。那一年我还在吴忠饮料厂上班，刚好有个机会，党校给农垦系统搞了一个研究生班，我就报考了。但是，报了名我又有点后悔，万一考不上咋办？怪丢人的。我们厂里有两个人报名，那个人是宁夏大学毕业的，他学的是工商管理。心想他报名了，我不能不报，好在当时不考英语。不过，我当时为考研究生也付出努力了。白天晚上认认真真地看书复习，就像高中生考大学一样，结果考上了，是经济管理专业。由于我是学文的，经济学实在太难了。

武：跨专业上研究生很不容易，您坚持下来了？

李：（微笑）对！我坚持下来了。我是函授生，每周星期六、星期天早上五点钟从吴忠市坐班车，赶到自治区党校（银川市）去上课。

武：真是了不起，那时候应该三十岁过了。

李：是啊！我坚持了整整三年。当时考经济学、西方经济学的时候，哎呀，我学得认真得不得了，有一次睡了半夜还起来坐那儿看书呢。好多年没上学了，又认认真真地学了一趟。

武：好，好！宁夏回族自治区非遗中心的一位老师曾给我们推荐过，说李老师是宁夏非遗传承人中学历最高的一位，我们也很高兴访谈李老师。

李：不过，有时候觉得我这个研究生是白上了。

武：没有白上啊！很多学问都是触类旁通的，任何学习都会有用的。

李：也许吧。有时候我也觉得，上面之所以把那么多的培训任务分给我了，可能因为我学历高吧。每次只要跟相关领导们交流，他们都会记住我，觉得把这个培训班分给我，他们也放心。今天盐池县扶贫办的主任，还说他给我加这么多任务，我办的班确实比较好。

武：李老师坚持这么多年农村培训，确实辛苦了！得到了上上下下的高度肯定。

李：也辛苦武教授了！非常感谢你们！说实在的，没有你们这样给我们大家做宣传、大力支持，也没有我的今天啊！今天下午参加的就是一个颁奖大会，共有三十人被评为英才，领导还在会上讲，一定要对这三十位英才在各个媒体上进行宣传。

武：李老师获得英才奖了！祝贺，祝贺！祝您的刺绣事业更加兴旺！

李：谢谢！我会继续努力的。

吴忠市非物质文化遗产代表性传承人一览表

（共33人）

市县	姓名	级别	性别	民族	出生年份	项目名称	认定时间
吴忠市（8）	陈卫川	国家级	男	回族	1939—2019年	陈氏回族医技十法	2018年
	王德勤	国家级	女	回族	1953年	山花儿	2018年
	毛　强	自治区级	男	回族	1948年	老毛手抓	2010年
	杨发祥	自治区级	男	回族	1949年	回族服饰	2010年
	井春霞	自治区级	女	回族	1966年	剪纸	2013年
	陈　堃	自治区级	男	回族	1964年	陈氏回族医技十法	2017年
	魏学祥	自治区级	男	汉族	1964年	舞狮	2017年
	李夏音	自治区级	女	汉族	1976年	刺绣	2017年
利通区（11）	张宝玉	国家级	男	回族	1946年	张氏回医正骨疗法	2012年
	何建功	自治区级	男	回族	1963年	何家棍	2008年
	张金东	自治区级	男	回族	1978年	张氏回医正骨疗法	2008年
	何金德	自治区级	男	回族	1939年	何家棍	2010年
	张洪安	自治区级	男	回族	1946年	张家枪	2010年
	张金海	自治区级	男	回族	1980年	张氏回医正骨疗法	2010年
	朱兴龙	自治区级	男	汉族	1935年	舞龙	2013年
	魏　银	自治区级	男	汉族	1946年	舞狮	2013年
	马颂华	自治区级	男	回族	1949年	传统制剂	2013年
	田宝林	自治区级	男	汉族	1956年	剪纸	2013年
	杨文玺	自治区级	男	回族	1964年	回族杨氏拳	2013年
青铜峡市（1）	牛银侠	自治区级	女	汉族	1970年	南营武术	2017年

市县	姓名	级别	性别	民族	出生年份	项目名称	认定时间
盐池县（3）	张建军	自治区级	男	汉族	1964年	山花儿	2010年
	王淑萍	自治区级	女	汉族	1967年	刺绣	2010年
	周永红	自治区级	女	汉族	1962年	二毛皮制作技艺	2013年
同心县（7）	张庆明	国家级	男	汉族	1949年	同心莲花山青苗水会	2018年
	田彦兰	国家级	女	回族	1978年	剪纸	2018年
	马学辉	自治区级	男	回族	1956年	山花儿	2008年
	杨登清	自治区级	男	回族	1943年	山花儿	2010年
	丁生林	自治区级	男	回族	1968年	民间器乐	2010年
	赵秀霞	自治区级	女	汉族	1961年	刺绣	2013年
	田　坤	自治区级	女	回族	1968年	民间绘画	2017年
红寺堡区（3）	王国祥	自治区级	男	汉族	1943年	花灯扎制	2017年
	郭　锐	自治区级	男	汉族	1964年	高台马社火	2017年
	赵秀兰	自治区级	女	汉族	1969年	刺绣	2017年

后 记

《宁夏非物质文化遗产代表性传承人口述实录·吴忠卷》是北方民族大学民族学学院非物质文化遗产研究所与宁夏文化馆合作开展的“宁夏现有176名非遗代表性传承人研究”项目成果之一。该项目研究成果为系列丛书五部，即银川市、吴忠市、中卫市、石嘴山市、固原市各一部。为了弘扬中华优秀传统文化，推进我区非物质文化遗产事业的发展，2018年以来，北方民族大学非物质文化遗产研究所与宁夏文化馆合作展开“宁夏现有176名非遗代表性传承人研究”项目，得到宁夏文化和旅游厅的大力支持。本项目既是对宁夏非物质文化遗产保护的一项基础工作，也具有较高的史料价值和研究价值。系列丛书的出版为宁夏非遗研究作出了积极的贡献。

吴忠卷课题组由宁夏文化馆吴昕、马家媛、吴亚娟、张欣蕊四位成员组成，她们都从事非物质文化遗产保护工作多年，有丰富的工作经验。吴忠地区有自治区级以上非物质文化遗产代表性传承人共33人（前四批）。笔者作为吴忠课题组的组长，深感责任重大、时间紧迫，每位成员本身承担着繁重的日常工作，只能在紧张的工作、文化活动的间隙抽时间开展项目访谈工作。2019年6月，我们采访了在银川市及吴忠市区和利通区居住的13人，包括马学辉、毛强、王德勤、杨文玺、魏银、田宝林、张金海、魏学祥、杨发祥、张洪安、陈卫川、陈堃、马颂华，但由于没有整理录音的经验，访谈稿整理速度很慢，一度还丢失了两位同志的录音，至2020年底才完成了三个人的综述及访谈文稿整理，又加之疫情影响就再没有继续。2021年3月，在文化馆各项活动即将展开、区内疫情相对稳定的情况下，课题组重新明确分工、明确任务、明确完成时间、明确要求，责任到人，进展比较顺利，开始了第二次非遗传承人的入户调研、访谈，集中对同心、青铜峡、盐池、红寺堡区的传承人丁生林、张建军、杨登清、朱兴龙、何建功、何建德、田彦兰、井春霞、王淑萍、赵秀霞、赵秀兰、周永红、张宝玉、张金东、张庆明、牛银侠、田坤、王国祥、郭锐进行了逐一访谈和图片拍摄，随后进行了文稿整理、综述撰写、编辑图文，然后再将文稿发回给传承人本人审阅修改，征求意见等，最终将成稿提交给项目主持人武宇林老师审查。其中，武宇林老师帮助完成了李夏音、杨文玺的访谈及文稿整理。

一路采访下来，我们不敢打扰各市县文化馆，但又在不经意中相遇，得到了吴忠市文化馆馆长吴灵、红寺堡区文化馆馆长马宏志和各市县非遗中心工作人员的大力支持，在此表示感谢！也对长期工作在非遗战线上的所有工作人员表示崇高的敬意！正是拥有对中华优秀传统文化的热爱和对传承人的敬仰，才取得了宁夏非遗保护的各项成果。

2019年6月，我们在吴忠见到了陈氏回族医技十法国家级传承人陈卫川，当时他已重病在身，行动不便，却还坚持接待我们，他对培养学生、长期积攒的医案和药方的整理出版还有很多设想。2019年8月，国医大师陈卫川去世，课题组成员都很痛心，非常遗憾！好在这之前自治区非遗中心已经完成了对他的记录工作，留下了珍贵的影像资料，课题组也已完成了对他的采访。

我们在采访中得到了所有传承人的热情接待和支持。剪纸国家级传承人田彦兰坚持不懈，终于赢得同心县政府的支持，专门划拨场地建成了如今的同心非遗展览馆，田彦兰得以在此大显身手，既传承技艺培养学生，又为同心开辟了一个可供参观考察、弘扬传统文化的新场所。国家级项目张氏回医正骨疗法家族中有国家级传承人一名，自治区级传承人两名。2010年，张宝玉率儿子张金海、张金垒等组成医疗小分队赴玉树地震灾区为群众义务诊治伤病。2020年，张氏回医正骨医院和吴忠康复专科医院（陈氏回族医技十法）在抗击疫情中积极开展公益服务，作出了积极的贡献。剪纸传承人井春霞专门利用假日到银川和课题组成员一起仔细阅读文稿，认真修改。手抓羊肉制作技艺传承人毛强传承家族技艺，历经六代仍历久弥香。民间绘画自治区级传承人田坤，一个天才画家，要把土得掉渣的炕围画和典雅的旗袍相结合，期望举办国际炕围画展。剪纸传承人赵秀霞因身体不适，由丈夫陈栋亭陪伴从下马关来到同心非遗展览馆，并一同接受了我们的采访。花儿传承人马学辉，一个离开花儿就活不下去的人，就算赔钱也不放弃，得到爱人的理解和支持。刺绣传承人赵秀兰一心想把自己对刺绣的热爱以及对此付出的辛酸讲述出来，一再说自己嘴笨说不好……还有很多的人很多的事，让我们收获满满。所有这一切都让我们为之感动，看着他们的作品，听着他们的故事，我们感慨万千。正是因为这样一群人的坚持，我们中华民族的优秀传统文化才得以赓续。

作为永久性史料，课题组成员需要对每个人的访谈实录及综述评价进行逐字逐句的反复斟酌，为了确保访谈内容的准确性，还要通过电话或微信和传承人本人进行反复沟通核实。宁夏文化馆马家媛、吴亚娟、张欣蕊同志在完成自身繁重的工作任务的同时，为本课题作出了很大贡献。她们除了承担联系协调等事务之外，还要承担采访、录音整理、初稿编辑等基础工作，付出了很大的努力。正是在全体成员的齐心协力之下，通过两年多的努力，如期完成了吴忠前四批全部非遗代表性传承人的调研及文本撰写工作。即将付梓的《宁夏非物质文化遗产代表性传承人口述实录·吴忠卷》，30万多字，附彩色图片218幅，图文并茂。该研究成果是集体智慧的结晶，也是各部门大力支持、鼎力相助的结果。为了确保该研究成果的高品质，力争成为传世之作，在课题实施过程中，宁夏文化和旅游厅给予了政策把关和方向指导。北方民族大学武宇林教授和李小凤老师认真审读，提出很好的修改意见。宁夏人民出版社编辑等尽心尽力进行书稿加工。在此一并深表谢意！

吴　昕

2023年4月